曹利华　著

吐鲁番地区民族交往
与语言接触

以吐鲁番出土文书为中心

Ethnic Communication
and Language Contact in
Turfan:

A Case Study of Documents Unearthed in Turfan

社会科学文献出版社
SOCIAL SCIENCES ACADEMIC PRESS (CHINA)

教育部人文社会科学青年项目"晋唐时期吐鲁番地区民族交往的语言学考察研究"（19YJC740002）

从语言文字学角度研究
吐鲁番出土文献的一部力作

　　曹利华博士的学位论文《吐鲁番地区民族交往与语言接触——以吐鲁番出土文书为中心》在社会科学文献出版社出版了，这是语言文字学界和吐鲁番学界的一件喜事。

　　在二十世纪的中国学术界，陈寅恪先生极为重视语言文字学对多学科建设与发展的意义，1936年4月18日，陈寅恪先生在写给沈兼士的信中指出："依照今日训诂学之标准，凡解释一字即是作一部文化史。"（引文见《陈寅恪集·书信集》，生活·读书·新知三联书店，2001，第172页）陈先生重视语言文字学，既受到中国传统学术如汉代古文经学和清代乾嘉之学的影响，也受到西方学术传统的影响。德国哲学家海德格尔曾说："唯当表示物的词语已被发现之际，物才是一物，唯有这样物才存在，所以我们必须强调说：词语也即名称缺失处，无物存在。唯词语才使物获得存在。"（引文见海德格尔《在通向语言的途中》，孙周兴译，商务印书馆，1999，第132页）日本学者羽田亨也强调："对研究（西域史）的学者来说，不可或缺的第一武器就是语言学知识。"（转引自间野英二《羽田亨〈西域文明史概论〉〈西域文化史〉解题》，收入羽田亨著、耿世民译《西域文明史概论》，中华书局，2005，第4页）曹利华博士的这部著作，正是在继承前辈学者优良学术传统的基础上，从语言文字学角度研究吐鲁番出土文献的一部力作。

　　我认为这部著作的贡献至少体现在三个方面：

　　第一，对汉语史研究的贡献。自古及今，汉语汉字就是中华民族的通用语言文字，但是，对汉语语音史、词汇史、语法史的研究，学者们较少关注和利用吐鲁番出土文献，导致不少结论出现一定程度的局限性甚至缺失。曹利华博士是北方人，硕士阶段就读于西北学术重镇——兰州大学，且从本科到硕士、博士阶段均专攻汉语史，她以吐鲁番出土文献为中心，对晋唐时期汉语西域方言的语音、词汇、语法系统进行了深度研究，既有描写又有解释，既有个案研究又有理论阐释，她的研究结论，有力地充实了目前的汉语史研究成果，尤其是她对吐鲁番出土文献中呈现的不少语言演变新现象敏锐洞见，然后深入分析，对目前汉语史学界流行的一些命题和观点进行补苴和辩正，让人耳目一新。记得二十多年前廖名春先生曾经发表过《吐鲁番出土文书语词管窥》《吐鲁番出土文书新兴量词考》《从吐鲁番出土文书的别字异文看"浊上变去"》《吐鲁番出土文书的别字异文与麴氏初唐时期高昌方音之声母》《吐鲁番出土文书的别字异文与麴氏初唐时期高昌方音之韵母》等数篇文章（收入作者《中国学术史新证》，四川大学出版社，2005，第300~407页），廖先生对吐鲁番出土文献的语音、词汇、语法系统进行综合研究，如今曹利华博士的著作出版，可以说是承前启后，继往开来，有功于汉语史学界，善莫大焉。

第二，对民族交流史研究的贡献。从一定意义上讲，一部民族交流史就是一部语言交流史，这样一来，民族语言间的相互接触与比较研究就显得非常重要了。被誉为"现代语言学之父"的瑞士语言学家索绪尔曾经说过："比较总是可能而有用的。它既可以应用于语法结构和表达思想的一般类型，又可以应用于语音系统；我们同样可以比较两种语言的一些历时方面的事实、语言演化等等。"（引文见索绪尔《普通语言学教程》，高名凯译，商务印书馆，2002，第268页）各民族语言之语音、词汇、语法间的比较与接触研究，可以展示相关民族间文化接触的方方面面，所以语言与文化互为镜子，相互观照。在这一方面，中国学者罗常培先生是一位积极倡导者，罗先生曾经倡导从六个方面论述语言与民族文化的关系，这六个方面就是：第一，从词语的语源和演变推溯过去文化的遗迹；第二，从造词心理看民族的文化程度；第三，从借字看文化的接触；第四，从地名看民族迁徙的踪迹；第五，从姓氏和别号看民族来源和宗教信仰；第六，从亲属称谓看婚姻制度（参见罗常培《语言与文化》，北京出版社，2004，第2页）。罗先生身体力行，撰写了《唐五代西北方音》，该书所用材料有《千字文》《金刚经》《阿弥陀经》《大乘中宗见解》《开蒙要训》等，极为宝贵的是他利用敦煌汉藏对音写本、《唐蕃会盟碑》中之汉藏对音研究唐五代西北方音。罗先生之后，中国学者在此路途上的贡献举不胜举。近年来，聂鸿音先生撰《粟特语对音资料和唐代汉语西北方音》（《语言研究》2006 年第 2 期），孙伯君先生撰《胡汉对音和古代北方汉语》（《语言研究》2005 年第 1 期），均为这一领域的杰作。在域外，日本学者高田时雄先生撰《藏文音译〈寒食诗〉残片》《藏文书写阿弥陀经的跋文——汉藏对音资料年代考》《回鹘字音考》《回鹘字音史概述》《回鹘字注音的吐鲁番汉文写本残片》《于阗文中的汉语语汇》等鸿文（收入作者《敦煌·民族·语言》，中华书局 2005，第 47～305 页），时彦贤达，各擅胜场，将罗常培先生当年的研究视野和局面奋勇向前推进。正是有这样多的前辈学者的启发和引领，曹利华博士在这部著作中，利用吐鲁番出土文献的语料，将汉语与突厥语进行对音分析，从突厥语的汉字译音看汉语和突厥语的语音特点，为重构中古时期汉语和突厥语的语音真貌迈出了坚实的一步。不仅如此，该著还深入考察了吐鲁番出土汉文献中的突厥语借词、粟特语借词、波斯语借词、印度语借词以及其他语言借词，考察了中古汉语中表完结的动词"了"新兴用法的阿尔泰语动因，并对中古汉语的新兴虚词与周边语言的关系进行了别开生面的研究，言之有据，令人信服。

第三，对丝绸之路史研究的贡献。曹利华博士的这部著作，虽然主要研究语言，但正如德国著名历史比较语言学家格林所言："我们的语言就是我们的历史。"我们可以从她的著作中看到中古时期丝绸之路政治、经济、军事、法律、艺术、宗教等方面的风貌。她是通过语言研究，在我们面前展示了中古时期丝绸之路的万花筒世界。曹利华博士在该著中还重点分析了中古时期丝绸之路上汉人和粟特人充当"译语人"的角色，对此，我也在思考：丝绸之路上为什么有那么多的汉人和粟特人作翻译？是他们而不是别人？我认为这与汉文化在丝绸之路上的国际领先地位、与粟特人本身聪明伶俐，因经商、外交而具有多语（multilangual）才能、在丝绸之路具有重要影响是分不开的，在当时的丝路上，汉语和粟特语具有国际性地位。关于汉语和汉字在丝路上的引领地位，前贤时彦论述者夥矣，现在我们再说说粟特语和粟特文，它俩在中古时期的丝绸之路上是除汉语汉字之外又一国际性的语言文字，粟特文还被后来的回鹘文、蒙古文、满文所传承（参见史金波、黄润华《中国历代民族古文字文献探幽》，中华书局 2008，第 32 页）。在唐代，一些地处西域的羁縻州甚至在官方公文中使用粟特语和粟特文，2004TBM107：3-2 汉译粟特语《唐金满都督府致西州都督府书》："此处皆无 ［……］。其地遥远，吾等不得使 ［之？］离去。哥逻禄 ［百姓 ……］ 吾等已遣 ［……］ 往西州。其后 ［当？……］ ……其人众上来（至此），吾等若得消息，将与 ［汝？］相知。［於时］龙朔 ［三］［年］［……］。"（此件文书图版及汉译均见荣新江、李肖、孟宪实主编《新获吐鲁番出土文献》，中华书局，2008，第 58 页）关于本件文书的墓葬年代和写作背景，《新获吐鲁番出土文献》第 59 页言："本件文书出自墓室填土内，上钤印一方，为'金满都督府之印'（5.6X5.7cm），文书中提及'哥逻禄'，年代又在龙朔年间。推测和征集文书中《唐龙朔二、三年（六六二、六六三）西州都督府案卷为安稽哥逻禄部落事》为同组文书，由其上保存的'金满都督府之印'及文书发现于西州都督府所在地吐鲁番，推测此为唐朝处理哥逻禄部落破散问题时金满州都督府致西州都督府的书信。"我们不禁要问：为什么唐金满都督府致西州都督府的官方公文（书信）要用粟特语？我们认为这有可能因为在金满都督府粟特人及粟特文化的影响较大，此地乃突厥别种故地，本地行政语言可以使用粟特语，同时或许还说明粟特文乃当时的国际性语言之一，而且说明此件公文的接收地——西州都督府也有粟特语的阅读条件和理解能力。今考《旧唐书》卷四十《地理三》："金满，流沙州北，前汉乌孙部旧地，方五千里，后汉车师后王庭。胡故庭有五城，俗号'五城之地'。贞观十四年平高昌后，置庭州以前，故及突厥常居之。"《新唐书》卷四三下《地理七下》"右隶北庭都护府"下列有："金满州都督府（原注：永徽五年以处月部落置为州，隶轮台，龙朔二年为府）。"原来，唐王朝在平定阿史那贺鲁的过程中，已经开始在被征服的地区设置羁縻都督府、州。永徽五年（654）闰五月以处月部落置金满州，隶属轮台县。谷川道雄认为唐帝国表面上由都督府、州这样普遍的行政组织统一起来了，实际上内部并立着不同的两个世界，这是胡汉共存的统治方式（参见谷川道雄《世界帝国の形成》，讲谈社，1987，第 210~211 页）王小甫指出：唐代羁縻府州的长官都由本部首领担任，且世袭，羁縻府州有无版籍不定，羁縻州往往采用当地或附近城镇、部落的名称（参见王小甫《唐、吐蕃、大食政治关系史》，中国人民大学出版社，2009，第 9 页）。总之，唐帝国对羁縻州的管理是宽松的，甚至是松散的，从金满都督府致西州都督府书使用粟特语和粟特文这一语言文字现象，可以印证中外历史学家们的论断不误。另外，这是一封初唐时期的粟特语书信，其撰写程式似乎没有受到汉书仪的明显影响。有趣的是：以下一件粟特语书信就不一样了，2004TBM247：8 汉译粟特语《唐书信》："［伏惟公尊体］动止万［福］……某［欢庆］。时［吾公！……］"（图版及汉译均见荣新江、李肖、孟宪实主编《新获吐鲁番出土文献》，第 102 页）本件文书出土的墓地在吐鲁番巴达木二号台地，属康氏家族茔院，为男女合葬墓。因出自康氏墓葬，疑为粟特墓主人生前之物（参见 Yutaka Yoshida（吉田豊），*Sogdian Fragments Discovered from the Graveyard of Badamu*，沈卫荣主编《西域历史语言研究所集刊》第一辑，科学出版社，2007），此件书信似乎不排除受到汉书仪的影响。

两千多年前，屈原在《离骚》里言："乘骐骥以驰骋兮，来吾导夫先路。"我相信曹利华博士的这部著作，会有力地推动或带动学界从语言文字学角度研究吐鲁番出土文献，尤其是从语言接触（language contact）的角度研究汉语史和民族交流史，故乐意为之序。

王启涛
2020 年 12 月于成都

目　录

凡　例

1. 论文用例之吐鲁番文书录文我们将做如下处理：

（1）字迹模糊不能确定者，外加"□"；

（2）据文意补出之字外加"〔〕"；

（3）残缺字数不定者，用"（缺）"标示；

（4）文书图版不清，录文未录，个人据文义认为当为某字者，在"〔〕"内补出；

（5）字偏僻繁难者，直接以与之同义的正字改之；

（6）倒文，径以正确顺序录入；

（7）用简体字不能录入的，以相应繁体字录入。

2. 为节省篇幅，吐鲁番文书录文将根据行文需要节录其中几行，并明确标示行数。

3. 吐鲁番文书的录文，凡引自唐长孺先生主编《吐鲁番出土文书》（图录本）的，标题后在"（）"内随文注明其所在册数、页码，如"（1-50）"，指第1册第50页，"（1，50-52）"指第一册，第50~52页。非引自《吐鲁番出土文书》（图录本）的，则按规范格式特别注明。

绪　论

一　研究缘起

吐鲁番地区历史悠久，自有记载以来便是民族往来交流之地。吐鲁番地区在先秦至西汉时期属于姑师国范围，西汉时期姑师国一分为八，车师前国居姑师国旧地且统领其他七国，一般称为车师国。西汉与匈奴"五争车师"，后车师归汉，中原汉族开始进入该地区。公元前48年西汉王朝设置戊己校尉，同时或稍后在此设置了诸多军事壁垒，"高昌壁"是其中一个，且为戊己校尉治所。高昌便逐渐发展，魏晋之际初具城市规模。其后，高昌又经历了高昌郡、高昌国、唐西州诸时期，直至回鹘、蒙元到清代的吐鲁番至今。

公元4~8世纪是中国北方各民族最为活跃的一个时期，而吐鲁番地区又是民族交流汇聚之地。该时期吐鲁番地区曾存在过车师、匈奴、柔然、敕勒、吐谷浑、突厥、突骑施等漠北和西北游牧民族，还有龟兹、焉耆、鄯善等西域诸族，再有粟特、波斯、天竺等异域外族，民族构成非常复杂。尤其是高昌国与唐西州时期的吐鲁番地区，不同族属民众长期相处，房舍相望，田地相接，共享道路水渠，共同从事农业生产和手工业劳作，共同承担赋税徭役，甚至互相通婚，组建家庭。日常交往中他们的语言、思想、风俗习惯等必然相互渗透，相互影响，相互涵化，进而影响当地整个社会，并且在当时的应用文书中有所体现。所以，利用出土文书这种"同时资料"对该地区的民族交往和民族关系进行研究切实可行。

从目前情况看，吐鲁番地区的民族关系研究，多从政治、人口、民族通婚等方面进行分析，而往往忽略语言这一民族重要特征，从语言接触角度来考证民族关系尚属空白。语言是人类最重要的交际工具和思维工具，是民族的重要特征之一。民族交往必然伴随语言的接触及相互影响；反之，语言又是民族交往的见证与化石。所以，语言接触研究是民族交往研究的重要组成部分，应该成为民族交往研究的重要内容之一，而事实上却未引起足够重视。

4~8世纪的吐鲁番地区是民族交往融合之地，该地区的民族交往备受学界关注，民族史家多有讨论，不过较之对政治、经济、军事、文化的研究，显得相对薄弱；系统研究该地区民族交往中语言接触的则更少，通过语言接触反观民族交往与民族关系方面尚属空白。

我们选取这一独特视角，聚焦民族接触，从历时和共时两个维度，利用吐鲁番出土文书并辅以传世文献和出土文物，采用历史学、文献学、语言学的方法，对4~8世纪吐鲁番地区的语言接触与民族交往情况进行研究。首先，在梳理该地区地理条件、历史沿革、民族构成与变迁的基础上，从政治、经济、民族杂居等方面考察该地区民族互动及语言接触状况；其次，聚焦语言接触，一方面从语言学角度考察汉语与周边语言的相互借用和影响，重点在词语借用；另一方面从民族史角度解析语音、词汇、语法尤其是借词所折射的民族关系及其特点，这也是本书重点。最后，作者系统阐释该地区民族交往的特点及原因，将该地区的民族关系放入更大的时空背景去考察，从中华民族多元一体格局的角度去思考。总之，在民族交往的历史大背景下考察语言接触，又从语言接触反观历史，宏大叙事与细节描写相结合，互为补充。

通过语言接触对该地区民族交往与民族关系开展实证性研究，具有积极的学术意义。一是以语言接触反观民族交往与民族关系，一定程度上开拓了吐鲁番地区民族关系研究的视野和范围，为该地区民族交往研究提供更加深入而全面的支撑，甚至对民族关系史研究也有一定的借鉴意义。二是选择吐鲁番地区来研究具有典型意义，并且将吐鲁番地区4~8世纪的民族交往放在中华民族多元一体格局形成的大背景中去考察，加深我们对中华民族多元一体格局形成的认识。

二　相关概念界定

（一）民族与语言

斯大林关于民族的经典定义，也是马克思主义经典作家关于民族的首个定义，明确了民族应该包含的四个要素，认为民族即"人们在历史上形成的一个有共同语言、共同地域、共同经济生活以及表现于共同文化上的共同心理素质的稳定的共同体"①。费孝通先生认为"共同文化上的共同心理素质"即民族认同意识②。2005 年中国对"民族"这一概念做出了自己的解释，提出了民族构成要素的"6+1"模式，即民族在"历史渊源、生产方式、语言、文化、风俗习惯以及心理认同等方面具有共同的特征""有的民族在形成和发展的过程中宗教起着重要作用"③。可见，对"民族"的认识不断深入，民族的内涵不断深化，构成要素也有所调整，但是语言作为民族的构成要素之一必不可少。

语言，是人类最重要的交际工具，是人类思维和表达的手段，也是人类社会最基本的信息载体。语言是以语音为物质外壳、词汇为建筑材料、语法为结构规范而构成的符号体系。语言又是一种特殊的社会现象，随着社会的产生而产生、发展而发展。

有了人类就有了语言，民族是人类社会发展到一定阶段的产物，比语言出现晚。不过"自人类社会形成民族后，语言就打上了民族的烙印，同民族发生了密不可分的联系。从这时起，语言便从属于每一个具体的民族，成为民族的一个重要特征……语言成为民族的特征后，二者在发展中互相影响，互相制约。一方面，语言的发展和变化受民族发展的影响和制约；另一方面，语言也影响民族的发展。一部语言史总是同一部民族史紧密地联系在一起的。所以，研究语言不能离开对民族的研究；同样，研究民族也不能离开语言"④。所以，不管是民族史研究、民族关系研究还是

---

① 《斯大林全集》（第 2 卷），人民出版社，1953，第 294 页。
② 费孝通主编《中华民族多元一体格局》（修订本），《代序：民族研究》部分第 9 页，中央民族大学出版社，1999。
③ 吴仕民主编《中国民族理论新编》，中央民族大学出版社，2006，第 25 页。
④ 马学良、戴庆厦：《语言和民族》，《民族研究》1983 年第 1 期，第 6~14 页。

民族关系史研究，都不能忽略"民族"的重要构成要素——"语言"。

（二）民族交往与语言接触

1. 民族交往相关概念

（1）民族交往。民族交往指不同民族之间在社会生活各个领域所进行的全方位、多层次的往来①。不同时期不同民族间的交往，在交往程度、内容、过程及结果方面是有差别的，学界用相应的术语来表示，如民族接触、民族交流、民族融合及后来提出的民族交融。

（2）民族接触、民族交流。二者的含义比较明确，民族接触是不同民族接近并发生交往，是民族交往的初始阶段；民族交流即不同民族之间相互往来，互通有无，在交往层次上比前者更进一步。

（3）民族融合、民族同化。"民族融合"是民族交往的最终结果或阶段性结果，此概念最早由恩格斯提出②。民族融合包括两个方面的内容：一是共产主义社会民族现象的消亡③，即终结性民族融合；二是阶段性的或历史上已经出现过的民族融合现象，即过程性民族融合或阶段性民族融合④，具体指不同民族在长期交往过程中产生新的特征和认同，随着共同性的逐渐增长，最终形成另外一种民族的现象和过程。

民族同化，指历史上由于被迫或自愿原因，一个民族融入另一个民族的情况，分别称作"强迫同化"和"自然同化"。不管是民族融合，还是民族同化，都伴随着某一民族实体的消失。

史学界之"民族融合"概念所指较为宽泛，一般将"自然同化"划为"民族融合"范畴⑤，这也是民族史、民族关系论述的一般做法。本书涉及的民族融合也采用这种做法。也有学者将民族强迫同化、自然同化统统归为民族融合。

---

① 金炳镐：《论民族关系理论体系》，《中南民族学院学报》2001 年第 6 期，第 29~34 页。
② 中国社会科学院民族研究所编《马克思恩格斯论民族问题》（上册），民族出版社，1987，第 115 页。
③ 中国社会科学院民族研究所编《马克思恩格斯论民族问题》（上册），民族出版社，1987，第 115 页。
④ 马克思：《路易斯·亨·摩尔根〈古代社会〉一书摘要》，《马克思恩格斯全集》第 45 卷，人民出版社，1985，第 445 页。
⑤ 翁独健：《中国民族关系史纲要》，中国社会科学出版社，2001，第 14 页。

（4）民族交融。民族交融是近来提出的一个概念①，主要指不同民族在交往中共同性因素不断增加，民族交流不断深入但尚未达到民族融合程度的一种民族交往状态和过程②。大致相当于费孝通先生所言的"融而不合"。民族交融继续发展才能达到民族融合。

综上所述，民族接触、民族交流、民族交融、民族融合只是民族交往过程中的不同阶段，各阶段民族交往层次和深度不同。也可以说，民族接触、民族交流、民族交融是民族交往的过程，民族融合是民族交往的结果。

2. 语言接触

语言是民族的重要特征，是任何一个民族最重要的交际工具和思维工具，语言接触是民族交往的首要条件③；民族交往交流也必然伴随语言的接触及相互影响。反之，语言是民族交往的化石，某些语言细节就能折射大的历史事件和民族交往事实，"语言史是广义文化史或文明史的一部分，一个民族的语言史就是这一民族文化史或文明史的折射与积淀"④。

语言接触指"讲不同语言的人群由于交往所引起的语言在结构上和交际功能上的变化"⑤。语言接触包括语言交流过程和语言相互影响的结果。关于不同民族间语言的交流及相互影响，一度被称作"语言融合""语言混合"等。直到1953年瓦茵莱赫（Uriel Weinreinch）专著《语言接触：已揭示的和未解决的》出版（1966年再版）⑥，"语言接触"这一术语才正式问世。20世纪90年代该术语在国际语言学界被广泛使用，逐渐取代"语言相互影响""语言相互作用""语言融合"等表述⑦。不过，目前非语言学界仍在使用这些概念。

语言接触达到一定程度就走向"语言融合"。语言融合即一个民族放

---

① 2010年1月，胡锦涛在中央第五次西藏工作座谈会上提出了"要把有利于各民族交往交流交融作为衡量民族工作成效的重要标准"。
② 杨须爱：《马克思主义民族融合理论在新中国的发展及"民族交往交流交融"提出的思想轨迹》，《民族研究》2016年第1期，第1~14页。
③ 王云路：《中古汉语词汇史》（下），商务印书馆，2010，第847页。
④ 李葆嘉：《中国语言文化史》，江苏教育出版社，2003，第524页。
⑤ 何俊芳：《语言人类学教程》，中央民族大学出版社，2005，第129页。
⑥ Uriel Weinreinch. *Languages in Contact：Findings and Problems*，London The Hague Paris：Mouton & CO.
⑦ 张兴权：《接触语言学》，商务印书馆，2013，第2页。

弃本民族语言而改用其他民族语言的现象。"通常是其中某一种语言成为胜利者，保留自己的语法构造和基本词汇，并且按自己发展的内在规律继续发展，另一种语言则逐渐失去自己的本质而逐渐死亡。"① 一般而言，民族融合与语言融合是互相关联的，但也存在语言已经融合，而民族实体尚存的情况，如我国的回族、满族等。

三　重点材料及研究范围

（一）重点材料

吐鲁番出土文书，是我们研究所使用的重点材料，主要为以下 5 种，本书所列吐鲁番出土文书的相关统计数字仅仅是以下前 4 种文献的汇总统计。

（1）《吐鲁番出土文书》图录本（唐长孺主编，1992～1996），收录文书 2469 件，除去"文书残片""残文书" 663 件，古写本、古抄本 15 件，还剩 1791 件，是我们的主要研究对象。

（2）《新出吐鲁番文书及其研究》（柳洪亮编著，1997），此书收 1975～1990 年在阿斯塔那等地清理古墓葬出土的文书，亦即前者之继续。为作者释文，收录文书 82 件，其中古写本 1 件。

（3）《新获吐鲁番出土文献》（荣新江主编，2008），图文对照形式收录 1997～2006 年吐鲁番地区所出和征集之文书，共 307 件。

（4）《新疆博物馆新获文书研究》（刘绍刚、侯世新主编，2013），图文对照形式收录新疆维吾尔自治区博物馆 2009 年征集的吐鲁番文书，其中高昌国与唐西州时期文书 17 件。

（5）《大谷文书集成》（小田义久主编，1984～2009），相较以上 4 种文献，在词语借用和语法现象的考察等方面对该文书未做到穷尽。

另外，还利用了《日本宁乐美术馆藏吐鲁番文书》（陈国灿、刘永增，1997），《斯坦因所获吐鲁番文书研究》（陈国灿，1994），《斯坦因第三次中亚考古所获汉文文献》（非佛经部分）（第 2 册）（沙知、吴芳思，2005），以及吐鲁番出土的相关碑铭墓志和相关考古成果等。几乎每一批

---

① 斯大林：《马克思主义和语言学问题》，人民出版社，1964，第 19～20 页。

吐鲁番出土文书整理刊布后，都会有学者提出校勘方面的商榷、匡正意见，以单篇论文呈现或在其他主题的行文中论及，在资料录入分析时我们积极参考，同时也核对图版，做相应校勘工作。

我们选用吐鲁番出土文书作为重点分析材料，基于以下三点考虑：一是吐鲁番出土文书较之其他材料的优越性。吐鲁番出土文书，多为东晋末至唐中期之"同时资料"，自写就之日至 20 世纪出土，时隔千年，未经转写窜改，具有"绝对"的真实性。从内容上看，吐鲁番文书多为社会文书，且数量众多，可补敦煌文书中北朝隋唐世俗文书之不足。以唐长孺先生主编图录本《吐鲁番出土文书》为例，初步统计收录文书 2469 件，除去"文书残片""残文书"663 件，剩余 1791 件，其中佛经残卷 6 件、古写本 9 件、习字 7 件，其余均为反映当时社会生活的资料，包括契约 150 件、辩辞 93 件、家书 25 件、其他官私文书 1523 件。再者，文书整理者已据文书内容、墓葬形制、墓砖墓志等确定了大部分文书写定的具体年份。时代关键、材料可靠、社会性强、写定年份明确的吐鲁番出土文书，是极其宝贵的史料。"它凸显的是吐鲁番社会进程中某个真实的、流动着的历史细节。"① 二是限定材料范围，便于量化统计。三是语言接触分析的需要。语言分析一般需要大量的反映当时口语的语料，而吐鲁番出土文书作为历史文献进行解析的同时，还可作为语料进行分析。

（二）辅助材料

1. 汉文史料

除以吐鲁番出土文书为主要研究资料外，我们还利用大量的汉文史料。斯坦因曾言："我们关于中亚的历史知识之大部分皆来自汉文史料，而且所有关于中亚古代的基本事实也来源于汉文史料。"② 劳费尔《中国伊朗编》讲到古代伊朗人在沟通东西文化方面所起的作用时，特别强调"他们所从事的活动对世界和对于历史都具有重大意义，但是若没有中国人的记载，我们就无法了解当时的情况"③。我们对吐鲁番出土文献进行

---

① 朱玉麒：《中古时期吐鲁番地区汉文文学的传播与接受——以吐鲁番出土文书为中心》，《中国社会科学》2010 年第 6 期，第 182~224 页。

② 〔英〕斯坦因：《重返和田绿洲》，刘文锁译，广西师范大学出版社，2000，第 2 页。

③ 〔美〕劳费尔：《中国伊朗编》，林筠译，商务印书馆，1964，第 4 页。

考察论证时，充分利用汉文史料予以佐证。主要有《史记》《汉书》《三国志》《魏书》《梁书》《周书》《旧唐书》《新唐书》等正史资料；《唐会要》《资治通鉴》《册府元龟》等历史著作；玄奘《大唐西域记》、义净《大唐西行求法高僧传》等行纪著作；《元和郡县图志》等方志资料。

2. 考古资料

《吐鲁番出土砖志集注》《隋唐五代墓志汇编·新疆卷》《1973 年吐鲁番阿斯塔那古墓群发掘简报》《1973 年吐鲁番哈拉和卓古墓群发掘简报》《1995 年吐鲁番交河故城沟西墓地发掘简报》等墓志碑铭、考古简报等。

3. 相关语料库

在讨论语言借用、语言演变过程中还涉及大量的辅助语料，基本会涉及汉语史的各个时期。我们主要利用大型数据库检索例句，然后再借助出版原件核实原文。使用的数据库主要有陕西师范大学开发的《汉籍全文数据库》（第二版），台北"中央研究院"在线《汉籍全文语料库》《上古汉语标记语料库》《近代汉语标记语料库》《现代汉语平衡语料库》，上海人民出版社和迪志文化出版有限公司合作出版的《文渊阁四库全书》（全文网络版），北京大学 CCL 语料库等。例句核实方面，"二十五史"例句以中华书局 1980 年版为准，其他书籍有多个版本的尽量以中华书局、商务印书馆、上海古籍、江苏古籍等较为权威的出版社为准。

（三）研究范围

1. 时间范围

在时间跨度上，一般意义上所讲的吐鲁番出土文书的时间界限为东晋末年至唐中叶，年代最早为前凉升平十一年，即东晋海西公太和二年（367），最晚为唐大历十四年（779）[1]。相应的，我们的研究限定在 4~8 世纪这一历史时段，文字上有时表述成晋唐时期。不过，鉴于历史发展的延续性和继承性、语言影响的层次性，叙述过程中对这一历史时段会有所跨越，一般上溯至西汉，以助史实全貌。

---

[1] 唐长孺主编，中国文物研究所等编《吐鲁番出土文书》〔壹〕，文物出版社，1992，序言部分。

2. 空间范围

在空间跨度上，以吐鲁番地区为中心。不过，研究是以西域民族接触和民族交流为背景的，故叙述范围有时不得不随西域民族活动范围的变迁而扩大、延伸。所以在空间跨度上，并不仅仅局限于吐鲁番这个地域概念，会扩及整个新疆（清朝以前狭义的"西域"），甚至涉及阿富汗、巴基斯坦和中亚甚至西亚的一些地区。正如池田温所言："敦煌吐鲁番研究，从狭义上讲，是指对敦煌莫高窟为主的敦煌地域的遗址和在莫高窟发现的古代文献，以及对吐鲁番地域的古代遗址和在遗址中发现的出土资料的研究。广义上讲，一般则是指对包括楼兰、龟兹、于阗、黑城等甘肃、新疆和其邻接地域的内陆亚洲地域（中亚）出土的古代文物的研究。"①

四　研究现状述评

吐鲁番地区的民族交往和语言接触是我们的观测点，吐鲁番出土文书是我们的重要研究材料，故以下从民族交往与语言接触理论研究和吐鲁番地区的民族交往、语言接触、出土文书研究四个方面，进行研究现状的考察②。

（一）民族交往与语言接触理论研究

萨丕尔在其《语言论·言语研究导论》中指出："语言，像文化一样，很少是自给自足的。相邻的人群互相接触，不论程度怎样，性质怎样，一般都足以引起某种语言上的交互影响。"③ 但是，这一认识上升为理论并进一步研究始于20世纪。20世纪30年代，布拉格学派对历史比较语言学的"谱系树"理论提出质疑，雅各布逊《论音位的语言联盟》最早提出"语言联盟"（Sprachbunde）理论④，特鲁别茨科依指出"解释语音的对应规律，完全用不着解释这组语言有共同的来源，因为这种对应

---

① 〔日〕池田温：《有关近年来日本的敦煌吐鲁番研究》，见池田温著《敦煌文书的世界》，张铭心、郝铁君译，中华书局，2007，第268页。

② 考虑行文因素，综述部分陈述诸位前辈贤达均略去"先生"，多有冒昧，敬请海涵。

③ 〔美〕萨丕尔：《语言论》，陆卓元译，商务印书馆，1985，第173页。

④ A. Jakobson. *Travaux du Cercle Lingusltique de Prague*，1931：234.

规律也可能存在于一种非亲属语言从另一种非亲属语言的大量的借用现象之中"①。语言接触（Language contact）开始受到普遍关注。

就语言接触的深度而言，有"有界说"和"无界说"两种观点，最后陈保亚提出"无界有阶说"。

"有界说"主要受历史比较语言学"同构必同源"的影响，认为语言接触只会影响到词汇层面，对语音、语法不会造成影响。如萨丕尔（E. Sapir）《语言论》认为，接触只会影响语言表面的结构和一般词汇；鲍厄斯（F. Boas）《种族，语言和文化》认为，在接触达到一定深度时，同源和借用是很难区分的；梅耶（A. Meilet）、布龙菲尔德（L. Bloom-field）、雅各布逊（A. Jakobson）、马丁内德（A. M artinet）也持类似观点。他们的方法论是，一种新的语言现象，只有在该语言内部找不到变化的机制和动因时，才会考虑语言接触和外借②。随着大量语言接触引发语言演变事实的发现，又产生了"无界说"。桥本万太郎（2008）甚至提出：语言历史上的演变大部分都是语言外部因素引起的。

国内学者在 20 世纪 50 年代开展的民族语言调查中记录了语言的相互接触和影响，罗常培《语言与文化》（1950）阐释了古今汉语"借"（借进）"贷"（贷出）词语的现象及其文化因素，以及词语借贷需要注意的对音问题，并附梵、藏、汉对音表。喻世长撰文《应该重视语言互相影响的研究》（1984）指出语言的互相影响涉及语言的各个方面。既有词汇的吸收，又有语音的渗透，还有语义的变动和语法结构的改变及语法成分的借用。江蓝生《从语言渗透看汉语比拟式的发展》（1999）呼吁："在考察和分析历史语言现象时，应该跳出历史比较法的框框，从语言渗透、语言融合的角度去把握。"在语言接触理论方面，袁焱《语言接触与语言演变——阿昌语个案调查研究》（2001）提出，语言接触引发出语言影响、语言兼用及语言转用三种结果，是语言接触导致的一种语言变化链。

---

① 〔俄〕特鲁别茨科依著，雷明译《有关印欧语问题的一些看法》，《国外语言学》1982年第 4 期，为特鲁别茨科依 1936 年 12 月 14 日在布拉格语言学小组所做报告的内容。

② 朱庆之：《语言接触和语言变异——佛教汉语研究的新视角》，《北京论坛（2007）文明的和谐与共同繁荣——人类文明的多元发展模式："多元文明冲突与融合中语言的认同与流变"外国语分论坛论文或摘要集》（下），第 414~427 页。

洪勇明《论语言影响的若干规律——以新疆语言接触为例》（2007）、罗美珍《论群族互动中的语言接触》（2000），都提出了自己的看法。

陈保亚《论语言接触与语言联盟——汉越（侗台语）语源关系的解释》（1996）提出了"无界有阶论"，即语言的任何结构都可以受到接触的冲击，区别在于越是核心的结构和核心的词汇受到冲击的量越小，时间越晚，呈现出不同的"阶"。并且以此为基础，提出了区分语言同源关系和接触关系的"阶"曲线模型，即考察两种语言的关系词（有同音或同构关系的词），同源关系的语言，越是核心的词汇，关系词越多；而接触关系则相反，越是核心的词汇，关系词越少。陈保亚的语言接触理论基本走在了语言接触研究前列，目前为多数人接受，我们也完全赞同其观点。其"无界有阶论"无论对各个历史时期的语言接触研究，还是对历史语言研究，都有借鉴意义。陈保亚《从语言接触看历史比较语言学》（2006）申述"（历史语言学）一个根本的改进就是要调整关于语言演化的观念，即不能只从语言分化的角度来看问题，应该把分化和接触看成是语言发展历史的两个方面"。语言接触理论框架逐步成熟，托马森、贝罗贝（Alain Peyraube）的接触性演变机制理论，海涅和库特夫（Bernd Heine & Tania Kuteva）的语言接触而诱导的语法化学说等均引人瞩目。

（二）吐鲁番地区的民族交往研究

1. 民族关系研究

姜伯勤《高昌文书中所见的铁勒人》（1986）利用麴氏高昌时期的客馆、客使文书论述了高昌国与铁勒的关系。另有钱伯泉《从高昌主簿张绾等传供状看柔然汗国在高昌地区的统治》（1990），吴玉贵《高昌供食文书中的突厥》（1991）等，均利用出土文书中的传供账进行民族关系研究。王素《吐鲁番所出武周时期吐谷浑归朝文书史实考证》（1988）考察了10万名吐谷浑人归朝的历史背景、时间及具体情况；钱伯泉《吐谷浑人在西域的历史——兼谈坎曼尔诗签的族属与价值》（1990）指出吐谷浑在唐和吐蕃之间反复摇摆，最终归属回鹘的历史。马雍《突厥与高昌麴氏王朝始建交考》（1900）利用《宁朔将军麴斌造寺碑》讨论了突厥汗国早期袭扰高昌后与高昌联姻、结盟的历史。郭平梁《魏晋南北朝时期车师—高昌一带的民族及其相互关系》（1988），论列此期在吐鲁番地区活动的铁勒人、突厥人、匈奴人、粟特人、汉人等共 15 个民族的交往情况。周伟洲、李泰仁《公元三至九世纪新疆地区的民族及其变迁》（2007）分魏晋南北朝和隋唐两个时期论述了该地区的民族及其变迁。崔明德《隋唐时期西域诸国的民族关系思想》（2007）在西域民族交往史实基础上，上升到思想理论高度去考察。当然还有在更大范围内研究民族关系而涉及吐鲁番地区民族交往的，如费孝通《中华民族多元一体格局》（1988），周伟洲《试论隋唐时期西北民族融合的趋势和特点》（1990）等。

2. 商贸往来及商业民族研究

程喜霖《唐代过所与胡汉商人贸易》（1995），着重考察过所和公验文书，探讨胡汉商人贸易状况。姜伯勤《敦煌吐鲁番与丝绸之路上的粟特人》（1986）将进入吐鲁番的粟特人分为入籍者和未入籍的商胡两类，对他们在吐鲁番地区的生产生活情况进行分析，并对比了敦煌吐鲁番两地的粟特人。张广达《唐代六州胡等地的昭武九姓》（1986）、陈国灿《魏晋至隋唐河西胡人的聚居与火袄教》（1988）等对粟特人及其文化传播做过探讨。荣新江在粟特人研究方面成绩卓著，他娴熟利用吐鲁番出土文献、汉文传世文献、中古伊朗语文献，发表《西域粟特移民聚部考》《北朝隋唐粟特人之迁徙及其聚落》《北朝隋唐粟特聚落的内部形态》《隋及唐初并州的萨宝府与粟特聚落》等系列文章，后收入《中古中国与外来文明》（2001），系统建构了粟特聚落的迁徙路径及网状分布，翔实叙述了粟特聚落内部的政教首领、种族构成、婚姻形态、日常生活、丧葬仪式、宗教信仰及其与本地居民的互动，呈现了粟特民族的历史原貌及对周边国家的文化贡献。主持编撰了《粟特人在中国：历史、考古、语言的新探索》（2005），又与罗丰将第二届丝绸之路国际研讨会论文结集出版《粟特人在中国：考古发现与出土文献的新印证》（2016），内容涉及近十年与粟特有关的考古、历史及语言研究。西域地区波斯人、突厥人等其他民族及民族间接触融合的研究也成果丰硕，此不列举。

3. 译语人研究

在中国历史上译语人的存在见于正史者较多，目前所论也多为官方译语人，民间译语人则很少论及；材料使用上多利用传世文献，利用出土文献者只见 1 篇。李芳《唐西州的译语人》（1994）乃较早论述译语人之力作，利用西州出土文献分析边州军府及民间译语人，认为他们多为西州本地少数民族，工作范围广泛，涉及军事行动、商品交易、案件审理等。之后，多根据传世文献论述朝廷直接设置管辖的"译长"，如〔俄〕琼卓玛《汉代西域译长》（2006），论述了"译长"在西域 36 国的数量、职责和作用。王子今、乔松林《"译人"与汉代西域民族关系》（2013）在前文基础上扩充介绍了西域"重译"现象、汉朝"译官"和西域的"导译、译道"等。香港大学龙惠珠（Rachel Lung）《中国古代的译语人》（*Interpreters in Early Imperial China*）（2011）为口译史专业书籍，内容也涉及汉唐译官。朱丽娜《唐代丝绸之路上的译语人》（2015）分述了长安、沙州、西州三地的译语人活动及唐朝廷对译语人态度的转变，基本上是对以前研究成果的综述。

4. 宗教及文化艺术研究

陈垣《火祆教入中国考》（1922）勾勒火祆教的起源、兴衰，同时将典籍上火祆教、大秦、摩尼三教混同记载的错误——指出，予以辨证；《摩尼教入中国考》（1923）利用敦煌摩尼教经卷和其他材料，考明摩尼教始于唐武周长寿二载（693）传入中国及历唐、宋、元、明数朝在中国的流行情况。冯承钧翻译了沙畹、伯希和《摩尼教流行中国考》（1931），伯希和《景教碑中叙利亚文之长安洛阳》（1931），并著《景教碑考》（1935）。《西域南海史地考证译丛》几乎收录了冯承钧全部译作。向达《龟兹苏祇婆琵琶七调考原》（1926），在中西交通史大背景下，研究印度通过中亚对中原文化的影响。

5. 综合研究

一般都利用"纸上材料"和"地下之新材料"综合考证。姜伯勤《敦煌吐鲁番出土文书与丝绸之路》（1994）利用敦煌吐鲁番出土文书分析丝绸之路上的突厥人、粟特人、波斯人在丝绸之路上所起的作用以及与高昌国的关系，阐释了拜占庭、波斯、印度与高昌国的"金钱""白银"、香药流通及高昌国的国际商业地位，最后还涉及文化、宗教等方面的交流。董永强博士学位论文《4~8 世纪吐鲁番地区的多民族问题探索》（2007）分析了该地区的人口姓氏、民族构成、民族杂居、多民族家庭等。余太山系列文章对正史中西域诸国的文化、宗教、习俗、制度、人种、语言、文字等做了分门别类的研究，并结集出版《两汉魏晋南北朝正史西域传研究》（2003），为两汉魏晋南北朝正史西域传有关西域的记载提供了系统注解。王素《高昌史稿·交通篇》（2000）综合利用传世、出土文献，论述了高昌与四周的交通路线及交通历史。

向达《唐代长安与西域文明》（1957）从流寓长安的西域人、西市胡店与胡姬、开元前后长安的胡化、西域传来的画派与乐舞、长安的打球活动、西亚新宗教的传入六个方面阐述了唐代长安与西域文明的接触互动，是唐代中西文化交流史方面的力作。薛爱华（谢弗）《撒马尔罕的金桃——唐代舶来品研究》（*The Golden Peaches of Samarkand*），此书 1995年初版中译名为《唐代的外来文明》，2015 年社会科学文献出版社第三版书名恢复直译，该著作写盛唐背景下唐与其他国家的物质文化交往流通，体例上与劳费尔《中国伊朗篇》类似，被称为姊妹篇。〔日〕羽田亨《西域文化史》（1947）对西域的民族、宗教、文化、商业活动以及民族间的交流影响多有论及，虽然一些观点为后来的研究所修正，但该著作在西域文化研究史上功不可没。

（三）吐鲁番地区语言接触研究

吐鲁番地区的语言接触研究很少，偶有涉及一般也囊括在西域语言接触研究。而西域语言接触研究主要集中在语言接触的背景阐释和借词考察等方面，语言接触与语音研究、语法研究几乎尚未涉及。

（1）综合研究方面。牛汝极《西域语言接触概说》（2000）详列西域语言 24 种，做了谱系分类。徐彦《语言接触的诸因素分析——以新疆民汉语言接触为例》（2012）全面分析了政治目标、经贸往来、文化交流、移民杂居、战争征服诸多因素对新疆民汉语言接触的影响。牛汝极《文化的绿洲：丝路语言与西域文明》（2006）论述了两汉时期汉人与其他族群的联系及语言接触，重在语言接触的历史背景，而未讨论语言接触本身；同时，分析了清代已降汉语对维吾尔语的渗透和影响，还利用《突厥语大词典》考证了突厥语的粟特语和希腊语借词等。

（2）语言接触现象及其文化背景方面。热扎克·买提尼牙孜主编的《西域翻译史》（1994）从翻译视角论述了西域各时期语言接触及翻译盛况，对语言间词语的借用有所涉及。赵江民《民族交往视域下的新疆民汉语言接触》（2012）借助历史文献分别探讨了先秦、秦汉至明清、新中国成立后三个历史阶段新疆语言接触的文化背景及特点，指出语言接触范围不断扩大、程度不断加深，不过未曾分析具体的语言现象。赵江民、符冬梅《语言视域下的丝路文化变迁》（2014）按历史脉络，分别从印欧文化、突厥文化、伊斯兰文化回顾了丝路文化变迁概貌，对丝路上的语言及语言接触略有提及，重点在语言对文化的反映和体现，而非语言接触及相互影响。

（3）语言接触与词汇借用方面。总体来看，突厥语系民族的汉语借词研究比较集中。高莉琴《不同时期维吾尔语中的汉语借词》（2005）从《突厥语大词典》等七部字典辞书中系统梳理了维吾尔语的汉语借词，为以后研究提供重要资料参考。牛汝极《阿尔泰文明与人文西域》（2003）概述了西域语言接触，指出《突厥语大词典》中记录了大量的汉语、波斯语、阿拉伯语借词。赵相如《突厥语与古汉语关系词对比研究》（2012）认为汉突两种语言的接近程度，远远超过阿尔泰语系和汉藏语系中任何一种语言，古汉语早已消失的一些重要特征，都能在突厥语族语言中随处寻觅到踪迹；书中揭示的大量汉突两种语言对音的关系词，对突厥语族各民族的语言史或词源学研究具有重要的理论和学术价值。另外还有零星考证，如王新青《中亚历史语言文化研究》（2015）举例分析了中亚突厥语的历史借词及其文化因素；赵相如《维吾尔语中的古代汉语借词——从语言看历史上维汉人民的密切联系》（1986）考察了维吾尔语中的 25 例汉语借词，并指出至今还保留着古汉语"无轻唇音""无舌上音"的某些特点。又如陈宗振《关于维吾尔语中的早期汉语借词的探讨》（1982）、《〈突厥语大词典〉中的中古汉语借词》（2014）等。

（4）汉语的其他民族语言借词研究。代表作如伯希和《汉译突厥名称之起源》（1915），劳费尔《中国伊朗篇》（1919），薛爱华（谢弗）《撒马尔罕的金桃》（*The Golden Peaches of Samarkand*）（1963）等。王启涛《吐鲁番出土汉文献的借词》（2012）列举了吐鲁番文书所见的汉语外来词，多数是音译词。张永言《轻吕与乌育》《"浑脱"语源补正》《汉语外来词杂谈》（1992）也很有价值。杜朝晖《从敦煌吐鲁番文书看汉语音译外来词的汉化历程——以"叠""氎""㲲""毲""缲"为例》（2007），利用敦煌吐鲁番文献，揭示了"迭""氎"的汉化过程，从语言接触的角度来研究，很有启发和借鉴意义。

当然，也有服务历史研究而涉及语言接触的。西域的语言接触研究往往作为西北史地研究的必要部分而存在，主要为论述西北史地服务。黄文弼、冯承钧等皆西北史地大家，他们研究成果中所涉语言接触，一般是作为历史研究的辅助论证。如岑仲勉《突厥集史》（1958）研究突厥史附带推出了北朝末年至中唐所见突厥语与汉语的对音词表《突厥语及其相关外语之汉文译写的考订表》。

至于新中国成立后新疆地区的语言接触研究及现象分析，双语问题谈得较多，如徐思益《语言的接触与影响》（1997）、袁生武《50～80年代现代维语中汉语借词的发展及借用形式》（1998）、赵江民《新疆民汉语言接触及其对世居汉族语言的影响》（2013）等。

（四）吐鲁番出土文书研究

1905年，清朝大臣端方赴欧考察宪政，在柏林博物馆见《凉王大且渠安周造寺功德碑》，拓得数纸带回国内，缪荃孙、杨守敬等纷纷做出跋语和评论，罗振玉校录其文，并公开发表[1]。这应该是中国文化学术界对吐鲁番出土文献关注的开端[2]。然而，由于文物多被劫往国外，在20世纪的前半个世纪里研究甚少，"在此期间，如果说吐鲁番学还存在着的话，也是靠罗振玉、冯承钧、金祖同等先生从东、西方引进的资料，靠黄文弼等先生极有限的发掘资料，来做些研究"[3]。

总起来讲，国内吐鲁番出土文书研究成果的大面积出现，集中在唐长孺主编《吐鲁番出土文书》录文本全10册（1981～1992）期间及其以后。台湾地区和法国、英国等20世纪攫取吐鲁番文献、文物的国家研究较早，但涉及汉语言本体的不多。吐鲁番出土文书的研究成果，主要集中在文献整理、文献词语考释和晋唐时期吐鲁番地区社会、历史、文化的考察。而这三者相辅相成：文献整理是基础，词语考释是必要条件，反过来，社会、历史、文化的考察也为文献整理、词语考释提供更多的实证

---

① 邓秋枚编录《神州国光集》（第六集），上海：神州国光社，浙江人民美术出版社，2017，第21图。

② 陈国灿：《吐鲁番学研究和发展刍议》，《西域研究》2003年第3期。

③ 陈国灿：《吐鲁番学研究和发展刍议》，《西域研究》2003年第3期。

支撑。

以下，我们从刊布情况、历史文化研究、语言研究三方面做简单梳理。

1. 吐鲁番出土文书整理刊布概况

19 世纪末 20 世纪初，俄、德、法、日、英等国的探险队，先后在吐鲁番地区发掘出大量的文献和文物，自此便揭开了吐鲁番考古的序幕（侯灿，1989）。之后公开刊布的资料主要有〔俄〕克列门兹（D. A. Klementz）《吐鲁番及其古迹》，〔俄〕马洛夫《奥登堡考察队所获回鹘文写本文书》，〔德〕格伦威德尔（A. Grunwedel）《1902～1903 年在高昌古城及其临近地区进行考古发掘的报告》，〔日〕小田义久整理的《大谷文书集成》（四卷本）。中国学者对流落国外的吐鲁番出土文献的整理成果主要有《日本宁乐美术馆藏吐鲁番文书》（陈国灿、刘永增，1997），《斯坦因所获吐鲁番文书研究》（陈国灿，1994），《斯坦因第三次中亚考古所获汉文文献》（非佛经部分）（第 2 册）（沙知、吴芳思，2005）等。特别值得一提的是荣新江《海外敦煌吐鲁番文献知见录》（1996），详细介绍了英、法、德、俄、日、美以及丹麦、瑞典、芬兰等国重要收藏机构所藏敦煌吐鲁番汉文和非汉文文献的来源、藏量、最主要的整理工作和研究成果，为我们展示了世界范围内敦煌吐鲁番学的研究全貌。《吐鲁番文书总目（日本收藏卷）》（陈国灿，2005），《吐鲁番文书总目（欧美收藏卷）》（荣新江，2007），为我们提供了文献检索路径和总体概况，是我们研究的基础。

国内对吐鲁番文献的发掘整理，始自 1927 年黄文弼参与的中瑞两国对中国西北之考古发掘，1954 年黄文弼编辑出版了《吐鲁番考古记》。1957～1975 年，在吐鲁番的阿斯塔那（Astana）和哈拉和卓（Kharakhoja）进行了 13 次考古发掘，清理晋唐时期古墓葬 456 座，出土文书 2700 多件。后来唐长孺主持，对这批文书做识读、缀合、录文、考订，出版了《吐鲁番出土文书》录文本全 10 册（1981～1992）和《吐鲁番出土文书》图版本全 4 册（1992～1996）。1975～1990 年，在吐鲁番新发现的全部墓葬文书及故城、石窟等遗址出土的部分汉文文书收入柳洪亮主编的《新出吐鲁番文书及其研究》。1997～2006 年吐鲁番地区所出和征集之文书，由荣新江、李肖、孟宪实三人主持编定为《新获吐鲁番出土文献》（2008）。新疆维吾尔自治区博物馆 2009 年征集到的吐鲁番文书，收入刘绍刚、侯世新主编的《新疆博物馆新获文书研究》（2013），其中高昌国唐西州时期文书 17 件，与以往吐鲁番文书年代相合。王启涛《吐鲁番出土文书研究》（2005）对唐长孺主编图录本《吐鲁番出土文书》在标点、识读、注释方面的疏漏，多有更正。吐鲁番历来所出砖志已整理出版了《隋唐五代墓志汇编·新疆卷》（穆舜英、王炳华，天津古籍出版社，2009）和《吐鲁番出土砖志集注》（侯灿、吴美琳，巴蜀书社，2003）。

另有侯灿《吐鲁番学与吐鲁番考古研究概述》（1989），郭峰《敦煌西域出土文献的一个综合统计》（1991），陈国灿《吐鲁番学研究和发展刍议》（2003），施新荣《百年来吐鲁番出土文献回顾》（2010），赵彦昌、李兆龙《吐鲁番文书编纂沿革考》（上、下）（2013、2014）等，叙说较详。

2. 历史文化研究

国内外学者充分利用吐鲁番出土文献，运用二重证据法，基本理清了这一时期吐鲁番地区的历史、政治、经济、文化、军事、法制等方方面面。

政治方面，主要有张广达《唐灭高昌国后的西州形势》（1995），刘安志《从吐鲁番出土文书看唐高宗咸亨年间的西域政局》（2001），唐长孺《从吐鲁番出土文书中所见的高昌郡县行政制度》（1978）、《魏晋南北朝の客と部曲》（1981）。经济方面，主要有杨富学《吐鲁番出土回鹘文借贷文书概述》（1990），姜伯勤《唐五代敦煌寺户制度》（2011），赵志超《吐鲁番出土文书所见唐代士兵借贷问题研究》（2009），宋家钰《唐代户籍法与均田制研究》（1988），杨际平《均田制新探》（1991），武建国《均田制研究》（1992），刘汉东《关于吐鲁番出土文书中五凉时期的徭役问题》（1990），也有宏观的《敦煌吐鲁番出土文书与魏晋隋唐经济史研究》（杨际平，1996）。军事方面，主要有唐长孺《吐鲁番出土文书中所见的高昌郡军事制度》（1982），程喜霖《从吐鲁番出土文书中所见的唐代烽燧制度》（1985），程喜霖《唐烽燧制度研究》（1990），孙继民《唐代行军制度研究》（1995）。法制方面，主要有王欣《吐鲁番出土文书所涉及的晋唐法制》，王永兴《唐勾检制研究》（1991），荣新江《吐鲁番文书唐某人自书历官状》（1987）等。

还有学者利用吐鲁番出土文献研究晋唐时期该地区的农业发展、艺术形式、文化交流、医药保健、家庭、姓氏等，取得了较为可信的研究结论。如柳洪亮《吐鲁番出土文书中所见十六国时期高昌郡的水利灌溉》（1985），唐长孺《吐鲁番文书中所见丝织手工业技术在西域各地的传播》（1985），王艳明《从出土文书看中古时期吐鲁番地区的蔬菜种植》（2001）、《从出土文书看中古时期吐鲁番的葡萄种植业》（2000），沙梅真《吐鲁番出土文书中的姓氏资料及其文化意蕴》（2007），王珍仁《吐鲁番出土文书中所见祖国医药方研究》（1997）等。

关于吐鲁番政治经济研究的综合性论著，也颇为丰硕。唐长孺主编《吐鲁番文书初探》（1983）、《敦煌吐鲁番文书初探二编》（1989），各收录论文17篇，对西域政局、军事、户籍、借贷、赋役等有详细考察。沙知、孔祥星主编《敦煌吐鲁番文书研究》（1984）收录"政治经济方面"论文21篇。柳洪亮《新出吐鲁番文书及其研究》（1997）第三编专题研究收论文9篇，论述了高昌时期机构运行机制、水利灌溉等。另有韩国磐《敦煌吐鲁番出土经济文书研究》（1986）。王素《吐鲁番出土高昌文献编年》（1997）、《高昌史稿·统治编》（1998）、《高昌史稿·交通编》（2000）主题明确。朱雷《敦煌吐鲁番文书论丛》（2000）收录论文23篇多为社会经济研究。季羡林主编《敦煌吐鲁番研究》（2005）收录论文30篇主要涉及社会文化和语言方面。荣新江《新获吐鲁番出土文献研究论集》（2010）收录论文22篇，除《吐鲁番新出〈论语〉古注与〈孝经义〉写本研究》外，全部为社会历史范畴的论文。陈国灿《吐鲁番敦煌出土文献史事论集》（2012）收录吐鲁番史事论文37篇。

国外学者，在吐鲁番地区历史文化考察方面，研究成果主要出于日本，兹列示如下：池田温《中国古代籍帐研究》（1979）、《唐研究论文选集》（1999）。堀敏一《均田制研究》（1975）。日本东洋文库作为以中国与中国文化为主要对象的专门性图书馆兼研究所，其下设机构敦煌文献研究委员会已编印《西域出土汉文文献分类目录初稿》《敦煌吐鲁番社会经济文书集》（*Tunhuang and Turf an Documents concerning Social and Economic*

History）。法国沙畹《西突厥史料》（1903）以突厥为中心涵盖了对西域诸国的考证研究。

荣新江《敦煌学十八讲》（2001）、王素《敦煌吐鲁番文献》（2002），对 2000 年以前敦煌、吐鲁番两地的历史文化，两地文献的发现与盗掘、流散与收藏、整理与研究做了详细的梳理总结，对我们了解吐鲁番出土文献研究现状大有裨益。

3. 语言研究

吐鲁番出土文献以汉文文献为主，同时还有民族语言文献，目前发现，在晋唐之际的主要有于阗语、粟特语、突厥语等语言文献。所以吐鲁番出土文书的语言研究应该包括两个方面：汉文文献研究和西域民族语言文献研究。关于西域民族语言研究的状况我们在第三章第一节介绍西域民族语言及古文字时会详细论述，故以下只介绍汉文文献语言研究现状。

从语言学角度讲，对吐鲁番出土文书的研究至少应该体现在语音、文字、词汇、语法四个方面。但是，目前所见，词汇方面的研究成果较多，但多关注词语考释，对词语的借用及文化意蕴涉及较少；语音和语法方面的研究十分薄弱，特别是语法研究，目前只发现吐鲁番出土文书量词研究和对虚词"比"和"比尔"的讨论，这只是整个语法系统的冰山一角，应该是学界今后努力的方向。以下分述之：

（1）语音方面。吐鲁番出土文书保存了大量唐五代时期的方言土语以及别字异文，对汉语语音史研究有很大价值，但研究成果不多。廖名春通过文书中"别字异文"的考察探索唐五代时期的西北方音。其《从吐鲁番出土文书中的别字异文看"浊上变去"》（1989）通过对唐长孺主编《吐鲁番出土文书》录文本前七册中别字异文的考察，归纳了全浊上声字和全浊去声字代用的例子，认为这是"全浊上声系地演变为全浊去声"这一汉语语音规律在人们口语中不自觉的流露，进而将"浊上变去"的时间从通常所说的公元 9 世纪初（以韩愈《讳辩》为代表）上推至 6 世纪，而以西北方音为代表的北方方言最先呈现这一规律，极具学术价值。他的另一篇论文（1992），穷尽探究唐长孺主编《吐鲁番出土文书》录文本前八册的别字异文，从 10 个方面归纳了 5～8 世纪西北方音韵母特点，也颇有创获。安徽大学谢友中硕士学位论文（2007）通过系联和反切比较的方法整理了饶宗颐主编《敦煌吐鲁番本〈文选〉》中的所有音注资料，总结了残卷音注的语音系统。

近两年，对敦煌吐鲁番所出韵书及韵书残页在版本、内容、价值、归属等方面的研究比较集中，不过一般重在版本，而非音韵本身。2013、2014 年浙江大学古籍研究所对敦煌吐鲁番所出韵书残页多有讨论，如秦桦林《吐鲁番文献 TID1015 号刻本韵书残页小考》（2013）、《德藏吐鲁番文献〈龙龛手鉴·禾部〉残页小考》（2010）；范舒《吐鲁番本〈玄应一切经音义〉研究》（2014），张磊《新出敦煌吐鲁番写本韵书、音义书考》（2014）等，对已著录或新发现的敦煌吐鲁番韵书残片进行缀合、定名、对勘，据版式、行款、字体、内容等确定其版本归属，阐明版本校勘价值，纠正现行版本的某些谬误，很见功力。另有张新朋《吐鲁番出土四则〈切韵〉残片考》（2015）发掘未著录《切韵》残片 4 件，将其与前人已认定的《切韵》抄本之关系加以研究，探讨深刻。

（2）文字方面。主要集中在吐鲁番出土文献的俗字、异体字、通假字、疑难字方面。俗字方面，陆娟娟（2005）分析了唐长孺主编《吐鲁番出土文书》中俗字的类型、特点、产生理据，以及对吐鲁番出土文书校读、西北方音研究、辞书补正、文字学体系建立等方面的意义。杨朝栋（2013）探讨了《上海博物馆藏敦煌吐鲁番文献》中佛教文献的俗字使用情况和特点。杨仪凤（2014）对《上海图书馆藏敦煌吐鲁番文献》佛经写本所有俗字做了相应研究。赵红（2011）认为俗字产生的一个重要原因是，在汉字以形表意传统的驱使下，人们按照自己对汉字部件的理解追求构字理据。

异体字方面，西南大学做了较集中的研究，如马秋红《吐鲁番出土文书异体字研究》（2011），刘光蓉《吐鲁番出土砖志异体字研究》（2012），在校勘基础上对异体字进行分类描写，并探求源流。张显成（2014，2015）对唐长孺主编图录本《吐鲁番出土文书》所有异体字全面分析，逐一论述通过构字部件增减和构字部件变换所形成的异体字。疑难字、通假字方面，主要有肖瑜《敦煌吐鲁番出土〈三国志〉古写本疑难字形四例》（2009）、《敦煌吐鲁番出土〈三国志〉古写本通假字例释》（2010）等。总之，文字研究方面多硕士学位论文，研究的深度和影响力还不够。

（3）词汇方面。吐鲁番出土文书词语考释方面成绩斐然。对吐鲁番出土文献的俗语词、名物词、疑难词、古语词、术语词等均有探求，基本涵盖了吐鲁番出土文献绝大多数词语，创获良多。极个别如"催奸吏"（1-4）、"少适"（1-233）等，尚未涉及，各类工具书及学术论著也未见收录。

从成果形式看，单篇论文数量众多，如蒋礼鸿《〈吐鲁番出土文书〉第一册词释》（1988），张涌泉《〈吐鲁番出土文书〉词语校释》（1989）、《吐鲁番出土文书辨误》（1992）、《〈吐鲁番出土文书〉字词杂考》（1990），廖名春《吐鲁番出土文书语词管窥》（1990），刘瑞明《吐鲁番出土文书释词》（1999），余欣《吐鲁番出土上烽契词语辑释》（2000），王启涛《敦煌吐鲁番法制文书词语考释》（2001）、《吐鲁番出土文书词语考释》（2005）、《吐鲁番出土文书疑难词语考辨》（2007），黑维强《吐鲁番出土文书所见"针毡"考》（2000），张小艳《吐鲁番出土文书词语考释三则》（2013）等，此不赘举。专著主要有刘俊文《敦煌吐鲁番唐代法制文书考释》（1989），黑维强《敦煌、吐鲁番社会经济文献词汇研究》（2010）等。王启涛《吐鲁番出土文献词典》（2012）收词 7000 余条，"把迄今为止的历史、语言文字学者的成果精选无疑，并下己意，解释凝滞，集其大成"①，具有里程碑意义。以上研究成果，多借助古典文献利用传统训诂手段对吐鲁番出土文献中的相关词语做出考证。

此外，有学者独辟蹊径借助现代汉语方言和其他民族文献对吐鲁番出土文献词语进行考证。如黄幼莲《敦煌吐鲁番文献词语校释》（1991）借助闽南方言选释敦煌吐鲁番文献中的"腰、量、两、礼、领、具、知当、只当、抵当、之当、知、当"等俗语词，在吐鲁番出土文献研究方面开启了"古一方"互证之先河。虽然这一考释角度，早在汉魏时期的训诂实践中就已有使用。黑维强《敦煌、吐鲁番文献词语方言考补遗》（2015），利用陕北方言考释敦煌吐鲁番文献词语 8 个。这种词语的考释方式应该充分提倡。杜朝晖《从敦煌吐鲁番文书看汉语音译外来词的汉

---

① 王启涛：《吐鲁番出土文献词典》，四川出版集团巴蜀书社，2012，第 1 页。

化历程——以"叠""氎""牒""毡""缣"为例》（2007），利用敦煌吐鲁番文献，揭示了"迭""牒"的汉化过程，从语言接触的角度来研究，很有启发和借鉴意义。

（4）语法方面。与硕果累累的词汇研究相比，语法研究就逊色得多。目前所见主要是吐鲁番出土文书量词研究和极个别的虚词、词缀的讨论，其他尚属空白。

汉语量词丰富，加之吐鲁番出土文献存在大量的随葬衣物疏、籍账、契约等文书，量词使用频繁，且极具地域和时代特色，引起了学者较多关注。研究成果有廖名春（1990）以唐长孺主编《吐鲁番出土文书》录文本前 7 册为研究对象，就始见的或用法有所变化的"次、道、屯、节、贴、立、腰、颜"等 18 个量词进行追源溯流和详细阐释。颜秀萍（2001）分析了"立、腰、颜"三词的含义及来源，与廖名春（1990）观点一致。张延成（2000）以柳洪亮《新出吐鲁番文书及其研究》为基础，分析了吐鲁番文书量词"交叉使用"和"省略使用"两大特点，同时指出词头词尾"阿、子、儿"都是由对人的称呼发展而来的。胡继明（2004）以唐长孺主编《吐鲁番出土文书》录文本第六册的量词为研究对象，归纳了吐鲁番出土文书量词使用的 4 个特点。敏春芳、马有（2005）以《中国历代契约会编考释》为基础材料，以敦煌、吐鲁番文书为参考文献，对其中一些衣物量词做了溯本求源的考释工作。另有高启安《吐鲁番高昌供食文书中的肉食量词——以"节"为中心，兼说〈唐六典〉中的肉量词"分"》（2010）等。在量词方面做系统研究的是台湾地区的洪艺芳，其《敦煌吐鲁番文书中之量词研究》（2000）在敦煌吐鲁番量词研究方面有很大突破，从语法角度分析论述了敦煌吐鲁番出土文书量词的名与义、语法特征，以及数量结构的语法特征、量词与中心词之搭配及演化。关于吐鲁番出土文献的虚词研究，见叶爱国《时间副词"比"的义阈》（2015）等极少成果。总体上讲，吐鲁番出土文献语法研究还比较薄弱。

为什么不以吐鲁番出土文书作为语法研究的对象，我们认为原因可能有以下几点：一是吐鲁番文书较敦煌文书残损稍多，不利于系统关照，增加了研究难度；二是文体类型方面，主要为籍账、契约、书信等，虽然口语性极强，但是较小说、散文等文学作品，无明显修辞和语言技巧运用，句式相对简单甚至程序化，语法现象不集中；三是吐鲁番文献的每一次发掘出土都会为历史学研究提供新的信息，或者迫切需要对新的疑难词语做出解释，所以历史研究和词汇考释的成果便大批涌现，但是新材料不一定立刻激起语法研究热潮；四是一般语法研究都选用口语程度高、语法现象集中、重要性和典型性被历来公认的语料。如杨荣祥《近代汉语副词研究》以《敦煌变文》《朱子语类》《新编五代史平话》《元曲选》《金瓶梅词话》为研究对象。学界研究普遍集中在典型文献上是科学的、值得肯定的，但是这些文献未必能涵盖所有的语法现象。并且，随着研究的逐渐深入，对材料全面性、立体性的要求也不断提高，我们要不断拓宽研究范围，对那些有较大语料价值但尚未引起足够重视的语料做专门考察，使汉语史研究成果在完备性、系统性方面更进一步。吐鲁番出土文献以其数量庞大、材料可靠、口语性强、地域特色鲜明等特点，应该成为研究汉语语法史的必要材料。

从吐鲁番出土文书自身的角度讲，在解词释义之后，也必然要求从语法角度考察文献语言的深层结构，考察当时口语的使用和语法规律，并与中古时期普遍的语言现象做比较，挖掘吐鲁番地区晋唐时期的语言特点和特殊语法现象，同时，充分考虑该地区语言接触过程中其他民族语言对汉语的影响，并追本溯源充分解释。

（5）其他研究。语料库建设方面，董志翘先生主持的国家社科基金重大招标项目"汉语史语料库建设研究"，子课题"中古汉语语料库建设"中将收录一批中古时期的吐鲁番出土文献，赵红《吐鲁番文献与汉语语料库建设的若干思考》论述了吐鲁番文献的语言文字学价值和语料库建设方面应采取的做法。

较早关注体裁和语言关系的是王启涛《中古及近代法制文书语言研究》（2003），指出属于同一体裁的文献，往往具有相同的语言特征；通过体裁语言的研究，既可更深入地把握这种文体语言的特点，又可弥补专书语言和断代语言研究之不足。张小艳（2005）以敦煌吐鲁番文献实例论证了体裁语言学对辞书编纂的意义。王启涛《试论敦煌吐鲁番所出军事文书在汉语史研究上的价值》（2010）呼吁从历史语言学、体裁语言学、比较民族学三个方面对这一批文献展开全面研究。其《吐鲁番出土文献语言导论》（2013）分体裁总结论述了吐鲁番出土之语言、法制、行政、契约、书信、丧葬、账簿七类文献的语言特点，将吐鲁番出土文献体裁语言研究付诸实践。陆娟娟《吐鲁番出土文书语言研究》（2015）也分体裁讨论了吐鲁番出土文书的语言特点，论述细密。从深度和广度看，体裁语言研究还有很大的发展空间。

欧美国家多从"丝绸之路"交通史、中亚文明交流史的角度做宏观研究，直接以吐鲁番出土文书为研究对象，而从语言学角度进行考察者甚少。据《法国学者敦煌学论著目录》[《法国汉学》第五辑，（敦煌学专号），中华书局，2000]，《欧洲敦煌学研究简述及其论著目录》[〔法〕戴仁（Jean-pierre Drege）著，陈海涛、刘惠琴编译]，并检索国际权威汉学杂志《通报》自1890年创刊以来的全部目录，未发现从语言学角度对吐鲁番汉文文献进行微观研究的。涉及语言的一般是借助民族语言互勘、比对的方法研究文化，如美籍德人劳费尔《中国伊朗编》（1919），对"苜宿、葡萄、胡桃"等的考证，目的不在语言本身而是文化史的论证。

日本汉学渊源比较深厚，也有从语言学角度对吐鲁番出土汉文文献做语言本体研究的，如福田哲之《吐鲁番出土"急就篇"古注本考》（1998），高田时雄《十世纪河西汉语方言考》（1990）、《吐鲁番出土文书中所见王羲之书体习书》（1998）等。高田时雄《敦煌·民族·语言》（2005）利用吐鲁番出土《切韵》残片，论证了汉语进入高昌的历史情况、汉语对回鹘语等其他语言的影响及其相互间的影响。

综上所述，我们对4~8世纪吐鲁番地区民族交往、语言接触、出土文书研究等方面对研究现状做了系统梳理。吐鲁番出土文书语言研究方面我们只陈述了汉文文献的研究现状，民族语言文献研究情况将在民族语言部分详述。

通过以上研究现状可知：吐鲁番地区的民族关系研究，多从政治、人口、民族通婚等方面进行分析，而往往忽略语言这一民族重要特征，从借词、对音等语言接触角度来考证民族关系的尚属空白。吐鲁番地区的语言接触研究，往往限于语言自身的分析，而未挖掘语言接触背后的历史和民族关系。吐鲁番出土文书研究，虽然集中在历史领域，但是多利用出土文书对某一历史现象如过所、户籍、政治体制、军事制度等进行研究，而对民族交往并未予以足够关注。

五 研究思路、内容及方法

（一）选题提出

基于以上研究现状的分析，我们将研究重点放在吐鲁番地区的民族交往和语言接触，通过语言接触进一步论证民族交往。之所以有这样的选题，一是可以弥补这方面研究之不足，二是选择吐鲁番地区来研究具有典型意义。该地区历史悠久，自有记载以来便是民族往来迁徙、交流融合之地，经汉、唐到回鹘、蒙元，乃至今日民族交往交流络绎不绝。

总体上讲，我们的研究要将民族交往与语言接触结合起来，一方面考察该地区民族交往的史实与特点，另一方面考察民族交往在语言层面上的折射，使二者互为补充，为该地区民族交往研究提供深入而全面的支撑。同时，要将吐鲁番地区4~8世纪的民族交往放在中华民族多元一体格局形成的大背景中去考察，加深我们对中华民族多元一体格局形成的认识。

（二）研究思路与整体架构

根据上述总体研究思想，我们设计了如下研究思路。

以民族接触视角，从历时和共时两个维度，利用吐鲁番出土文书并辅以传世文献和出土文物，采用历史学、文献学、接触语言学的方法，对4~8世纪吐鲁番地区的语言接触与民族交往情况进行研究。首先，在梳理该地区地理条件、历史沿革、民族构成与变迁基础上，从政治、经济、民族杂居等方面考察4~8世纪该地区民族互动、语言接触盛况。进而聚焦语言接触，一方面从语言学角度考察汉语与周边语言的相互借用和影响，重点是词语借用；另一方面从民族史角度解析语音、词汇、语法尤其是借词所折射的民族关系及其特点，这也是本书的重点。最后，系统阐释该地区民族交往的特点及原因，将该地区的民族关系放入更大的时空背景去考察，从中华民族多元一体格局的角度去思考。总之，在民族交往的历史大背景下考察语言接触，又从语言接触反观历史，宏大叙事和细节描写相结合，互为有益补充。

基于以上研究思路，我们安排如下篇章结构。

绪论，对本书研究的对象、概念、时间跨度、材料选择做了界定，对研究现状做综合述评，从而提出我们的研究内容、目标与方法。

第一章，吐鲁番地区历史沿革与民族构成。概述丝路开通至唐中叶吐鲁番地区各民族生活的自然环境和历史舞台，重点分析吐鲁番的区位优势和得天独厚的水土资源。进而分析吐鲁番及周边地区的民族的构成与变迁，展示该地区民族交往的主体。

第二章，吐鲁番地区民族交往的文献学考察。从政治交往、客使往来、商贸往来、民族杂居、双语人译语人等方面考察 4~8 世纪该地区民族互动及语言接触情况。

第三章，民族交往与吐鲁番出土文书对音研究。梳理吐鲁番出土汉文文献中的突厥语、粟特语对音词，从声、韵两方面做对音分析，归纳对音规律，探索当时该地区主体语言汉语的声韵特点，及受北方民族语言的影响。

第四章，民族交往与吐鲁番出土文书借词研究。从民族史角度解析吐鲁番出土文书中汉语的突厥语、粟特语、波斯语、印度语借词及其他语言借词，以及汉语与周边语言的合璧词，进而分析借词所折射的民族关系及多文化交融特点。

第五章，民族交往与吐鲁番出土文书语法研究。将吐鲁番出土文书中新的语法现象置于民族交往背景下考察，寻求其产生的原因和理据，并分析与民族交往之关系。

结论，总括全篇，得出结论。

（三）研究理论与方法

本选题涉及民族学、历史学、文献学、语言学相关学科的交叉，那么在理论指导和研究方法上，也与之相应，主要有：

（1）民族学相关理论与方法。论文写作前后我们多次到吐鲁番实地考察调研、访谈；在探讨民族接触及相互影响的过程中，用到文化的"涵化"与"认同"等民族学理论。

（2）文献学、历史学相关理论与方法。对文献的整理校勘和综合运用是文献学的基本方法，本书的研究要求，在材料使用上对基本材料的识读、考证，对论题相关的材料广征博采、辨析、整理和考证，必要时辅以计量学方法。在论述过程中我们尽量采用王国维先生开创的"二重证据法"。陈寅恪先生进一步总结了其具体运用："一曰取地下之实物与纸上之遗文互相释证"，"二曰取异族之故书与吾国之旧籍互相补正"，"三曰取外来之观念，以固有之材料互相参证"。

（3）语言学相关理论与方法。主要有接触语言学、结构主义语言学、历史比较语言学、音韵学等理论与方法。

接触语言学理论，前文已经详述，我们的研究以萨丕尔"相邻的人群互相接触，不论程度怎样，性质怎样，一般都足以引起某种语言上的交互影响"[①] 的观点，以及陈保亚语言接触的"无界有阶说"为根本指导。

历史比较语言学，以历史比较法为基础研究语言的亲属关系，最早欧洲语言学家发现梵语和拉丁语、希腊语之间存在着非常系统的对应关系，并且根据对应关系构拟了原始印欧语，具体分析了印欧语各语言之间的相互关系以及这些语言与原始印欧语之间的关系，完成了世界语言谱系分类。德国人类学家、语言学家洪堡特是历史比较语言学的奠基人之一。历史比较语言学代表性著作是安杜恩·梅耶《印欧语比较研究导论》（1903）及《历史语言学中的比较方法》（1924）。20世纪以来，瑞典汉学家高本汉，中国语言学家罗常培、陆志韦、王力、李方桂等运用科学方法，构拟了上古和中古的汉语语音系统。历史比较语言学对民族学研究产生过重要影响，既然有原始共同语言，那么应该有共同的原始民族，这一理论观点对早期西域民族族源问题的探讨有积极指导作用。

结构主义语言学，以美国结构主义语言学为代表，侧重对语言结构的详细描写，所以又被称作描写语言学。代表人物和开创性著作主要有博厄斯（Franz Boas）《美洲印第安语手册》（*Handbook of American Indian Languages*）（1911）、《种族、语言和文化》（*Race, Language and Culture*）（1948），萨丕尔《语言论》（*Language*）（1921）。他们同时也是人类学家，他们的研究被誉为人类语言学的奠基之作。

音韵学理论与方法。研究语言接触，尤其是其中的借词，对音分析是

---

① 〔美〕萨丕尔：《语言论》，陆卓元译，商务印书馆，1985，第173页。

必然环节，需要掌握古汉语音韵学的理论与方法，尤其是中古汉语的声韵系统。我们以王力先生的《汉语语音史》（1982）① 构拟的中汉语声韵系统为标准，同时参考瑞典汉学家高本汉的《中国音韵学研究》（1994）②，汉字拟音以郭锡良《汉字古音手册》（1986）为参照。

总之，以上理论体系及其研究成果将为我们的研究提供理论、原则及方法论的科学指导。

六　创新与不足

（一）创新之处

1. 选题上：从语言接触视角系统研究晋唐之际吐鲁番地区民族交往与民族关系，在以往的研究中尚属空白。本书力图在这方面有所突破。通过 4~8 世纪吐鲁番出土文献所体现的语言接触，考察和论证该时期该地区的民族交往与民族关系。

2. 内容上：首先，吐鲁番出土汉文文献与西域民族语言文献的对音研究，目前尚未发现，我们的对音研究虽然非常粗陋浅薄，也算是在这方面有益的探索和尝试；其次，在前人个案研究的基础上，比较全面地掌握相关材料，从民族接触视角探讨吐鲁番出土文书所反映的民族间词语借用问题，进而探讨该地区的民族交往特点；最后，探讨吐鲁番出土文书反映的中古汉语新兴语法现象并从汉语史及语言接触角度努力寻求解释，这在吐鲁番文献研究中也是非常少见的。

3. 方法上：综合运用了历史学、民族学、文献学、语言学相关理论与方法，呈现明显的学科交叉特点。

（二）不足与反思

吐鲁番出土文书语言接触研究，需要研究者全面掌握吐鲁番文献汉语的使用特点，还需要熟悉西域甚至中亚文明史上突厥语、粟特语、焉耆语、龟兹语等方面的基本知识，而我们在这方面有诸多不足。虽然学习了梵文、突厥文的拼写转写规则，但仅是皮毛，根本不能深入语言系统内

---

① 王力：《汉语音韵学》，中华书局，1982。
② 〔瑞典〕高本汉：《中国音韵学研究》，赵元任、罗常培、李方桂译，商务印书馆，1994。

部，不能历时考察西域语言受汉语影响的状况，只能利用已经转写的材料做粗浅的认识。

所以本书第四章"民族交往与吐鲁番出土文书借词研究"部分，我们重点分析了汉语的突厥语借词、粟特语借词等汉语的周边语言借词；而其他语言的汉语借词则未做分析。语言的影响、词语的借用是双向的，但在这方面我们做得不够。

对表达形式完全汉语化的借词或语法现象也不能敏锐洞察。虽然我们有一定的音韵学基础，但是在对音、借词等方面的处理也多有不当。我们对本课题的研究只是粗浅的尝试和探索，只能在一定程度上唤起学者注意。为避免个人缺陷，在材料使用上以汉文文献为主，在西域文献研究上综合利用前贤时彦的研究成果尤其注意利用已经考定的成果。

第一章

吐鲁番地区历史沿革与民族构成

"任何民族的生息繁殖都有其具体的生存空间。"[1] 吐鲁番地区的自然地理和历史沿革是当地各民族生活的自然环境和历史舞台，是进一步探索该地区民族交往和民族关系的基础和前提。考察吐鲁番地区乃至广大西域地区的民族交往情况，了解该地区的民族构成和变迁是首要条件。关于吐鲁番地区的自然地理、历史沿革、民族构成目前学界基本达成共识，这里根据传世文献和出土文献的记载，参考现代研究成果，进行必要的述说和总结。

第一节 吐鲁番地理条件

一 地形

吐鲁番大部分地面在海拔 500 米以下，是新疆地区海拔最低的一个绿洲盆地。整个新疆地形是"三山夹两盆地"。"三山"大致都呈东西向展开，自北向南分别是阿尔泰山、天山和昆仑山；"两盆地"是准噶尔盆地和塔里木盆地。在"三山两盆地"的空余地带，尤其是天山南北地区，散布着很多中小山脉和盆地，自西南向东北有焉耆、吐鲁番、哈密等盆地。其中地势最低的就是吐鲁番盆地[2]。

---

[1]　费孝通主编《中华民族多元一体格局》（修订本），中央民族大学出版社，1999，第4页。

[2]　中国科学院新疆综合考察队、中国科学院地理研究所、北京师范大学地理系、新疆综合考察队地貌组编著《新疆地貌》，科学出版社，1978，第106~107页。

　　吐鲁番盆地位于南疆。天山横贯新疆，把新疆分为南北两部分：天山之北为北疆，之南为南疆。北疆为草原，靠近西伯利亚，气候寒冷；南疆是沙漠区，气候炎热，散布着绿洲①。吐鲁番盆地位于南疆，东西长约245公里，南北宽约75公里，面积约10300平方公里②。其中4050平方公里低于海平面，最低处为盆地南缘的艾丁湖。整个盆地由高而低、由外向内，分为三环：第一环，为高山；第二环是盆地与外界交通的缓冲带；第三环是盆地政治、经济和文化中心，而这个中心的中心是火焰山。③ 火焰山平均海拔400~500米，横卧在今交河故城至鄯善红山口之间，东西长约100公里，南北宽约10公里，将盆地中心分为南北两个部分，似乎将南北绿洲完全阻断，然而，实际情况并非如此。火焰山有多道贯通南北的沟谷，如桃儿沟、葡萄沟、木头沟等，它们为整个吐鲁番绿洲的生命纽带，火焰山南北的一块块绿洲，与这些沟谷紧密相连。④

　　吐鲁番盆地四面环山，地势低洼，相对封闭。这与传世文献的记载是一致的。《魏书·高昌传》《隋书·高昌传》《北史·高昌传》及《通典·边防七》车师高昌附条都记有高昌"四面多大山"，"北有赤石山，山北七十里有贪汗山"。另外，"吐鲁番出土文献屡见丁谷、宁戎谷、新兴谷、西谷，据研究，应即现在火焰山的吐峪沟、木头沟、胜金口峡谷和交河故城附近的雅尔崖子沟"⑤。

二　气候条件

　　吐鲁番盆地独特的地形地貌造就了其独特的气候条件。天气炎热，空气干燥，日照强烈，干旱少雨，季风盛行是吐鲁番盆地的主要气候特征。

---

① 向达：《新疆考古概况》，见新疆社会科学院考古研究所编著《新疆考古三十年》，新疆人民出版社，1983，第175页。

② 李春华：《新疆风物志》，新疆人民出版社，第91页。这个指吐鲁番盆地的自然界限，东西245公里指东面加尔里克山麓的七角井至西面喀拉乌成山麓的阿拉沟之间的距离；南北75公里，应是南面觉罗塔格山麓到北面博格多山麓的宽度。而高昌的行政区域，东西三百里、南北五百里，大约是东至白芳（今鄯善），西至笃进（今托克逊），南至库鲁克塔格，北至博格多山。

③ 火焰山为汉名，古称火山、赤山，今维吾尔称克孜勒塔格，也就是红山。

④ 王素：《高昌史稿·交通篇》，文物出版社，2000，第13页。

⑤ 王素：《高昌史稿·交通篇》，文物出版社，2000，第6页。

由于盆地聚热作用和戈壁、沙漠的影响，吐鲁番夏季十分炎热。同时，吐鲁番盆地深处内陆，空气干燥，云量少，晴天多，日照时间长，蒸发量极大，而降水量极少。吐鲁番地区年降水量约 17 毫米，而蒸发量达 3000 毫米。《梁书·高昌传》《南史·高昌传》《通典·边防七》车师高昌附条皆云"其地高燥"。从另一个角度看，就是吐鲁番地区具有良好的光热条件。

虽然吐鲁番地区干旱少雨，但是水资源非常丰富。发源于高山上的条条河流将水资源源源不断地汇入盆地，滋养着这片绿洲。尤其是北部的贪汗山（博格多山）"夏有积雪"①，为吐鲁番提供丰富水源。西汉时期车师国治所"交河城"，"交河"取意两河相交绕城，《元和郡县图志》卷四十陇右道下交河县条记"交河，出县北天山，水分流于城下，因以为名"②，这些都说明该绿洲水源充足。

良好的光热条件，加之水源充足，所以该地宜于播种五谷，是典型的农业绿洲。再加上自汉代始中原人口不断进入该地，带来了灌溉和牛耕等先进生产技术，农业有了更大发展。吐鲁番地区的五谷种植，历来史书皆有记载，《梁书·西北诸戎传》载高昌国"备植五谷"，《周书·异域传下》《魏书·西域传》载高昌"谷麦再熟"，《元和郡县图志》载"高昌国，土良沃，谷麦一岁再熟"③，《册府元龟》载"气候温暖，谷麦再熟。宜蚕，多五果"④。吐鲁番出土文书也记有大量的葡萄园种植、菜园种植及租赁买卖等情况，记有种类繁多的粮食作物、经济作物⑤，其他农产品交易等⑥，目前这些已被出土实物所证实⑦。

吐鲁番良好的农业条件，为屯田、驻军提供必要的后盾支撑，这也是汉朝统治者为控制西域而与匈奴"五争车师"的重要原因之一。匈奴统

---

① 《梁书·西北诸戎传》《周书·异域传下》《魏书·西域传》高昌条下均有记载。
② （唐）李吉甫：《元和郡县图志》（下），中华书局，1983，第 1032 页。
③ （唐）李吉甫：《元和郡县图志》（下），中华书局，1983，第 1032 页。
④ 《册府元龟》，中华书局，1982，第 1134 页。
⑤ 殷晴：《物种源流辨析——汉唐时期新疆园艺业的发展及有关问题》，《西域研究》2008 年第 1 期，第 17~26 页。
⑥ 王艳明：《从出土文书看中古时期吐鲁番地区的蔬菜种植》，《敦煌研究》2002 年第 2 期，第 82~88 页。
⑦ 王炳华：《新疆农业考古概述》，《农业考古》1983 年第 2 期，第 110~124 页。

治者也认识到车师的战略地位，大臣皆认为"车师地肥美，近匈奴，使汉得之，多田积谷，必害我国，不可不争"（《通典·边防七》）。

三　重要交通地位

（一）中西交通之"南道""北道""新道"

在世界交通史上，指南针用于航海事业之前，人们无力远涉重洋做海洋交通，与邻近国家的交往，多依靠陆路①。就中国大陆而言，东、南阻于海，北方为浩瀚沙漠，唯有西行一途。因此，新疆就成了中西交通的大门和桥梁，以通往今天的阿富汗、印度、俄罗斯等地。

而新疆内有塔克拉玛干大沙漠横隔，只能沿昆仑山北侧或天山南侧西行，此即途经西域通往西方最早的南、北二道。

关于南道、北道的记载，最早见于《史记·大宛列传》："初，贰师起敦煌西，以为人多，道上国不能食，乃分为数军，从南、北道。"②《汉书》卷九六《西域传》总序云："自玉门、阳关出西域有两道：从鄯善傍南山北，波河西行至莎车，为南道；南道西逾葱岭则出大月氏、安息。自车师前王庭随北山，波河西行至疏勒，为北道；北道西逾葱岭则出大宛、康居、奄蔡焉。"③

7世纪初裴矩《西域图记·序》④ 记载的西域范围北道至拂菻，中道至波斯，南道至婆罗门，几乎包括整个亚洲，也明确指出了高昌之"西域门户"地位。

发自敦煌，至于西海，凡为三道，各有襟带。北道从伊吾经蒲类

---

① 当然在当时并非没有乘船航行的记载，如《汉书·西域传》称"自条支乘水西行，可百余日，近日所如云"。同传又载，和帝永元九年（公元97），班超遣甘英使大秦而抵条支。"临大海欲度，而安息西界船人谓英曰：海水广大，往来者逢善风三月乃得度，若遇迟风，亦有二岁者，故入海皆贲三岁粮。海中善使人思土恋慕，数有死亡者。英闻之乃止。"

② 《汉书·李广利传》有同样记载。

③ 《后汉书·西域传》与《汉书》所记略同，唯一不同者将第一句改为"自鄯善逾葱岭出西诸国"，研究者认为《后汉书》抄袭《汉书》而第一句不应变动。参考余太山《汉魏通西域路线及其变迁》，收入余太山《两汉魏晋南北朝与西域关系史研究》，中国社会科学出版社，1995，第227页。

④ 7世纪初，裴矩撰写《西域图记》三卷，这部已佚著作的《序》幸得保存。

海、铁勒部、突厥可汗庭，度北流河水，至拂菻国，达于西海。其中
道，从高昌……达于西海。其南道从鄯善……达于西海。其三道诸
国，亦各自有路，南北交通。其东女国、南婆罗门国等，并随其所
往，诸处得达。故知伊吾、高昌、鄯善，并西域之门户也。（《隋
书·裴矩传》）

　　具体而言，经过兰州以西的乌鞘岭，便进入河西走廊①，经武威、张
掖、酒泉、安西、敦煌等河西诸郡，到达新疆。自新疆罗布淖尔分二
道②：北道，沿天山南麓水草之地西行，经车师前王庭、龟兹、疏勒等
地，越葱岭到大宛，再往西南经安息，而西达大秦③；南道，沿昆仑山北
麓西行，经楼兰（鄯善）、于阗、莎车等地，越葱岭，到大月氏、安息，
再往西可达条支、大秦等国④。鄯善国和车师前国是南北二道的起点，正
史也做如此记载，《汉书·西域传》鄯善国条：“鄯善当汉道冲，西通且
末七百二十里。”《后汉书·西域传》车师后国条：“（车师）前部西通焉
耆北道。”

　　西汉后期又开辟了另外一条“新道”，三国时期正式辟为官道。“新
道”由敦煌玉门关西北出，过横坑，进入大沙海，抵柳中，到高昌⑤，即
由今安西北走哈密到吐鲁番⑥。唐以后，又由吐鲁番北上至蒙古高原，直
到8世纪阿拉伯势力侵入，“新道”一直都是中西交通史上的重要通道
之一。

---

① 河西走廊东起乌鞘岭，西至古玉门关，介于南山（祁连山、阿尔金山）和北山（马鬃
　山、合黎山、龙首山）之间，成为一条长约900公里，宽数公里至百公里的狭长平地。
　地域上包括武威、张掖、酒泉、安西、敦煌等河西诸郡。
② 向达：《新疆考古概述》，收入新疆社会科学院考古研究所编《新疆考古三十年》，新疆
　人民出版社，1983，第175~181页，具体见第176页。
③ 车师前王庭，即高昌，今吐鲁番；龟兹，今库车；疏勒，今喀什；大宛，今乌兹别克斯
　坦第二大城市撒马尔罕。
④ 楼兰，即鄯善，今若羌东北；于阗，今和田；葱岭，今帕米尔；大月氏，今阿姆河流域
　中部，阿富汗境内；安息，即波斯，今伊朗；条支，今伊拉克或阿拉伯；大秦，即罗马
　帝国，今地中海东部一带。
⑤ 王素：《高昌史稿·交通篇》，文物出版社，2000，第166页。
⑥ 向达：《新疆考古概述》，收入新疆社会科学院考古研究所编《新疆考古三十年》，新疆
　人民出版社，1983，第175~181页，具体见第176页。

（二）吐鲁番的重要交通地位

以上关于交通要道的论述可知，中西交通史上自汉至唐主要有"南道""北道""新道"三条大道，而吐鲁番（车师前国、高昌）是"北道"之起点、"新道"之终点和新起点。加上，"丝绸之路"由"南道"向"北道"的转移，吐鲁番人户增加，生产发展，商业繁荣，都促使吐鲁番地区成为中西通道上的重要枢纽。《北史·高车传》载："蠕蠕、嚈哒、吐谷浑所以交通者，皆路由高昌，掎角相接。"① 《旧唐书·西戎传·焉耆传》载："自隋末罹乱，碛路遂闭，西域朝贡者皆由高昌。"②

吐鲁番地理位置的重要，从统治者的重视也可见一斑。西汉以前吐鲁番为姑师国治所，西汉时期为车师前王庭治所，汉与匈奴曾"五争车师"。公元前48年汉元帝在此设戊己校尉。东晋初（公元327年）前凉张氏据河西，于此置高昌郡。历前凉、前秦、后凉、段氏北凉、西凉、沮渠氏北凉、阚爽政权、沮渠氏流亡政权八个割据政权，均以高昌为治所。唐贞观十四年（640）于吐鲁番置西州，又置安西都护府。7世纪中叶至8世纪中叶，吐鲁番人口激增，成为凉州以西最大城市③，吐鲁番在中西交往中的地位更加突出。

总之，吐鲁番地区农业条件得天独厚，交通上又位居丝路要冲，区位优势和经济优势十分显著。这也决定了高昌必然在丝绸之路上扮演着重要角色，与中原、中亚及北方游牧民族有着广泛的往来交流。

第二节　吐鲁番历史沿革

前文已述，本书所言之吐鲁番出土文书年代最早为前凉升平十一年，即东晋海西公太和二年（367），最晚为唐大历十四年（779）。吐鲁番地区的历史沿革与之相对应，范围也限定在这一历史时期。不过，鉴于历史发展的延续性和继承性，叙述过程中对这一历史时段有所跨越。我们借鉴

---

① 《北史》卷98《高车传》，中华书局，1974，第3274页。
② 《旧唐书》卷198《焉耆传》，中华书局，1975，第5301页。同卷《高昌传》亦载"时西戎诸国来朝贡者，皆途经高昌"，第5294页。
③ 《新唐书》卷40《地理志·陇右道》，中华书局，1975，第1039~1048页。

前辈研究成果，略做梳理如下。

吐鲁番地区，在先秦至西汉时期属于姑师国范围，西汉时期姑师国一分为八，居姑师国旧地且统领其他七国者为车师前国，一般称为车师国。车师国地处西域当道，其交通地位直接决定了西汉对西域的开发与经营。于是，汉武帝与匈奴"五争车师"，最终车师归汉。四争车师胜利后，即公元前 67 年，西汉开始在车师屯田；五争车师胜利后，于公元前 60 年置西域都护；公元前 48 年置戊己校尉，主要负责屯田事宜。西汉王朝设置戊己校尉的同时或稍后，在此设置了诸多军事壁垒，"高昌壁"是其中一个，且为戊己校尉治所，高昌便逐渐发展，魏晋之际已初具城市规模。

其后，高昌又经历了高昌郡、高昌国、唐西州三个时期。高昌郡时期（327~460）：东晋咸和二年（327），前凉张骏于此置高昌郡，郡治高昌城，其后前秦、后凉、西凉、北凉因之。高昌国时期（460~640）：北凉承平十八年（460），柔然灭沮渠氏北凉残余政权，立阚伯周为"高昌王"，此后，张、马、麴诸姓相继称王，史称"高昌国"，王都皆为高昌城。唐西州时期（640~9 世纪中）：唐贞观十四年（640）灭高昌，以其地置西州①。

唐咸通七年（866），北庭回鹘攻克西州，建立以高昌为中心的高昌回鹘王国，国都高昌城。史称"西州回鹘"或"高昌回鹘"。元大德十年（1306），回鹘高昌灭亡，火州（吐鲁番地区）归元朝直接管辖。至顺元年（1330），元朝复立总管府于火州。元末，火州分为柳城、火州、吐鲁番三部，皆设万户府达鲁花赤，吐鲁番地名第一次出现。

可见，关于这一地区的称谓主要经历了姑师→车师→高昌壁→高昌郡→高昌国→唐西州→高昌回鹘→火州→吐鲁番等阶段。

根据对吐鲁番出土文献和吐鲁番历史时期的限定，以下我们重点阐述高昌郡、高昌国、唐西州三个历史时期吐鲁番地区的历史发展、政权更迭及各个历史时期的政治状况等，为交代历史渊源附带介绍先秦至高昌郡时

---

① 参考冯承钧先生《高昌事辑》，收入冯承钧《西域南海史地考证论著汇辑》，中华书局，1963，第 48 页。唐长孺先生在《吐鲁番出土文书》（文物出版社，1992）序言也承此观点。

期的吐鲁番地区。

一 车师国至高昌郡时期

（一）车师国时期

吐鲁番地区，在先秦属姑师国。考古发现，早在西周晚期姑师即已存在①。关于"姑师"的记载，始见于《史记·大宛列传》："楼兰、姑师，邑有城郭，临盐泽"，"楼兰、姑师，小国耳，当空道，攻劫汉使王恢等尤甚"②。"空道"，指汉通西域之道。以上可知姑师国与楼兰相距不远，且地处汉通西域之要道。

汉通西域后，曾击破姑师，姑师分裂出车师前国，即通常所称的车师国。

汉通西域始于张骞，"是时天子问匈奴降者，皆言匈奴破月氏王，以其头为饮器，月氏遁逃而常怨仇匈奴，无与共击之。汉方欲事灭胡，闻此言，因欲通使"③。张骞以郎应募，于武帝建元年间（前140~前135）第一次出使西域，公元前126年返国。汉武帝元朔五年（前124）、元狩二年（前121）分别派卫青、霍去病大破匈奴，匈奴撤出陇右，汉专心经营陇右，同年置酒泉、武威二郡，徙民充实之。又分别于公元前111年、前88年置敦煌、张掖二郡，合称"河西四郡"，西域之道始通。

在此基础上，张骞第二次出使西域（前121~前115）。元鼎四年（前113）西域使者朝汉，西域"始通于汉"。《史记》有详细记载：

> 拜骞为中郎将，将三百人，马各二匹，牛羊以万数，赍金币帛直数千巨万，多持节副使，道可使，使遗之他旁国。骞既至乌孙……分遣副使使大宛、康居、大月氏、大夏、安息、身毒、于窴、扞鰅及诸

---

① 参考王炳华《新疆阿拉沟发现春秋至汉代少数民族墓葬群》，《文物特刊》1977年第40期，第1~4页。吐鲁番地区文管所《新疆鄯善县苏巴什古墓群的新发现》，《考古》1988年第6期，第502~506页。

② 《史记·大宛列传》，中华书局，1959，第3171页。

③ 《史记·大宛列传》，中华书局，1959，第3157页。

旁国。乌孙发导译送骞还……骞还到，拜为大行，列于九卿。岁余，卒……其后岁余，骞所遣使通大夏之属者皆颇与其人俱来，于是西北国始通于汉矣。（《史记·大宛列传》）

此后，中西交通络绎不绝，"汉率一岁中使多者十余，少者五六辈"①。后汉朝使者引西域诸国不满，且匈奴在北方势力尤大，匈奴骑兵常遮击汉使，楼兰、姑师攻劫汉使尤甚。《史记·大宛列传》载：

> 自博望侯开外国道以尊贵……故妄言无行之徒皆争效之。其使皆贫人子，私县官赍物，欲贱市以私其利外国，外国亦厌汉使人人有言轻重，度汉兵远不能至，而禁其食物以苦汉使。汉使乏绝积怨，至相攻击。而楼兰、姑师小国耳，当空道，攻劫汉使王恢等尤甚。而匈奴奇兵时时遮击使西国者。（《史记·大宛列传》）

元封三年（前108），西汉出兵"击姑师，破奴与轻骑七百余先至，虏楼兰王，遂破姑师"。

就在姑师被击破的同年或稍后，姑师国一分为八：车师前国、车师后国、东且弥国、西且弥国、卑陆前国、卑陆后国、蒲类前国、蒲类后国②。《汉书·西域传》载："及破姑师，未尽殄，分以为车师前后王及山北六国。"③《后汉书·西域传》对"车师八国"的治所、户口、王治、地理、距长安里数均有详细记载。大致讲，车师前国为姑师国之正宗，独处山南，且当空道，地理位置十分重要，主要为今吐鲁番地区（包括鄯善、吐鲁番、托克逊三县）。其他七国居天山之北。

关于车师前国，《汉书》《后汉书》《三国志》《晋书》《魏书》《北史》各正史的《西域传》均有记载。车师前国治所为"河水分流绕城下"的交河城，户口、设官、领土多居车师八国之首，位居西域南北二道之起点，中原政权要控制西域，征服车师至关重要。故自武帝天汉二年至宣帝

---

① 《史记·大宛列传》，中华书局，1959，第3170页。
② 王素：《高昌史稿·统治篇》，文物出版社，1998，第11~28页。
③ 《汉书》卷96下《西域传下》，中华书局，1962，第3873页。

神爵二年（前99~前60），西汉与匈奴进行了长达40年的"五争车师"之役。

第四次争夺车师，于公元前67年，结果车师王"乃轻骑奔乌孙"①，侍郎郑吉"始使吏卒三百人别田车师"②，具体在交河城附近。中原统治者"田车师始此"③。

五争车师，于公元前64年，结果"汉召故车师太子军宿在焉者，立以为王，尽徙车师国民令居渠犁，遂以车师故地与匈奴"④，汉得其民，匈奴得其地，实以失败告终。但是，四年后局势斗转，匈奴负责西域事务的日逐王"不自安"而降汉，车师及北道控制权归汉。汉趁此置西域都护，全面负责西域及南北二道。《汉书·西域传》载：

> 至宣帝时，遣卫司马使护鄯善以西数国……时汉独护南道，未能尽并北道也。然匈奴不自安矣。其后日逐王畔单于，将众来降。护鄯善以西使者郑吉迎之。既至汉，封日逐王为归德侯，吉为安远侯。是岁神爵三年也。乃因使吉并护北道，故号曰都护。都护之起，自吉置矣。（《汉书·西域传》）

至此，车师前国退出历史舞台，进入"高昌壁"时期。这里要特别交代，此时车师国并未彻底消亡，在交河城仍然残存着一个极小的车师前部王国（史书上亦简称之为前部国）。直到北魏太平真君六年（445），占据高昌的沮渠安周攻陷交河城⑤，车师国在历史上才彻底消亡。

（二）高昌壁时期

"高昌之建置凡三变，其始也为戊己校尉屯驻之所，始汉初元元年

---

① 《汉书·西域传》，中华书局，1962，第3923页。
② 《汉书·西域传》，中华书局，1962，第3923页。
③ 王素：《高昌史稿·统治篇》，文物出版社，1998，第63页。
④ 《汉书·西域传》，中华书局，1962，第3924页。
⑤ 魏太平真君六年（445）车师前国王车伊洛率军随魏师西征焉耆，留其子车歇驻守交河。此时高昌为沮渠安周所据，安周乘机攻陷交河，车师古国从此灭亡，其地入于高昌。

（前四八）迄晋咸和二年（三二七），是为高昌壁时代"①，历时375年。

西汉宣帝神爵二年（前60），匈奴日逐王降汉，汉控制西域，置西域都护总管西域及南北二道，是为代表中央政府统辖西域的最高军政长官，治乌垒城（今轮台县境），管辖范围包括巴尔喀什湖和帕米尔地区。为进一步加强控制，元帝又于初元元年（前48）置戊己校尉，屯田车师故地，治所交河城②。《汉书》有明确记载：

戊己校尉。元帝初元元年置，有丞、司马各一人，侯五人，秩比六百石。（《汉书·百官公卿表上》）

至元帝时，复置戊己校尉，屯田车师前王庭。（《西域上·总序》）

置戊己校尉的同年或稍后又在车师国设置诸多壁垒以屯集兵马，高昌壁是其中之一③，《汉书·西域传》车师后国条记载陈良背叛汉庭杀戊己校尉刀护一事，出现"诸壁、诸垒"，同传还出现"高昌壁"：

元始中，车师后王国有新道，出五北船，通玉门关，往来差近，戊己校尉徐普欲开以省道里半，避白龙堆之厄。车师后王姑句以道当为拄置，心不便也……即驰突出高昌壁，入匈奴。（《汉书·西域传》）

"驰突出高昌壁"，这是史料中最早出现"高昌"一名。关于"高昌"之得名，正史认为该地"地势高敞，人庶昌盛"故得名高昌，《北史·高昌传》《魏书·高昌传》记载略同：

---

① 冯承钧：《高昌事辑》，收入冯承钧《西域南海史地考证论著汇辑》，中华书局，1957，第48页。

② 《通典·边防七》车师条于"其后置戊己校尉，屯田车师故地"下注云"即今交河郡，汉取之以置校尉"。

③ 王素：《高昌史稿·统治篇》（文物出版社，1998年版，第74页）提出此观点；《高昌诸壁、诸垒的始终》又进一步重申此观点，详见《西域文史》（第一辑），科学出版社，2006，第111~133页。

昔汉武遣兵西讨，师旅顿弊，其中尤困者因住焉。地势高敞，人庶昌盛，因名高昌。（《北史·高昌传》）

高昌者，车师前王之故地……昔汉武遣兵西讨，师旅顿弊，其中尤困者因住焉。地势高敞，人庶昌盛，因云高昌。（《魏书·高昌传》）

而王素先生认为，高昌实得名于敦煌之高昌里，"高昌壁最初应为敦煌县高昌里派出士卒之居地……为表示对故里的怀念，名之为高昌壁"①。高昌壁的设置时间应与戊己校尉相当，即公元前48年或稍后②。

东汉时期，西域"三绝三通"，其间戊己校尉曾实行分治，并且治所有所变动。明帝永平十七年（74）初置并分置西域都护、戊己校尉③，章帝建初元年（76）罢。和帝永元三年（91）复置西域都护、骑都尉、戊己校尉④。安帝元初六年（119）复置西域副校尉，驻敦煌。安帝延光二年（123），班勇被任命为西域长史，屯驻高昌壁东约20千米的柳中，"高昌壁因此成为柳中附城，承担起伺察敌情、保护主城的任务，并改名为高昌垒，逐渐成为敦煌郡或凉州刺史的辖区"⑤。魏晋之际，"高昌已经成为拥有自己定居人口的带有军事性质的边疆城市"⑥，并已产生了像索、张、马、氾、阚、麴等本地的名门望族⑦。

西晋发生"八王之乱"，随后"五胡乱华"，进入历史的"东晋十六国时期"。这一时期高昌正式建郡，并先后成为前凉、前秦等八个割据政权的属郡，就高昌而言，即进入了高昌郡时期。

（三）高昌郡时期

高昌郡时期，起于东晋咸和二年（327），前凉张骏于此置高昌郡，结束于公元442年沮渠无讳率北凉政权残部攻取高昌，以之为都城，自立

① 王素：《高昌史稿·统治篇》，文物出版社，1998，第73页。
② 梁涛：《高昌城的兴衰》，认为当在西汉末年，详见《新疆地方志》2009年第2期。
③ 《后汉书·明帝纪》，中华书局，1965，第122页。
④ 《后汉书·明帝纪》，中华书局，1965，第173页。
⑤ 梁涛：《高昌城的兴衰》，《新疆地方志》2009年第2期，第55~59页。
⑥ 王素：《高昌史稿·统治篇》，文物出版社，1998，第99页。
⑦ 姜伯勤：《高昌世族制度的衰落与社会变迁——吐鲁番出土高昌麴氏王朝考古资料的综合研究》，载《中国社会历史评论》第4卷，商务印书馆，2002。

为"大凉王"。共 115 年，历经前凉、前秦、后凉、段氏北凉、西凉、沮渠氏北凉、阚爽政权、沮渠氏流亡政权八个割据政权。

高昌建郡自前凉始。西晋惠帝时，张轨为凉州刺史，治姑臧，314 年病死，长子张寔继任，晋愍帝司马邺任命张寔为都督凉州诸军事、凉州刺史、西平公。西晋亡后，自 317 年起，张氏世守凉州，长期使用晋愍帝的建兴年号，虽名晋臣，实为割据政权，史称前凉。324 年张骏继位，戊己校尉赵贞不附，咸和二年（327）"骏击擒之，以其地为高昌郡"①。376年，前秦苻坚以步骑 13 万大举进攻，张天锡被迫出降，前凉灭亡。

前秦苻坚建元十二年（376），灭前凉，统一了中国北方。高昌郡自然为前秦所有，开始了高昌历史上的前秦时代。394 年，苻崇被西秦凉州刺史乞伏轲弹斩杀，前秦灭亡。

后凉建立者吕光，原为前秦将领，战功赫赫。淝水之战前夕，受命征讨西域，降焉耆、破龟兹，威震西域，诸国尽皆归附。384 年占据凉州驻兵割据，389 年称三河王，改元麟嘉。396 年，又称天王，改元龙飞，国号大凉。399 年，吕光卒，嫡子吕绍、庶子吕纂及侄吕隆先后继位。403年，吕隆降后秦。后凉统治河西 14 年，统治高昌约 10 年。

段氏北凉，由汉族段业所创。吕光龙飞二年（397）段业被吕光叛将沮渠蒙逊等推为大都督、健康公，改元神玺。神玺三年（399），据张掖，称凉王，改元天玺。天玺三年（401）五月，被沮渠蒙逊攻杀。段氏北凉统治河西 5 年，统治高昌约 3 年。

西凉开创者李暠，天玺二年（400），被推为敦煌太守、凉公，改元庚子，庚子六年（405）改元建初，建西凉。子李歆、李恂相继继位，均在交战中被沮渠蒙逊所杀。西凉统治河西约 22 年，统治高昌约 20 年。

沮渠氏北凉，创建者沮渠蒙逊，临松卢水胡人②。伯父沮渠罗仇、沮渠麴粥跟从吕光讨河南，兵败为吕光所杀；沮渠蒙逊以会葬为名，率宗亲诸部反，推建康太守段业为王，建段氏北凉；段业天玺三年（401），沮

---

① 《晋书·张轨传》，中华书局，1974，第 2233 页。
② 一般认为卢水胡人为匈奴、月氏、羌、西域胡的融合民族，见王素《北凉沮渠蒙逊夫人彭氏族属初探》，《文物》1994 年第 5 期，第 45 页；王素《高昌史稿·统治篇》，文物出版社，1998，第 177 页。

渠蒙逊杀段业，改元永安，建沮渠氏北凉。义和三年（433），蒙逊卒，子沮渠牧犍继位，永和七年（439）降北魏。沮渠牧犍之弟沮渠无讳逃奔，代表沮渠氏北凉流亡政权。汉族人阚爽于435年在柔然帮助下占据高昌，自任高昌太守，宣布脱离北凉统治，继续沿用缘禾年号。442年沮渠无讳夜袭高昌，占据高昌。444年无讳死，弟沮渠安周继位。450年前后又攻占交河，兼并车师前国，统一了吐鲁番地区。460年，柔然攻高昌，杀沮渠安周，立阚伯周为高昌王，自此结束了高昌国时代。

我们将前后统治高昌的8个割据政权情况列表1于下。

表1　高昌郡时期统治高昌割据政权一览

割据政权	民族	都城	姓名	奉行年号		统治高昌时间
前凉	汉	高昌	张骏	324~346	建兴	324~386
			张重华	346~353		
			张曜灵	353~353		
			张祚	353~355		
			张玄靓	355~363		
			张天锡	363~376		
前秦	氐族	晋阳长安	苻黑	皇始 351~355		376~386
			苻健			
			苻生	寿光 355~357		
			苻坚	永兴 357~359		
				甘露 359~364		
				建元 365~385		
			苻丕	太安 385~386		
			苻登	太初 386~394		
			苻崇	延初 394		
后凉	氐族	姑臧	吕光	麟嘉（386~396）龙飞（396~399）承康（永康）399		386~398
			吕绍	399		
			吕纂	399~401		
			吕隆	401~403		

续表

割据政权	民族	都城	姓名	奉行年号	统治高昌时间
段氏北凉	汉	张掖	段业	神玺（397～399） 天玺（399～401）	398～400
西凉	汉	敦煌 酒泉	李暠	庚子（400～405） 建初（405～417）	统治河西 22 年、高昌 20 或 21 年
		酒泉	李歆	元嘉（417～420）	
			李恂	永建（420～421）	
沮渠氏北凉	胡人	张掖 姑臧	沮渠蒙逊	永安（401～412） 玄始（412～428） 承玄（428～431） 义和（431～433）	统治河西 39 年、高昌 16 年
		姑臧	沮渠牧犍	永和（承和）（433～439）	
阚爽政权	汉	高昌	阚爽	龙兴（438～440）	统治高昌 2 年
沮渠氏北凉流亡政权	胡人	高昌	沮渠无讳	承平（443～444）	统治高昌 17 年
			沮渠安周	承平（444～460）	

说明：此表所列多依据王素先生《高昌史稿·统治篇》，表格个别项目未列出，因史无明载或尚无定论。

通过以上陈述可知，在高昌郡时期的 115 年间，吐鲁番地区曾接受 8 个割据政权的统治，其中胡人政权 2 个，氐人政权 2 个，汉人政权 4 个，胡汉政权交互统治，可以想见当时民族成分之复杂，民族接触民族交往之繁盛。

二　高昌国及唐西州时期

（一）高昌国时期

承平十八年（460），沮渠安周为柔然所杀，北凉流亡政权灭亡。同年，柔然立阚伯周为高昌王，"高昌之称王，自此始也"①。《魏书·高昌传》《北史·高昌传》均有类似记载。高昌国历阚氏（460～488）、张氏（488～496）、马氏（496～501）、麹氏（501～640），至唐出兵灭高昌，共180年。

关于高昌国政权更迭，《魏书·高昌传》《北史·高昌传》《周书·高昌传》《隋书·高昌传》《元和郡县图志》《通典》均有记载，此移录《隋书·高昌传》于下：

> 蠕蠕立阚伯周为高昌王。伯周死，子义成立，为从兄首归所杀，首归自立为高昌王，又为高车阿伏至罗所杀，以敦煌人张孟明为主。孟明为国人所杀，更以马儒为王，以巩顾、麹嘉二人为左右长史。儒又通使后魏，请内属。内属人皆恋土，不愿东迁，相与杀儒，立嘉为王。嘉字灵凤，金城榆中人，既立，又臣于茹茹。及茹茹主为高车所杀，嘉又臣于高车。属焉者为挹怛所破，众不能自统，请主于嘉。嘉遣其第二子为焉者王，由是始大，益为国人所服。嘉死，子坚立。（《隋书·高昌传》）

我们将高昌国世系列表 2 于下。

表 2 高昌国世系②

高昌政权	统治者及在位时间		年号
阚氏高昌	阚伯周	约 460～477 年	永康（466～455）其前年号不详
	阚义成	约 477～478 年	
	阚首归	约 478～488 年或 491 年	
张氏高昌	张孟明	约 488 或 491～约 496 年	不详
马氏高昌	马儒	约 496～501 年	不详

---

① 《周书》卷 50《异域传下·高昌传》，中华书局，1971，第 914 页。
② 列表主要依据王素《高昌史稿·统治篇》（文物出版社，1998 年）；侯灿《晋至北朝前期高昌奉行年号一览表》《晋至北朝前期高昌奉行年号证补》附录，见侯灿《高昌楼兰研究论集》，新疆人民出版社，1990，第 143 页。

续表

高昌政权	统治者及在位时间		年号
麴氏高昌	麴嘉	约 501~525 年	承平　义熙
	麴光	约 525~530 年	甘露
	麴坚	531~548 年	章和
	麴（佚名）	551~554 年	和平
	麴宝茂	555~560 年	建昌
	麴乾固	561~601 年	延昌
	麴伯雅	602~613 年　620~623 年	延和　重光
	麴（佚名）	614~619 年	义和
	麴文泰	624~640 年	延寿
	麴智盛	640 年	无

（二）唐西州时期

唐贞观十四年（640），唐太宗攻灭高昌，设西州，下辖高昌、柳中、交河、天山、蒲昌五县，并同时设置了统辖西州以西，西达中亚、波斯的安西都护府。该地区完全在唐的统治之下，政治、经济等系列制度一如唐内地。

以上为吐鲁番地区先秦至唐西州的历史沿革概况，而吐鲁番出土文献所记录的历史时期，即一般意义上的吐鲁番出土文书所统辖的时期集中在高昌郡、高昌国和唐西州时期。①高昌郡时期（327~460）：东晋咸和二年（327）前凉张骏于此置高昌郡，郡治高昌城，其后前秦、后凉、西凉、北凉因之。②高昌国时期（460~640）：北凉承平十八年（460）柔然灭沮渠氏的北凉残余政权，立阚伯周为"高昌王"，此后，张、马、麴诸姓相继称王，史称"高昌国"，臣属中原及江南诸王朝，王都即高昌城。③唐西州时期（640~9世纪中）：唐贞观十四年（640）灭高昌，以其地置西州①。鉴于历史发展的延续性和继承性，叙述过程中对这一历史时段有所跨越。

---

① 参考冯承钧先生《高昌事辑》，详见冯承钧《西域南海史地考证论著汇辑》，中华书局，1963，第 48 页。唐长孺先生也持此观点，详见唐长孺主编，中国文物研究所等编《吐鲁番出土文书》〔壹〕，文物出版社，1992，序言部分。

第三节 吐鲁番及周边地区的民族构成与变迁

我们先讨论姑师国、车师国时期和高昌国、唐西州时期吐鲁番地区的民族构成与民族主体，进而论述该地区民族主体的变化。

一 吐鲁番地区的民族构成与变迁

(一) 姑师 (车师) 国的民族构成

姑师国及后来的车师国土著民族为何种族，对这一问题史书无记载，至今探讨较多，但尚无定论。

部分学者主要是欧洲学者认为其属于原始印欧人。他们利用语言、骨骼、头盖骨等对西域土著民族做出判断，总体认为姑师国居民在内的西域原居民为原始印欧人，只是在具体民族方面各有看法。德国勒柯克 (A. von Le Coq) 认为车师土著为月氏种中的吐火罗种[1]。日本羽田亨研究认为古西域居民留下的日常语言记录均属印欧语系统，他们当为原始印欧人中的雅利安人种，更确切地说是雅利安人种中的伊兰人种，"住在鄯善附近地方及吐鲁番地方的住民，依西域人骨骼，也属于伊兰人种"[2]。张广达先生虽未分析族属，不过也指出车师人可能和焉耆人一样，讲一种印欧方言[3]。

林梅村先生基于以上观点，进一步从种族迁徙融合的角度研究该地区的种族构成和来源，认为车师国时期的吐鲁番地区属吐火罗系统农业部落。指出早在公元前 2200 年，原始印欧人就开始向中亚迁徙，其中一支来到阿尔泰山南麓，形成克尔木齐文化[4]。克尔木齐文化进一步分化，其

---

[1]〔德〕勒柯克著、齐明译《吐鲁番地区的古代民族及其文化与宗教》，《敦煌研究》1986年第 3 期。该文摘译自德国勒考克《高昌故城探宝》，标题为译者所拟。

[2]〔日〕羽田亨著、郑元芳译《西域文明史概论》，"史地小丛书"，商务印书馆，1941，第 7 页；类似表述同见羽田亨著、耿世民译《西域文明史概论》，中华书局，2005。

[3]〔俄〕李特文斯基主编《中亚文明史——文明的交会》(第 3 卷)，马小鹤译，第 257页，中国对外翻译出版公司，2003，第 257 页。

[4] 克尔木齐文化是中国西北地区青铜时代的一支考古学文化，因首次在阿勒泰克尔木齐(后译切木尔切克) 发掘而得名。具体见新疆社会科学院考古研究所《新疆克尔木齐古墓群发掘简报》，《文物》1981 年第 1 期；王明哲《论克尔木齐文化和克尔木齐墓地的时代》，《西域研究》2013 年第 2 期。

中一支南下楼兰，是为西域的吐火罗人。公元前 1500 年，欧亚大陆开始
了第二次印欧人迁徙浪潮——雅利安人的迁徙。游牧于阿姆河、锡尔河流
域的雅利安人从里海—黑海北岸分批南下，于前 1500~前 600 年，在伊朗
高原相继建立起米坦尼、米底、波斯三大雅利安王朝，并且曾一度到达阿
尔泰山和天山地区。正是由于雅利安人的迁徙浪潮，迫使占据此地的吐火
罗人从阿尔泰山、天山南下塔里木盆地，他们与以四坝文化①为代表的羌
人以及进入塔里木盆地的雅利安人融合，最终发展为吐火罗系统农业部
落，吐火罗语在这一时期得到推广，成为天山南北通用语言②。高田时雄
也持此观点③。

　　林梅村及欧洲学者的观点，和原始印欧语理论有关。19 世纪，欧洲
语言学家认识到印度语、伊朗语、希腊语、拉丁语在语法结构和发音上有
密切联系，并创立了原始印欧语理论。这一理论应用于史学领域，导致了
这样的假说，即印度、伊朗、欧洲人在历史上曾经有共同的祖先——原始
印欧人，使用原始印欧语；随着历史的发展，原始印欧人不断迁徙，分化
出新的种族和新的语言。

　　黄文弼等先生则认为包括车师国在内的西域人不属印欧人，而应属东
方种族，具体当为敕勒。黄氏指出西域人属雅利安人的推论"实属武
断"，"虽吾人不能说西域无雅利安人掺杂其间，但在汉代西域人从其体
质及分布区域，主要不是雅利安人，而为东方种族"④。推测车师国土著
可能为敕勒，并指出北魏时之敕勒，即铁勒，即古车师之遗种也⑤。钱伯

① 四坝文化是公元前 1 世纪中叶至 2 世纪主要分布于河西走廊西部的一种早期青铜时代文
化，因首次发现于甘肃省山丹县四坝滩而得名。具体见李水城、水涛《四坝文化铜器研
究》，《文物》2003 年第 2 期；田明刚、马朝琦《四坝文化大型聚落遗址首次在甘肃酒
泉揭示于世河西走廊史前考古学文化之谜有望得以破解》，《科技·人才·市场》2003
年第 6 期。

② 林梅村：《吐火罗人的起源与迁徙》，《西域研究》2003 年第 3 期；又见《丝绸之路考古
十五讲》，北京大学出版社，2006；林梅村：《西域文明——考古、民族、语言和宗教新
论》，东方出版社，1995。

③ 高田时雄：《敦煌·民族·语言》，钟翀译，中华书局，2005。

④ 黄文弼：《汉西域诸国之分布及种族问题》，《西北史地论丛》，上海人民出版社，1981。
又收入黄文弼《西域史地考古论集》，商务印书馆，2015。

⑤ 黄文弼：《汉西域诸国之分布及种族问题》，《西北史地论丛》，上海人民出版社，
1981。

泉认为车师语属阿尔泰语系的突厥语族，车师人的主体是远古时期的北欧白种人①。嶋崎昌认为姑师与车师均应属于阿尔泰系蒙古种②，较雅利安人种的看法，以上三种观点比较接近。

不过，黄文弼先生特别强调"欲研究西域各国之种族，乃一极困难之问题。一因关于古居于当地人民之记载很不完全；且民族之更迭，过于繁复。故欲对于西域种族作出确切答案，目前还不可能"③。王素先生也指出当时的姑师或车师国，由于地处中西交通要道，很早就成为一个民族复杂、文化多样的国家。"塞种、大月氏、乌孙三大民族由敦煌向伊犁迁徙，匈奴由北方南下控制西域，都曾经过姑师与车师等国的故地。因此，在姑师与车师等国境内，出现塞种、大月氏、乌孙以及匈奴等民族，丝毫也不值得奇怪。"④

综上所述，目前关于该地区土著民族的研究尚无定论，不过有一点是肯定的，即当时尚无中原地区人口到达此地。

（二）高昌国、唐西州的民族构成

高昌国和唐西州时期吐鲁番地区的居民主要由三部分构成：一是土著车师人，二是汉族人，三是西域、中亚地区迁入的胡人。

1. 土著车师人

关于车师国土著居民的族属尚无定论，我们这里称为土著车师人或车师人。

吐鲁番地区是车师人的故乡，车师人原政权虽不复存在，但建立该政权的民族不会随政权实体的覆灭而在历史舞台上立即消失。

公元前64年汉与匈奴五争车师后，"汉召故车师太子军宿在焉耆者，立以为王，尽徙车师国民令居渠犁，遂以车师故地与匈奴"，匈奴统治车师国故地。四年后，匈奴日逐王降汉，匈奴势力退出西域，车师原居民部分返还故地。韩儒林先生亦曾指出："元康元年，郑吉放弃车师土地，取

---

① 钱伯泉：《车师语言与车师种族初探》，《新疆大学学报》1997 年第 3 期。
② 嶋崎昌：《姑师と车师前、后王国》，载《中央大学文学部纪要》史学科第 11 号，1966。
③ 黄文弼：《汉西域诸国之分布及种族问题》，《西北史地论丛》，上海人民出版社，1981，具体见第 69 页。
④ 王素：《高昌史稿·统治篇》，文物出版社，1998，第 44 页。

其人民居住渠犁，及匈奴经营西域的日逐王降汉，就常情推测，所徙的车师国人必皆东归故地。"①

另外，前文已述，高昌壁、高昌郡时期的吐鲁番地区仍残存着一个车师前部王国（史书上亦简称之为前部国），直到北魏太平真君六年（445），被沮渠安周攻陷，车师国在历史上才彻底灭亡。《魏书·列传第十八·车伊洛传》载："先是，车伊洛征焉耆，留其子歇守城，而安周乘虚引蠕蠕三道围歇……歇固守，连战，久之，外无救援，为安周所陷，走奔伊洛。伊洛收集遗散一千余家，归焉耆镇"②；《魏书·西域传》车师国条载，太平真君六年（445）车伊洛遣使上书北魏太武帝拓跋焘曰："臣国自无讳所攻击，经今八岁，人民饥荒，无以存活。贼今攻臣甚急，臣不能自全，遂舍国东奔，三分免一，即日已到焉耆东界。"③

可知，车师前国被攻陷后，车歇带三分之一车师人，约一千余家投奔其父车伊洛，寄居焉耆东境，后车伊洛全家归赴魏都平城，永远留居内地④；而留在国内的车师遗民仍有两千多家。

吐鲁番出土文书中出现的车姓人，一般认为就是土著车师人之后裔。马雍先生《略谈有关高昌史的几件新出土文书》中分析了吐鲁番阿斯塔那50号墓出土的五件族谱，指出其中的"夫人车氏"应属旧车师国的王族⑤；董永强《四至八世纪吐鲁番地区的多民族问题探索》曾对吐鲁番出土文书所见非汉族人口按姓氏列表，其中"车庆元""车不六多"等车姓人名24个⑥。除人名外，吐鲁番阿斯塔那99号墓所出《高昌延寿某年勘合行马、亭马表启（八）》（1-439）还出现"车寺"等车师人的家族寺院。

① 韩儒林：《汉代西域屯田与车师伊吾的争夺》，原载《文史杂志》第2卷第2期，1941年，后收入《穹庐集——元史及西北民族史研究》，上海人民出版社，1982，第452~453页。
② 《魏书·车伊洛传》，中华书局，1974，第723页。
③ 《魏书·西域传》，中华书局，1974，第2265页。
④ 马雍：《略谈有关高昌史的几件新出土文书》，《考古》1972年第4期。
⑤ 马雍：《略谈有关高昌史的几件新出土文书》，《考古》1972年第4期。
⑥ 董永强：《四至八世纪吐鲁番地区的多民族问题探索》，博士学位论文，陕西师范大学，2007，第164~212页。

2. 汉人

张骞通西域后，汉人主要通过屯田、家族迁徙、徙民实边等方式，移居西域和高昌地区。

公元前 101 年春，汉将军李广利征服大宛后"自敦煌西至盐泽，往往起亭，而轮台、渠犁皆有田卒数百人，置使者校尉领护，以给外国使者"①。这是历史上在西域屯田的最早纪录。

公元前 67 年汉与匈奴第四次争夺车师后，郑吉使吏卒三百人屯田车师。一般认为大批汉人有组织地进入吐鲁番地区，并且定居下来从事农业生产，始于此②。《汉书》之《西域传》《匈奴传》均有记载：

> 地节二年，汉遣侍郎郑吉、校尉司马憙将免刑罪人田渠犁，积谷，欲以攻车师……东奏事，至酒泉，有诏还田渠犁及车师，益积谷以安西国，侵匈奴……于是吉始使吏卒三百人别田车师。（《汉书·西域传》）
>
> 西域城郭共击匈奴，取车师国，得其王及人众而去。单于复以车师王昆弟兜莫为车师王，收其余民东徙，不敢居故地。而汉益遣屯士分田车师地以实之。（《汉书·匈奴传》）

有组织、有秩序地大规模屯田始于西域都户和戊己校尉的设置③。公元前 60 年（神爵二年）匈奴日逐王降汉，汉最终控制西域，置西域都护，同时分交河城和高昌壁两处屯田车师；公元前 48 年（初元元年）又置戊己校尉，以交河城为治所，专理屯田事宜，自然该地区便成为重要的屯田区域，内地人口不断涌入。

西晋末年，永嘉之乱，加之五胡内迁，内地烽火连天；而西北凉州境，自武威至敦煌，再到高昌都比较安定，因此，一些中原大族及百姓相继来到河西敦煌、武威等地。《晋书·张轨传》记载，当时"天下方乱，

---

① 《汉书·西域传》，中华书局，1962，第 3873 页。
② 详见陈国灿《从吐鲁番出土文献看高昌王国》，收入陈国灿《吐鲁番敦煌出土文献史事论集》，上海古籍出版社，2012；初发表于《兰州大学学报》2003 年第 4 期。
③ 张安富：《西域屯田预期嬗变的历史动因分析》，《中国地方志》2012 年第 2 期。

避难之国唯凉土耳"。又云"中州避难来者日月相继,分武威置武兴郡以居之"①。到十六国时期,河西地区形式有变,前凉、后凉、西凉、北凉等割据政权不断争战,自中原迁来的汉人再次西迁,进入吐鲁番盆地,该地区历魏晋逐步形成了一个以汉族为主体的移民社会。

隋朝末年内地战乱,有大量汉人为避战迁移至突厥,后这批汉人又辗转移居高昌。《新唐书》载"大业末,华民多奔突厥,及颉利败,有逃入高昌者"②。

唐朝建立西州后,也曾调动大量士卒、罪犯进入西州,"每岁调发千余人防遏其地"③。《旧唐书·太宗本纪》贞观十六年(642)正月辛未诏称:"在京及诸州死罪囚徒,配西州为户;流人未达前所者,徙防西州。"④《新唐书·太宗本纪》载:"(贞观)十六年正月乙丑,遣使安抚西州。戊辰,募戍西州者,前犯流死亡匿,听自首以应募。辛未,徙天下死罪囚实西州。"⑤

可见,自汉至唐移居高昌的汉人源源不断。而移居高昌的汉人多来自河西地区。陈国灿《从吐鲁番出土文献看高昌王国》⑥、孟宪实《北凉高昌初期内争索隐》⑦都曾论述当时吐鲁番地区汉人多来自河西。王素《高昌史稿·统治篇》不仅认为高昌地区汉人来自河西,还进一步指出,主要来自河西敦煌的高昌里,"高昌"之得名与从此地迁入之汉人有关。而且,"在西汉,不仅车师前国的屯戍士族,就是整个西域的屯戍士族,也都是就近从凉州特别是敦煌派出的"⑧。高田时雄《敦煌·民族·语言》与以上观点相同,并且从另一个角度指出"当时河西方言的拓展曾经达到吐鲁番地区是毫无疑问的"⑨。

---

① 《晋书》卷86《张轨传》,中华书局,1974,第2225页。
② 《新唐书》卷121《西域传》,中华书局,1975,第6221页。
③ 《旧唐书》卷80《褚遂良传》,中华书局,1975,第2736页。
④ 《旧唐书》卷3《太宗本纪》,中华书局,1975,第54页。
⑤ 《新唐书》卷2《太宗本纪》,中华书局,1975,第41页。
⑥ 陈国灿:《从吐鲁番出土文献看高昌王国》,详见陈国灿《吐鲁番敦煌出土文书史事论集》,上海古籍出版社,2012;初发表于《兰州大学学报》2003年第4期。
⑦ 孟宪实:《北凉高昌初期内争索隐——以法进自杀事件为中心》,朱玉麒主编《西域文史》(第一辑),科学出版社,2006。
⑧ 王素:《高昌史稿·统治篇》,文献出版社,1998,第72~73页。
⑨ 〔日〕高田时雄著《敦煌·民族·语言》,钟翀译,中华书局,2005,第23页。

3. 西域、中亚地区迁入的胡人

我们根据《吐鲁番出土文书人名地名索引》①对吐鲁番文书所见的非汉族人口按姓氏初步统计，计有翟姓 90 人，浑姓 7 人，安姓 99 人，康姓 341 人，曹姓 287 人，米姓 11 人，何姓 63 人，龙姓 47 人，白姓 106 人，鄯姓 9 人，车姓 24 人。表明吐鲁番地区有康、何、史、曹、石、米、安等昭武九姓，有沮渠氏匈奴胡姓，有浑氏铁勒部族后裔，有车、鄯、龙、白等西域诸国王姓，有车师国车姓。还有卑失、栈头等突厥人部族姓氏。说明公元 4~8 世纪吐鲁番地区曾存在过车师、匈奴、柔然、敕勒、吐谷浑、突厥、突骑施等漠北和西北游牧民族，还有龟兹、焉耆、鄯善等西域诸族，再有粟特、波斯、天竺等异域外族，民族构成非常复杂。我们统称为来自中亚西域的胡人。以下重点分析匈奴人、粟特人。

匈奴人。汉人进入车师之前，车师已役属匈奴，匈奴人已在此屯田。《汉书·西域传》载匈奴派重兵在车师屯田，屯田车师的匈奴骑兵达四千人②。后西汉王朝与匈奴开展了长期的争夺车师战争，其间汉与匈奴多次轮番控制车师。东汉时期，西域"三绝三通"，匈奴对车师的控制也多次增强。并且，匈奴还通过与车师王乌贵联姻等方式加强对车师的控制。综上可知，该地区必然有匈奴民族融入。

来到吐鲁番地区对吐鲁番影响较深的匈奴人之一是沮渠氏。《晋书》《魏书》《宋书》均载沮渠氏先世任匈奴左沮渠，因以官为氏，又以世居卢水，号"卢水胡"。马长寿先生主张卢水胡沮渠氏属匈奴③，林幹先生也主张卢水胡属匈奴④，今从其说，以沮渠氏为匈奴种姓⑤。

沮渠无讳曾夜屠高昌城，率万余家入主高昌。前文已述，沮渠氏北凉

---

① 李芳、王素编《吐鲁番出土文书人名地名索引》，文物出版社，1996。
② 《史记·卫将军列传》载，公元前 119 年（汉元狩四年）卫青将兵击匈奴，在车师屯田的匈奴骑兵 4000 人闻讯，主动放弃车师撤退。
③ 马长寿：《北狄与匈奴》，三联书店，1962，第 172 页；又见黄烈《中国古代民族史研究》，人民出版社，1987，第 312 页。
④ 林幹：《匈奴史》（修订本），内蒙古人民出版社，1979，第 138~180 页。
⑤ 关于沮渠氏族属的问题，周一良、唐长孺、姚薇元等先生认为与月氏有关，具体见周一良《北朝的民族问题与民族政策》，收入周一良《魏晋南北朝史论集》，北京大学出版社，1997，第 127~189 页；唐长孺《魏晋杂胡考》，见唐长孺《魏晋南北朝史论丛》，三联书店，1955，第 412 页；姚薇元《北朝胡姓考》，科学出版社，1958，第 367~368 页。

沮渠牧犍 439 年降北魏；沮渠无讳逃奔，代表沮渠氏北凉流亡政权，441 年乃率西渡流沙，遣其弟安周西击鄯善①。安周是先遣军，仅带"五千人"；无讳、宜得是后援，率"万余家"；鄯善王惧，南奔且末。其世子降于安周，无讳遂以鄯善为根据地。后高昌太守阚爽诈降，邀无讳北上共抗西凉遗民唐契、唐和兄弟。"无讳留从子丰周守鄯善，自将家户赴之"②。442 年 9 月，夜袭高昌，屠其城，在高昌安"家"落"户"。将家户赴高昌，可见所率之众；"屠其城"，可见高昌本地居民损失惨重，这必然对高昌的民族构成造成影响，致使卢水胡所占比重大增。当时，沮渠无讳欲转战高昌，曾咨询高僧法进，法进认为"必捷，但忧灾饿耳"。果然，"后三年……饥荒，死者无限"③。从侧面反映当时沮渠氏迁徙高昌数量之众。《吐鲁番出土文书》中以"沮渠"为姓者见 5 人，分别是沮渠意达、沮渠僧救、沮渠进达、沮渠仁和沮渠足，他们当为匈奴卢水胡后裔。

粟特人。粟特人属于伊朗人种的中亚古族，生活在中亚阿姆河和锡尔河之间的索格底亚那（Sogdiana），即粟特地区。粟特地区大大小小的绿洲上聚集着一个个城邦国家，其中以撒马尔罕为中心的康国最大，此外还有安国、东曹国、西曹国、曹国、米国、何国、史国、石国等，不同时期或有分合，史称"昭武九姓"，在中国史籍中又被称为粟特胡、九姓胡、杂种胡等④。粟特人是一个商业民族，很早就开始向东方进行商贸活动。至迟在粟特文古信札（Sogdian Ancient Letter）写成的 313 年前后，粟特商人的足迹便已到达敦煌、肃州（酒泉）、姑臧（武威）、金城（兰州）以及洛阳⑤。在吐鲁番地区虽未发现该时期粟特人的相关资料，不过可以

① 《通鉴》卷 123，宋文帝元嘉十八年（441）十一月条。
② 《宋书·大沮渠蒙逊传》，中华书局，1975，第 2412 页。
③ （南朝梁）释慧皎撰，汤用彤校注，汤一玄整理《高僧传》，中华书局，1992，具体见《亡身第六》，释法进传。
④ 荣新江：《西域粟特移民聚落考》，收入《中古中国与外来文明》（修订版），三联书店，2014，第 1 版，第 17~33 页。
⑤ N. Sims-Williams，"Sogdian AncientLetterII"，A. L. Juliano and J. A. Lerner（ed.），Monksand Merchants，Silk Road Treasures from NorthwestChina，4th-7th Centuries CE，New York 2001，pp.47-49. 荣新江《高昌王国与中西交通》，见荣新江《中古中国与外来文明》（修订版），第 173~192 页。

推测粟特人在吐鲁番的商业活动应该已经开始了。

现存的明确纪年的吐鲁番文书中出现的粟特人名，最早当为《北凉承平八年（450年）翟绍远买婢券》（1-92）中的"石阿奴"，文书记有"承平八年岁次己丑九月廿二日，翟绍远从石阿奴买婢一人，字绍女，年廿五，交与丘慈锦三张半"。从文书内容可见，石阿奴是粟特胡商。另外，《高昌章和五年（535年）取牛羊供祀帐》（1-132）中的"康祈、康酉儿"，《高昌延昌二十七年（587年）四月兵部条列买马用钱头数奏行文书》（1-338）中的"曹呼□、康秋儿、康褥但"也都是粟特胡商。吐鲁番文书中还出现大量入籍的粟特人，他们和当地汉族百姓一样拥有田园，担负调薪、租酒等赋税和各种兵役。如吐鲁番阿斯塔那520号墓所出《高昌延昌三十四年（594年）调薪文书（一）》（1-316）记调薪者姓名清晰可辨者共84人，其中"史元相、康世和、康师儿、史养儿"等粟特"昭武九姓"达9人之多。我们据《吐鲁番出土文书人名地名索引》①粗略统计，康姓粟特人341人，曹姓粟特人287人。可见吐鲁番地区是粟特人的重要聚居地。

（三）高昌国、唐西州的民族主体变迁

关于高昌国的主体民族多有讨论，汉族是高昌国主体民族基本已成定论。陈国灿先生《从吐鲁番出土文献看高昌王国》细数了历来汉民族融入高昌的历史，并断定："一批又一批汉人的到来，逐渐构成了高昌王国居民的主体"，"胡族毕竟是少数，无论从哪方面说，他们都不是高昌国的主体"②。同时，还从政权基础、语言文字、文化风俗、宗教信仰方面予以佐证。

张广达先生先肯定"在吐鲁番，当地文明与中国、印度、伊朗及地中海的文明交汇融合"，紧接着又指出"高昌郡的真正根基是中国汉人驻军及其在戊己校尉下的屯田，它受汉文化的影响"③。"事实上吐鲁番盆地

---

① 李芳、王素编《吐鲁番出土文书人名地名索引》，文物出版社，1996。
② 陈国灿：《从吐鲁番出土文献看高昌王国》，收入陈国灿《吐鲁番敦煌出土文献史事论集》，上海古籍出版社，2012；曾发表于《兰州大学学报》2003年第4期。
③ 〔俄〕李特文斯基主编《中亚文明史》（第3卷）——文明的交会，马小鹤译，中国对外翻译出版公司，2003，第257页。

自汉宣帝以后，已为汉人屯田之所，自汉至唐很少变化，故高昌国人为汉族略杂胡人。"①

《魏书·高昌传》载"国有八城，皆有华人"。北魏熙平初，麴嘉遣使朝献，并请求内徙。魏世宗以"彼之甿庶，是汉魏遗黎"②下诏抚慰，不许内迁。高昌国的主体居民多为汉人可见一斑。韩森（Valerie Hansen）《丝绸之路贸易对吐鲁番地方社会的影响：公元500~800年》，也指出从3~4世纪开始，大量的汉族移民涌入吐鲁番，他们吸收、取代或征服本地土著人；到高昌建国，高昌大多人口已是汉人，以致在粟特语中高昌被称作"汉城"或"汉人之城"③。

杜斗城、郑炳林先生根据吐鲁番出土文书中各姓氏出现的次数，论证了高昌国的汉族主体地位，指出"高昌居民分两部分，一部分是从中原迁来的汉族，一部分是从西域等地移居高昌的古代少数民族。我们从各姓氏出现的比率可以计算出，在高昌人口中，汉族是高昌王国的主要民族，约占人口的70%~75%，而少数民族居民占30%~25%"④。董永强博士学位论文《四至八世纪吐鲁番的多民族问题探索》利用《吐鲁番出土文书人名地名索引》⑤《三种新出版吐鲁番文书人名地名索引》⑥《大谷文书集成（壹）（贰）人名地名索引》⑦三种已有的相关索引工具，从姓氏种类的增减角度，论述了高昌郡至高昌国时期该地区汉民族的主体地位。

从吐鲁番出土文书来看，多为汉文文书，说明当时汉文、汉语在当地作为通行的语言使用；但是，使用汉文、汉语的高昌居民并不都是汉族，而是与史书所载"多用汉文，兼用胡语"相一致。"总体来说，在6世纪到8世纪这段时期，以汉语和汉字作为基本文化的汉人构成了吐鲁番居民

---

① 黄文弼：《西北史地论丛》，上海人民出版社，1981，第69页。
② 《魏书》卷101《高昌传》，中华书局，1974，第2244页。
③ 〔美〕韩森（Valerie Hansen）：《丝绸之路贸易对吐鲁番地方社会的影响：公元500~800年》，收入荣新江、华澜、张志清主编《法国汉学》第10辑《粟特人在中国——历史、考古、语言的新探索》，中华书局，2005。
④ 杜斗城、郑炳林：《高昌王国的民族和人口结构》，《西北民族研究》1988年第1期。
⑤ 李芳、王素：《吐鲁番出土文书人名地名索引》，文物出版社，1996。
⑥ 石墨林：《三种新出版吐鲁番文书人名地名索引》，《魏晋南北朝隋唐史资料》第18辑，武汉大学出版社，2001。
⑦ 石墨林：《大谷文书集成（壹）（贰）人名地名索引》，《魏晋南北朝隋唐史资料》第19~20辑，武汉大学出版社，2002~2003年。

中的多数派，这一点是毋庸置疑的。"①

综上所述，我们肯定高昌郡、高昌国、唐西州时期的吐鲁番地区，汉族是主体民族，汉文化占主体地位。但是，我们必须强调该地区的民族迁徙及汉族主体民族地位的确立，应该是一个动态过程。这个变化过程大致是：由车师国时期的土著民族，到汉族人的进入，再到汉民族主体地位的确立。同时，我们要强调的是其他民族虽然在数量上不占绝对优势，但其迁入、定居对高昌文化、语言的影响是重要而深远的，是不容忽视的。荒川正晴曾指出"从 5 世纪以后迁居到这里的伊朗语系、突厥语系游牧民族也大量存在着，如果无视这一点，就不能正确把握高昌国和唐西州时期的吐鲁番社会"②。

二 吐鲁番周边地区的民族构成与变迁

为了进一步研究民族接触及其对语言的影响，我们这里在前贤时彦研究成果基础上对曾经影响高昌地区的诸民族的族源族属做一梳理。大致讲，影响过该地区的民族主要有内地及河西的汉族，匈奴、突厥、鲜卑、柔然等北方诸族，姑师、高车等西域诸国及中亚西亚粟特、波斯、罗马等国。这里我们只梳理后三者。

（一）北方诸族

北方诸族，狭义上讲指主要活动在大漠南北即蒙古高原的民族。包括三个系统：匈奴系统——匈奴、北匈奴、南匈奴、卢水胡等；突厥系统——丁零、高车（敕勒）、突厥、回纥（回鹘）、畏兀儿等；东胡系统——东胡、乌桓、鲜卑、柔然、契丹、室韦、蒙古等③。这些北方民族的起源地和主要活动范围在大漠南北，但是也不局限于该区域，如匈奴曾一度控制西域，突厥曾扩张至中亚，蒙古曾至东欧。

---

① 〔日〕荒川正晴撰，沈玉凌、平劲松译《唐代吐鲁番高昌城周边的水利开发与非汉人居民》，《吐鲁番学研究》2013 年第 2 期。
② 〔日〕荒川正晴撰，沈玉凌、平劲松译《唐代吐鲁番高昌城周边的水利开发与非汉人居民》，《吐鲁番学研究》2013 年第 2 期。
③ 林幹：《中国古代北方民族通史》，鹭江出版社，2003，序言部分第 6 页。

1. 匈奴系统

"匈奴是第一个见于史籍的蒙古高原上的民族共同体"[1]。关于匈奴，史书多记载，但对其语言状况记述甚少。《淮南子》卷 11《齐俗训》记载匈奴"箕倨反言"[2]，"这一记载成为从语序上判断匈奴语阿尔泰系属的唯一珍贵线索"[3]。

匈奴在公元前 7~8 世纪时已建立起氏族和部落联盟，公元前 3 世纪进入铁器时代，逐渐强大，并建立国家[4]。《史记·匈奴列传》载："当是之时，东胡强而月氏盛，匈奴单于曰头曼。"[5] 头曼之子冒顿统治期间，匈奴成为北方最强大的奴隶制政权，西定楼兰、乌孙及其旁 26 国，控地东尽辽河，西达葱岭，北至贝加尔湖，南抵长城，"诸引弓之民，并为一家"，"皆以为匈奴"[6]。公元 50 年匈奴分裂为南、北二部。南匈奴入居塞内；北匈奴居塞外。公元 91 年北匈奴灭亡，辗转西迁至中亚和欧洲，10 余万落皆自号为鲜卑[7]。《后汉书·乌桓鲜卑传》载："和帝永元中，大将军窦宪遣右校尉耿夔击破匈奴，北单于逃走，鲜卑因此转徙据其地。匈奴余种留者尚有十余万落，皆自号鲜卑，鲜卑由此渐盛。"[8] 入居塞内的南匈奴，后分化为南匈奴、屠各、铁弗、卢水胡等。北凉沮渠氏及其部属居于临松卢水（今甘肃张掖一带）为卢水胡。

沮渠氏于"五胡十六国"时期曾建立政权，统治高昌。前文已提及沮渠氏 443 年率兵攻占高昌城，据有高昌全境。直至北魏和平元年（460），"柔然攻高昌，杀沮渠安周，灭沮渠氏，以阚伯周为高昌王"[9]，结束沮渠氏在高昌长达 18 年的统治。王素先生《高昌史稿·统治编》详

---

① 孟达来：《古代北方民族的变迁与阿尔泰诸语族的早期接触》，《青海民族研究》1999 年第 4 期。
② （汉）刘安等著，（汉）高诱注《淮南子》，上海古籍出版社，1989，第 116 页。
③ 孟达来：《古代北方民族的变迁与阿尔泰诸语族的早期接触》，《青海民族研究》1999 年第 4 期。
④ 王锺翰主编《中国民族史》（上），武汉大学出版社，2012。
⑤ 《史记》卷 110《匈奴列传》，中华书局，1959，第 2887 页。
⑥ 《史记》卷 110《匈奴列传》，中华书局，1959，第 2896 页。
⑦ 王锺翰主编《中国民族史》（上），武汉大学出版社，2012。
⑧ 《后汉书》卷 90《乌桓鲜卑传》，中华书局，1965，第 2986 页。
⑨ 《资治通鉴》卷 129 宋孝武帝大明四年十一月条，中华书局，1956，第 4053 页。

列吐鲁番出土有关沮渠氏北凉的纪年资料 23 条,可供参考。

2. 东胡系统

东胡,因驻牧于匈奴之东而得名①,《史记·匈奴列传》"索隐"引服虔言:"东胡,乌丸之先,后为鲜卑;在匈奴东,故曰东胡。"东胡是部落联盟,乌桓、鲜卑是东胡的别支。公元前 206 年匈奴冒顿单于击溃东胡后,乌桓、鲜卑又各以其族类相聚,以乌桓、鲜卑之称著于世。鲜卑按其发源地和后来迁徙分布情况,大致分为东部鲜卑、西部鲜卑和北部鲜卑②。

东部鲜卑,后发展为宇文、慕容、段氏诸部;吐谷浑是慕容部一支,329 年自称吐谷浑,540 年称可汗,700 年后无记载。西部鲜卑,后分化出秃发部、乞伏部等。北部鲜卑主要指拓跋鲜卑。拓跋鲜卑在南北朝时建立北魏政权,统一北方,兼并其他鲜卑诸部。

柔然是继匈奴、鲜卑之后,于公元 4 世纪末至 6 世纪中叶活动于我国大漠南北和西北地区的民族。公元 402 年首领社仑自称可汗,建立柔然汗国,555 年被突厥汗国所灭。柔然亦称芮芮、茹茹、蠕蠕等,"蠕蠕"是北魏太武帝拓跋焘对柔然的蔑称。柔然是以鲜卑为主,融合了高车(敕勒)、匈奴等其他民族后形成的"杂胡"③;就其统治者的世袭贵族而言,是从拓跋鲜卑部落联盟中分离出来的④。

柔然曾对高昌产生过重要影响。5 世纪初中叶为柔然最盛时期,天山南麓诸国臣服,成为高昌北邻。《宋书》卷九五《芮芮传》载:"西域诸国:焉耆、鄯善、龟兹、姑墨,东道诸国皆役属之。"公元 460 年柔然杀沮渠安周立阚伯周为高昌王,至 488 年阚首归兄弟被高车所杀,统治高昌28 年。《魏书·高昌传》载:"和平元年,为蠕蠕所并,蠕蠕以阚伯周为高昌王,其称王自此始也。太和初,伯周死,子义成立。岁余,为其兄首归所杀,自立为高昌王。五年,高车王可至罗杀首归兄弟,以敦煌人张孟

---

① 匈奴,自称"匈奴""胡",周边各族也称匈奴为"胡"。如《汉书·匈奴传》狐鹿姑单于至武帝文书云:"南有大汉,北有强胡。"又同传,匈奴丁灵王卫律言:"胡故时祠兵,常言得贰师以社。"
② 王锺翰主编《中国民族史》(上),武汉大学出版社,2012,第 304 页。
③ 周伟洲、李泰仁:《公元三至九世纪新疆地区的民族及其变迁》,《西北民族论丛》第五辑,中国社会科学出版社,2007。
④ 王锺翰主编《中国民族史》(上),武汉大学出版社,2012,第 418 页。

明为王。"①

柔然控制高昌 28 年，28 年间阚氏高昌依附柔然，使用柔然"永康"年号，与柔然保持密切的政治交往和广泛的民间往来。吐鲁番出土文书相关具体材料我们在第二章吐鲁番地区民族交往的文献学考察部分有详细分析，高昌与吐谷浑的交往也有详述。

3. 突厥系统

突厥正史记载始于《周书·宇文测传》："每岁河冰合后，突厥即来寇掠。"② 据研究，突厥最早起源于先秦时期游牧于北海（今贝加尔湖）的丁零，在南北朝时期为敕勒（高车），隋朝及唐初称铁勒。5 世纪时臣于柔然，为其铁工。546 年，突厥首领阿史那土门率众合并铁勒各部；552 年，发兵大败柔然，土门遂以漠北为中心建立突厥汗国，自称伊利可汗。553 年土门卒，子科罗立，号乙息记可汗；同年科罗卒，舍其子摄图而立其弟俟斤，号木杆可汗。木杆可汗时（553～572），击灭柔然，势力不断壮大，又"西破嚈哒，东走契丹，北并契骨，威服塞外诸国，其地东自辽海以西，西至西海万里，南自沙漠以北，北至北海五六千里，皆属焉"③。木杆可汗卒，舍其子大逻便，立其弟佗钵，佗钵临卒，欲还位大逻便，国人立佗钵子庵逻，大逻便不服，庵逻又让位摄图，是为沙钵略可汗。沙钵略可汗封庵逻为第二可汗、大逻便为阿波可汗、贪汗为贪汗可汗。

土门建立突厥政权当年，土门之弟室点密率十大首领统兵十万占领西域各地，自立可汗（562～576），号称"十姓部落"，在突厥西部形成半独立势力。公元 583 年，沙钵略袭击阿波可汗，杀其母，夺贪汗可汗之众，废其汗位，阿波、贪汗遂投奔西部室点密之子达头可汗，达头与之联合共同应对沙钵略，学界一般认为同年突厥正式分裂为东西二部④。

东突厥于 630 年被唐太宗击破，近十万人归附唐朝，唐政府优待归附

① 《魏书》卷 101《高昌传》，中华书局，1974，第 2243 页。
② 《周书》卷 27《宇文测传》，中华书局，1971，第 454 页。
③ 《周书》卷 50《异域传（下）》突厥传条，中华书局，1971，第 909 页。其辖境一般认为东自辽水，西至里海，南达阿姆河，北抵贝加尔湖。
④ 王素、薛宗正先生认为这只是突厥内战，东突厥汗国始于 599 年隋册立启民可汗，西突厥汗国始于 603 年泥利可汗正式建国。具体见薛宗正《突厥史》，中国社会科学出版社，1992，第 185、277、79 页；王素《高昌史稿·交通篇》，文物出版社，2000，第 442 页。

者，将其安置在河套以南幽州至灵州（今北京市至宁夏灵武县）一带，设置突厥官员。由于对突厥的优待政策，当时迁居长安的突厥人，近万家。公元 682 年，东突厥叛唐，重建突厥汗国，即"后突厥"，745 年被回纥部落①所灭。回纥在攻灭突厥后，在大漠南北建立回纥汗国，788 年更名回鹘，840 年被居于回纥北部的黠戛斯攻灭，逃往河西、高昌、葱岭西三地，分别称河西回鹘、高昌回鹘、葱岭西回鹘，三个回鹘在蒙元时期称畏兀儿。

西突厥在射匮可汗（611~619）和统叶护可汗（619~628）统治时期实力最强，统治我国西域地区及中亚一带，西部边境达阿姆河北的铁门。公元 640~648 年，唐朝在对西突厥的斗争中，在西域设置了龟兹、焉耆、于阗、疏勒四个军事据点，皆隶属安西都护府，合称"安西四镇"。657 年唐俘获沙钵罗可汗，击灭西突厥政权。这里我们将突厥世系列表 3、表 4 于下②：

表 3　突厥、东突厥世系

	名	号	统治时间
1	土门	伊利可汗	552~553
2	科罗（土门子）	乙息记可汗	553
3	俟斤（科罗弟）	木杆可汗	554~572
4	佗钵（俟斤弟）	佗钵可汗③	572~581
5	摄图（科罗子）	沙钵略可汗	581~587
6	处罗侯（摄图弟）	叶护可汗④	587

---

① 通常将突厥人有效统治的各铁勒部落称为突厥人，将突厥北面很多更为原始落后的铁勒部落称为铁勒人。铁勒人中有一个强大的部落回纥（突厥称其为乌古斯人）。回纥与突厥同族。

② 此表据林幹先生《突厥史》制表。突厥与高昌交往甚密，对其影响深远，在第二章民族接触的政治交往部分将作为重点论述，此表可供检索查询。

③ 佗钵可汗统治时期，其他小可汗主要有摄图：尔伏可汗（科罗子），统东面；褥但子：褥但可汗（佗钵弟），居西方；尔伏可汗（摄图），统东面；褥但可汗（褥但子）居西方；大逻便：阿波可汗（俟斤子），居漠北；菴罗：第二可汗（佗钵子），居洛水；贪汗：贪汗可汗，居贪汗山。

④ 叶护可汗统治时期，其他小可汗主要有染干：突利可汗（处罗侯子），居北面；泥利可汗，居南面。

续表

	名	号	统治时间
7	雍虞闾（摄图子）	都蓝可汗	587～599
8	染干（处罗侯子）	启民可汗	599～609
9	咄吉世（启民子）	始毕可汗	609～619
10	俟利弗设（始毕弟）	处罗可汗	619～620
11	咄苾（处罗弟）	颉利可汗	620～630

表4　西突厥世系

	名	号	统治时间
1	室点密（土门弟）	室点密可汗	562～576
2	达头（室点密子）	达头可汗（后称步迦可汗）	576～603
3	鞅素特勤（达头孙）	泥利可汗	603
4	达漫（泥利子）	处罗可汗	603～611
5	射匮	射匮可汗	611～619
6	统叶护（射匮子）	统叶护可汗	619～628
7	俟毗（统叶护伯父）	俟毗可汗	628～630
8	咥力特勤（统叶护子）	乙毗钵罗肆叶护可汗	628～632
9	泥熟莫贺设	咄陆可汗	632～634
10	咄陆弟同蛾设	沙钵罗咥利失可汗	634～639
11	欲谷设	乙毗咄陆可汗	638～642
12	薄布特勤	乙毗沙钵罗叶护可汗	639～641
13	莫贺咄子	乙毗射匮可汗	642～651
14	阿史那贺鲁	沙钵罗可汗	651～657

　　从552年突厥建国到657年西突厥灭亡历时百余年，百年间突厥统治西域，诸国成为其附属国并缴纳税赋等。高昌也臣服突厥，受其封号，高昌民众一度辫发左衽，说明汉族为主体的高昌国受突厥影响之深。吐鲁番出土的客舍馆驿文书基本都涉及与突厥的交往，详见第二章民族交往的文献学考察中政治交往部分。

　　总之，吐鲁番地区北方诸族，主要有匈奴系统、东胡系统和突厥系统。匈奴对车师的控制及影响见诸史料者较少，并且与匈奴及汉朝间的战争密切相关，匈奴胜则车师降匈奴，西汉胜则归顺于汉。车师与匈奴、汉朝的交往史在很大程度上就是汉朝与匈奴的战争史。东胡系统民族对高昌影响较大者是柔然；突厥系统对高昌影响较大者主要是高车、突厥。

（二）西域诸国

西域，作为一个地理概念，其范围有广狭二义：狭义指汉代玉门关、阳关以西至葱岭一带，广义则包括葱岭以西的中亚地区。《汉书·西域传》载：

> 西域，以孝武时始通，本三十六国，其后稍分至五十余，皆在匈奴之西、乌孙之南。南北有大山，中央有河，东西六千余里，南北千余里。东则接汉，扼以玉门、阳关，西则限以葱岭。其南山，东出金城，与汉南山属焉。（《汉书·西域传》）

《汉书》所言西域当是对"西域"最早的界定了，从其所记地理范围来看，是狭义的"西域"概念，但是从所记录西域诸国来看，范围已经达到中亚甚至西亚，《后汉书》也是如此。

西汉都护府管辖之下西域诸国共 54 个，至曹魏时期经征战兼并等已经缩减为 20 国。《晋书·西戎传》共记焉耆、龟兹、大宛、康居、大秦 5 国，《周书·异域传》记高昌、哦哒、焉耆、龟兹、粟特、安息、波斯 7 国，以上所记当然是不完全记载，不过可以看出此时西域诸国进一步合并，并且形成了几个比较大的西域国家。"以沿塔里木盆地边缘的各个绿洲为中心，逐渐形成了有一定共同地域、共同语言、共同经济及以佛教文化为基础的较为巩固的族体。因此，我们完全有理由可以将上述鄯善、于阗、疏勒、龟兹、焉耆、高昌（原车师）、伊吾及南北朝时帕米尔高原建国的羯盘陀等，正式称之为西域的古代民族，以其国名为其族称。"①

关于西域诸国的相对位置可参考（宋）志磐撰，释道法校注《佛祖

---

① 周伟洲、李泰仁：《公元三至九世纪新疆地区的民族及其变迁》，《西北民族论丛》（第五辑），中国社会科学出版社，2007。

统纪校注》所附《西域诸国图》① 和《中国历史地图集》中"西域都户府"辖域②。

关于西域各国的种族，黄文弼先生《汉西域诸国之分布及种族问题》在做了一番考证后指出："总之西域为各民族交凑之地，古代即有汉人、羌藏人、突厥人、蒙古人、阿利安人、印度人迭居其地。大略言之，羌藏人居于昆仑山脉一带，而塔里木盆地南部诸国即杂羌藏人；突厥人居于天山西北吉里吉思原野，故塔里木盆地北部诸国杂突厥种……吐鲁番盆地则汉人较多。"③

在第二章第一节民族接触的文献学考察部分，我们利用出土资料分析了晋唐之际与高昌交往密切的焉耆、龟兹、鄯善等西域国家。

（三）中亚西亚诸国

《史记·大宛列传》载："自大宛以西至安息，国虽颇异言，然大同俗，相知言。其人皆深眼，多须髯，善市贾，争分铢。"④ 这应该是中亚西亚诸国人为印欧人的最早史学证据。据同传，张骞"身所至者大宛、大月氏、大夏、康居，而传闻其旁大国五六"⑤，传闻大国分别为乌孙、奄蔡、安息、条枝、黎轩和身毒，其中仅乌孙在大宛西，其余皆在此人种语言的描述范围。

吐鲁番的地域优势和丝绸之路上的重要交通地位，决定了其在高昌国和唐西州时期与中亚西亚国家也有密切的联系和交流，该地区民族状况也应纳入吐鲁番地区民族交流的视野。不过，因中亚西亚诸民族间不断征战、扩张和交流融合，关系盘根错节，渊源深厚；且很多民族名称与国家名称命名一致，如粟特、波斯等，所以这里我们以国家统领民族来叙述，虽分国别，但历史前后相承。

1. 波斯帝国（前 550~前 330 年）

据林梅村先生考证，早在公元前 2200 年，原始印欧人就开始向中亚

---

① （宋）志磐撰，释道法校注《佛祖统纪校注》，上海古籍出版社，2012，第 729 页。
② 谭其骧：《中国历史地图集》（第 2 册），中国地图出版社，1992，第 37~38、65~66 页。
③ 黄文弼：《西北史地论丛》，上海人民出版社，1981，第 72 页。
④ 《史记》卷 123《大宛列传》，中华书局，1959，第 3174 页。
⑤ 《史记》卷 123《大宛列传》，中华书局，1959，第 3160 页。

迁徙，公元前 1500 年，欧亚大陆开始了第二次印欧人迁徙浪潮——雅利安人的迁徙。游牧于阿姆河、锡尔河流域的雅利安人从里海—黑海北岸分批南下，于公元前 1500~前 600 年，在伊朗高原相继建立起米坦尼、米底（伊朗高原西北）、波斯（伊朗高原西南）三大雅利安王朝①。

公元前 612 年，米底人统治了伊朗高原。公元前 553 年波斯人反抗，代表人物是阿赫美尼德部落贵族居鲁士。三年后居鲁士登上波斯王位，波斯便以阿赫美尼德部族最为高贵，波斯王也多来自此部族，这一时期被称作阿赫美尼德王朝时期。至大流士大帝时期，波斯控制了中亚大部分地区。在阿姆河、锡尔河流域的粟特（索格狄亚那 Sogdiana）、大夏（巴克特里亚 Bactria）等奴隶制城邦均设郡管辖，波斯成为世界历史上第一个地跨亚、欧、非的大帝国。公元前 5 世纪波斯帝国远征希腊大败，国内大乱，迅速衰落。公元前 330 年，希腊亚历山大军队洗劫波斯都城，大流士三世被杀，波斯帝国的阿赫美尼德王朝灭亡。其疆域的大部分归亚历山大统治的马其顿帝国所有。

2. 马其顿帝国（亚历山大帝国）（前 336~前 323 年）

马其顿是希腊诸城邦之一，位于希腊北部边陲，国王腓力二世时期励精图治，国力日强，在希腊诸城邦中确立了领导地位。公元前 338 年腓力二世被波斯刺客刺杀。其子 20 岁的亚历山大（Alexander the Great，前 336~前 323 年）继位，并于公元前 334 年东征波斯，前 330 年推翻波斯帝国，占有其领土，并通过联姻、军屯等与波斯文化、中亚文化融合，波斯受希腊文化影响巨大。经过十年征战，建立地跨欧亚非的大帝国，被称作亚力山大帝国或马其顿帝国。公元前 323 年，32 岁的亚历山大患疟疾而亡，中央集权迅速解体，各地总督拥兵自立。亚历山大派驻埃及的部将托勒密（Ptolemy）于公元前 305 年建托勒密王国②（公元前 305~公元 30 年，埃及及叙利亚南部地区）；派驻两河流域的塞琉古（Seliucus）建塞

---

① 林梅村：《吐火罗人的起源与迁徙》，《西域研究》2003 年第 3 期。
② 上层统治者是希腊人，下层民众乃埃及人，汉代称该王朝为"黎轩"或"骊靬"。居延汉简提到黑皮肤的西域人流寓中国，或许是"黎轩人"，汉朝曾为其至"骊靬县"。见杨希枚《论汉简及其它汉文献所载的黑色人》，收入《先秦文化史论集》，中国社会科学出版社，1996，第 978~979 页。

琉古王国（公元前312~前64年，小亚细亚、美索不达米亚、巴克特里亚、叙利亚北部和伊朗高原）；希腊本土为安提柯王国（前276~前168年，马其顿和希腊地区），基本奠定了希腊世界三分天下的格局。

由于这一时期是希腊文化在北非、西亚广泛传播的时期，也是希腊文化和东方文化广泛交流的时期，因此，历史上，自亚历山大东征到最后一个希腊人统治的王国——托勒密王国灭亡为止这段时间被称作"希腊化时代"。塞琉古王国于公元前3世纪后逐渐衰落，分裂出一些独立国家，如伊朗高原的帕提亚（安息）、中亚的巴克特里亚（大夏）①。

3. 安息（阿萨息斯）（前248~公元224年）——萨珊波斯（公元226~651年）

塞琉古王国与埃及征战不休之际，巴克特里亚贵族阿萨息斯利用人民的不满情绪，于公元前248年举兵入侵伊朗高原的东北部帕提亚（Parthian），建立帕提亚王朝，或称阿萨息斯王朝（前248~公元224年），中国历史上称之为"安息"。安息帝国位处丝绸之路，商业繁荣，与汉朝、罗马、贵霜帝国并列为当时亚欧四大强国。张骞第一次出使西域后向汉武帝讲述了安息：

　　安息在大月氏西可数千里。其俗土著，耕田，田稻麦，蒲陶酒。城邑如大宛。其属小大数百城，地方数千里，最为大国。临妫水，有市，民商贾用车及船，行旁国或数千里。以银为钱，钱如其王面，王死辄更钱，效王面焉。画革旁行以为书记。其西则条枝，北有奄蔡、黎轩。（《史记·大宛列传》）

安息王朝欲控制丝路商道，与希腊、大夏发生多次战争，内乱外患使安息帝国一蹶不振，遂被萨珊王朝替代。安息帝国一地方总督之子杀死国王，于公元226年建立萨珊王朝，以国王祖父萨珊而得名。是波斯继阿契美尼德王朝（前550~前330年）之后的第二次统一，被认为是波斯第二帝国。

萨珊波斯帝国632年起一直被阿拉伯军队攻击，在651年灭亡后，萨

---

① 希腊人最东端的殖民地，统治者为希腊人，被统治者塞种。

珊王朝末代皇帝之子俾路斯（Peroz）曾逃至中国唐朝，请求高宗发兵抗击阿拉伯人的入侵。唐朝护送其返回今阿富汗斯坦锡斯坦一带，于661年建立波斯都督府，至663年为阿拉伯帝国所灭①。汉文史籍多有对波斯的记载，萨珊波斯与唐朝交往密切，多次遣使入唐②。唐朝对萨珊波斯后期的局势稳定及波斯王的延续起了积极作用。

波斯商人、客使在丝绸之路上往来不绝，萨珊银币一度成为丝绸之路上的通用货币，也成为吐鲁番地区的流通货币。

4. 大夏（巴克特里亚）（前256～公元1年）——贵霜王朝（公元45～250年）

前文已述，希腊塞琉古王国于公元前3世纪后逐渐衰落，分裂出一些独立国家，其中包括中亚的巴克特里亚，即大夏。公元前250年塞琉古王朝的巴克特里亚郡宣告独立，首都监市城（亦作蓝市城）。大夏也是希腊化王朝，使用希腊字母、希腊文。

张骞第一次出使西域后向汉武帝讲述了大夏（巴克特里亚），"大夏在大宛西南二千余里妫水南。其俗土著，有城屋，与大宛同俗。无大君长，往往城邑置小长。其兵弱，畏战。善贾市"③。后来大夏（巴克特里亚）被从中国西北迁去的大月氏灭亡。大月氏原居河西走廊，被匈奴击败而西迁伊犁④，后又被匈奴、乌孙联合击败，西迁至中亚，攻占巴克特里亚（大夏）。对此《史记·大宛列传》也有记载：

> 及大月氏西徙，攻败之，皆臣畜大夏。大夏民多，可百余万。其都曰蓝市城，有市贩贾诸物。其东南有身毒国。大月氏在大宛西可二三千里，居妫水北。其南则大夏，西则安息，北则康居。行国也，随

---

① 唐援助波斯王卑路斯及其子泥涅师师的记载，以及唐波斯军的记载，详见《旧唐书》卷198《西戎传》，第5313页，中华书局，1975；《册府元龟》卷995、964，中华书局，1982，第11686、11341页；《旧唐书》卷48《裴行俭传》，中华书局，1975，第2802～2803页；《新唐书》卷221《西域传》，中华书局，1975，第6259页。

② 波斯的多次通使与朝贡，详见《册府元龟》卷970，中华书局，1960，第11399～11402页。

③ 《史记》卷123《大宛列传》，中华书局，1959，第3164页。

④ 匈奴质子自月氏逃回，杀父自立为冒顿单于，并于公元前207～前205年发兵，击败西域霸主月氏人，又于公元前177或前176年再次击败月氏。

畜移徙，与匈奴同俗。控弦者可一二十万。故时强，轻匈奴，及冒顿立，攻破月氏，至匈奴老上单于，杀月氏王，以其头为饮器。始月氏居敦煌、祁连间，及为匈奴所败，乃远去，过宛，西击大夏而臣之，遂都妫水北，为王庭。其余小众不能去者，保南山羌，号小月氏。（《史记·大宛列传》）

大月氏乃游牧民族，面对不适合游牧的巴克特里亚地区实行羁縻统治，设五个翕侯管理，贵霜是翕侯之一。后贵霜统一其他翕侯，建立贵霜王朝①。贵霜王朝不断对外扩张，西侵粟特，南侵印度，以吐火罗斯坦为中心建立了庞大的中亚帝国——贵霜帝国，向汉族自称大月氏。

贵霜王朝融合了希腊文明、印度文明和部分伊朗文明，是希腊化国家，使用希腊字母，而统治核心为伊朗高原地区，又崇尚佛教，推行佛教文化。所以贵霜王朝是文化融合度较高的王朝，在整个东西文明交流史上发挥了重要的作用。

5. 拂林（东罗马帝国）

罗马帝国建于公元前 27 年，公元 330 年皇帝君士坦丁在拜占庭建立新都君士坦丁堡。公元 395 年罗马分裂为东罗马（395～1204 年）、西罗马（395～476 年）。西罗马很快灭亡，东罗马延续 800 多年一直以君士坦丁堡为国都，故东罗马后又被称作拜占庭帝国。中国史籍常称罗马帝国为大秦，东罗马帝国为拂菻、蒲林、普岚等②，在民间还有称"拂临""弗临""拂利"者，如"银盏壹，拂林样"③，"柒两弗临银盏"④ "□利康银盏 1 枚"⑤。这些银盏前所冠"拂临""弗临""□利"，当指"拂菻"，即拜占庭。"大秦"一名自汉代以来，实指罗马帝国东部，包括叙利亚、巴勒斯坦（犹太）。在吐鲁番地区的墓葬中发现了 5～6 世纪的拜占庭金

---

① 贵霜王朝第一位统治者丘就却，第三位统治者迦腻色伽（Kaniskai）。
② 以拂菻、蒲林、普岚等名称见知于东晋及南北朝时期的史籍。
③ 见敦煌文书 P. 3432 号吐蕃管辖沙州时期（9 世纪前期）《龙兴寺卿赵石老脚下佛像供养具经等目录》。
④ 见敦煌文书 P. 2613 号《唐咸通十四年（873 年）正月四日沙州某寺徒众常住交割历》。
⑤ 见吐鲁番阿斯塔那 150 号墓所出唐贞观前后之《唐白夜默等杂物帐》（3 - 26，72TAM150：40）。

币，一般含于死者口中①，随葬衣物疏中有大量关于"金钱"的记载，如
"金钱十千""金钱两万文"等愿望②。可见，金币已为当地百姓普遍接
受，并且作为冥币已成为当地民众的普遍信仰，实证了高昌地区与拂菻的
历史联系。

中国对中亚、西亚及欧洲的了解，始于公元 1 世纪左右的张骞通西
域，故见诸史籍的中亚、西亚国家，也从此时期始。大夏、安息、萨珊波
斯正是最早见诸史书的中亚西亚国家。通过以上历史渊源的论述可知，就
种族和语言文字而言，大夏、安息、萨珊波斯，土著为伊朗人种，属印欧
语伊朗语族，同时又都受希腊东扩的影响也曾被希腊占据，是深受希腊文
化影响的希腊化国家。

---

① 新疆维吾尔自治区博物馆《吐鲁番阿斯塔那——哈拉和卓古墓群清理简报》，《文物》
1972 年第 1 期，第 8~29 页。

② 如《高昌章和十八年（548 年）光妃随葬衣物疏》（1-144，72TAM170：77），《高昌建
昌四年（558 年）张孝章随葬衣物疏》（1-207，72TAM169：32），《高昌重光二年张头
子随葬衣物疏》（1-370，73TAM116：19）等。

第二章

吐鲁番地区民族交往的文献学考察

季羡林先生曾言:"世界上历史悠久、地域广阔、自成体系、影响深远的文化体系只有四个:中国、印度、希腊、伊斯兰。而这四个文化体系汇流的地方只有一个,这就是中国的敦煌和新疆地区……目前研究这种汇流现象和汇流规律的地区,最好的、最有条件的就是中国的敦煌和新疆。"① 该地区不同民族的思想、信仰、风俗以及社会实践的交光互影,使不同的民族更好地认识了"他者"和"异域",并且借助与"他者"的来往和与异域的交流更好地认识自己发展自己。民族间的交流互动及相互影响必然在吐鲁番出土文书中有所体现。

本章我们主要利用吐鲁番出土文书,辅以传世文献和出土文物从政治交往、商业往来、民族杂居等方面详细考察 4~8 世纪吐鲁番地区的民族交往情况。

第一节 政治交往及客使往来

晋唐之际吐鲁番地区与周边的政治交往,历来受到关注,一般重点放在该地区与中原王朝的交往,这主要因为历代史书等文献对此记载较多。随着吐鲁番文书的大量出土,该时期吐鲁番地区与周边民族地区的交往日益明晰,研究渐多。王素先生《高昌史稿·交通篇》利用传世文献和吐鲁番出土文献给高昌地区的交通历史勾勒出自姑师至唐西州的清晰脉络,

---

① 季羡林主编《敦煌学大辞典》,上海辞书出版社,1998,第 19~20 页。

而重点在高昌与中原的政治交流。姜伯勤先生《敦煌吐鲁番文书与丝绸之路》以敦煌吐鲁番文书为中心，以丝绸之路"东西贸易的担当者"为主体，探讨丝路贸易实况及吐鲁番地区与周边民族的交往，重在商贸往来和民间交流。本节我们重点利用吐鲁番出土文书中的客使文书①，讨论该时期吐鲁番地区与周边民族的政治交往。政治交往是民族交往的重要组成部分，对民族的交流融合会产生重要影响。

西汉时期的吐鲁番地区属车师国，后属车师前国。汉与匈奴五争车师后，吐鲁番地区进入高昌壁和高昌郡时期，因未建立本地独立政权，从狭义上讲不涉及对外政治交流。直到 460 年柔然立阚伯周为高昌王，吐鲁番地区才又诞生了本地独立政权，延续至 640 年唐灭高昌建西州。故本节的讨论范围缩小至高昌国与周边民族的政治交往。为与第一章第二节对应，我们从高昌与北方诸族、高昌与西域诸国、高昌与中亚民族三个维度考察吐鲁番出土文书所体现的民族间政治交流。

一 高昌国与北方诸族的交往

我们以吐鲁番出土文书为重点，参酌史料，探讨高昌国与柔然、高车及突厥的交往。

（一）高昌国与柔然及高车的交往

柔然与高车两个北方游牧民族，同时存在于高昌国时期，高昌国建国及前期政权更迭也与之直接相关。柔然立阚伯周为高昌王，高车杀阚氏兄弟而另立新君。柔然、高车连年征战，势力消长不定，高昌国处于两民族间，与两者政治交往也时有变化。《魏书·高昌传》云："（麹嘉）既立，又臣于蠕蠕那盖。"② 后又云"及蠕蠕主伏图为高车所杀，嘉又臣高车"③，高昌国前期处于两大民族间，对外交往之复杂可见一斑。这也是我们将高昌国与柔然及高车的交往放在一起论述的原因。

公元 460 年柔然立阚伯周为高昌王，488 年阚首归兄弟被高车所杀，

---

① 当然，客使文书不一定都与政治相关，也有贸易往来的胡商暂住客馆的，不过客使文书无疑是最好的论证政治关系的文书之一。
② 《魏书》卷 101《高昌传》，中华书局，1974，第 2243 页。
③ 《魏书》卷 101《高昌传》，中华书局，1974，第 2243 页。

《魏书·高昌传》云：

> 和平元年为蠕蠕所并，蠕蠕以阚伯周为高昌王，其称王自此始
> 也。太和初，伯周死，子义成立。岁余，为其兄首归所杀，自立为高
> 昌王。五年，高车王可至罗杀首归兄弟，以敦煌人张孟明为王。
> （《魏书·高昌传》）

460~488 年，28 年间阚氏高昌依附柔然，与柔然保持密切的政治交往和广泛的民间往来。关于阚氏王国与柔然之间的政治交往，吐鲁番哈拉和卓 90 号墓出土文书有很好体现。同墓共出土文书 20 件，其中 3 件署年，1 件明确署明永康十七年，故该墓出土文书基本可视为 5 世纪末阚氏高昌时期①。高昌使用柔然"永康"年号，对柔然的依附关系自然显明。《永康十七年（482 年）残文书》（1-117）为：

1　永康十七年三月廿（缺）
2　□第并□构北部（缺）

一般认为"永康"是柔然受罗部真可汗年号，高昌国 466~485 年一直奉用柔然年号②，前后达二十年之久。20 年中，高昌与柔然交往密切。

另《高昌主簿张绾等传供帐》（1，122-123）因同墓所出，又有汉语音译词，也可认定为柔然控制高昌时期的文书③，择录于下：

1　（缺）匹，毯六张半，付索寅义，买厚绢，供涞□。

---

① 唐长孺主编《吐鲁番出土文书》（壹），文物出版社，1992，第 116~127 页。
② 王素：《高昌史稿·交通篇》，文物出版社，2000，第 285~288 页；吴震：《吐鲁番文书中的若干年号及相关问题》，《文物》1983 年第 1 期，第 32 页。
③ 钱伯泉：《从〈高昌主簿张绾等传供状〉看柔然汗国在高昌地区的统治》，《吐鲁番学研究专辑》，乌鲁木齐县印刷，1990，第 109~110 页；王欣：《阚氏高昌王国与北方游牧民族的关系》，《西北民族研究》1991 年第 2 期，第 191 页；荣新江：《高昌王国与中西交通》，见《中古中国与外来文明》（修订版），三联书店，2014，第 175 页。

2 （缺）半斤，付双受，供□洝。

3 （缺）出行鞢卌匹，主簿张绾传令，与道人芸训。

4 （缺）出行绁五匹，付左首兴，与若愍提懃。

5 （缺）出赤违一枚，付受崇与乌胡慎。

6 （缺）阿钱条用毯六张，买沽缬。

7 （缺）匹，付得钱，与吴儿折胡真。

8 （缺）赤违一枚，付得钱，与作都施摩何勃。

9 （缺）绁一匹，赤违一枚，与秃地提懃无根。

《高昌主簿张绾等传供帐》是引起学界广泛关注的传供账文书，该文书记录经过主簿张绾等传供给客使物品的文书，所授之人有"若愍提懃""乌胡慎""吴儿折胡真""作都施摩何勃""秃地提懃无根"等。

一般认为"提懃"是古突厥语 Tigin 的汉字对音，意为王子、嫡系；"乌胡慎"可能是 Uruz 的汉字对音，即乌古斯，族名。"一般在不同民族杂居的地区，往往以人名加族名或职称作为一个人的全称。"[1] 王素先生认为"提懃""乌胡慎"当为古柔然语，突厥语继承了该古柔然语[2]，所以，则该文书所记高昌国与柔然人频繁的交往记录，足见当时双方交往之密切，同时也体现柔然对高昌地区的控制和影响。

（二）高昌国与突厥的交往

前文已述，从 552 年突厥建国到 657 年西突厥灭亡，历时百余年。百年间突厥统治西域，西域诸国成为其属国并缴纳税赋等，高昌也臣服于突厥，受其封号。至迟在 612 年以汉族为主体的高昌国仍从突厥俗而辫发左衽[3]，说明受突厥影响之深，双方交往之密。以下结合吐鲁番出土文献，主要从与突厥联姻、接受突厥封号及大量客舍官驿文书三方面来考察高昌与突厥的政治交往。

---

[1] 库尔班·外力：《吐鲁番出土公元 5 世纪的古突厥语木牌》，《文物》1981 年第 1 期，第 63~64 页；姜伯勤：《敦煌吐鲁番文书与丝绸之路》，文物出版社，1994，第 85 页。

[2] 王素：《高昌史稿·交通篇》，文物出版社，2000，第 280 页。

[3] 隋大业八年（612）高昌王麹伯雅朝见隋炀帝后令高昌国中庶人以上解辫削衽以从汉风，不久废止，仍从突厥俗。见《隋书》卷 83《西域传》高昌国条，中华书局，1973，第 1847 页。

1. 高昌与突厥的联姻

一般认为《宁朔将军麹斌造寺碑》是记载高昌国与突厥交往的最早的出土文献①，且记载与突厥同盟联姻一事。自罗振玉、王国维至今对该碑文多有研究。目前一般认为这次联姻是高昌王麹宝茂迎娶突厥木杆可汗之女②。碑文摘录如下：

> 宁朔将军［绾曹郎中麹］斌者……寻转折冲将军新兴令……其后属突厥雄强，威振朔方，治兵练卒，侵我北鄙。□□□□军之委，承庙胜之策，鹰扬阃外，虎步敌境。兵锋暂交，应机退散……厥主钦其英规，□众畏其雄略，遂同盟结姻，□□而归……③

560 年，麹宝茂卒，子麹乾固继位④。麹乾固依突厥"父兄死，子弟妻其群母及嫂"之婚俗，复尚麹宝茂所娶木杆可汗女，并继续与突厥维持交往。麹乾固卒，麹伯雅继位，突厥可汗迫使麹伯雅"妻其大母"，即娶麹宝茂、麹乾固先后都娶过的木杆可汗女，迫于政治压力无奈之下最终接受。据吴玉贵先生研究这种收继婚的习俗在麹氏高昌时期被继承下来，并且将该婚俗延伸至与非突厥民族的婚姻关系中。主要证据是，630 年麹文泰携妻宇文氏入朝，此"宇文氏"乃当年隋炀帝赐予其父麹伯雅之华容公主⑤。可见，突厥对高昌国影响之深。

麹伯雅也曾嫁女儿至突厥，《大慈恩寺三藏法师传》卷二载唐玄奘于贞观初至活国，云："活国即叶护可汗长子呾度设所居之地，又是高昌王妹婿。"即活国君主是麹文泰妹婿。吴震先生指出"伯雅失国后，举家避就于叶护可汗处，并于此期间以女嫁呾度"⑥。王素先生进一步指出"此

---

① 王素：《高昌史稿·交通篇》，文物出版社，2000，第 453 页。
② 王素：《高昌史稿·交通篇》，文物出版社，2000，第 434~439 页。
③ 黄文弼：《吐鲁番考古记》，第 54 页附录文；〔日〕池田温《高昌三碑略考》对其在录字识文上又有所补充，王素《高昌史稿·交通篇》第 432 页从之，因不影响论述主题我们从简，从黄文弼先生释文。
④ 关于高昌历史及高昌世系详见第一章第二节。
⑤ 余太山主编《西域文化史》第四章由吴玉贵撰写，中国友谊出版公司，1995，第 199 页。
⑥ 吴震：《麹氏高昌史索隐——从张雄夫妇墓志谈起》，《文物》1981 年第 1 期，第 38~46 页。

女应先随父兄居碎叶，并在此出嫁，然后才随夫君出镇活国"①。可见，高昌与突厥的"同盟结姻"关系，互有往来，维系日久。

2. 高昌王族的突厥官号

上揭《宁朔将军麹斌造寺碑》，正面为麹宝茂建昌元年（555）十二月廿三日《折冲将军新兴令麹斌造寺布施记》，其中记高昌王麹宝茂及其世子高昌令尹麹乾固署官：

> 希菫、时多浮、摩亥、希利发高昌王麹宝茂。多波旱、输屯发高昌令尹麹乾固。

又吐鲁番阿斯塔那 64 号墓所出《高昌延昌酉岁屯田条列得横截等城葡萄园顷亩数奏行文书》（2-169），第 13 行记有：

> □□□军，肤叠□、吐诺他、跋□、输屯发高昌令尹麹伯雅。

高昌王之子接受突厥授予的官职，高昌王自身也接受突厥的封号"希菫、时多浮、摩亥、希利发"等，并且在比较重要的事件和碑文上使用突厥封号。

另外，王素先生据池田温《中国古代写本识语集录》，摘录高昌王麹乾固写经题记三则，均署突厥官号，移录于下②：

> （1）使持节、大将军、大□、希斤、时罗浮、跋弥砲、伊利地、屠庐棨、堕□。[《延昌三十七年（597）十月十六日高昌王麹乾固供养〈金光明经〉卷三题记》]
>
> （2）使持节、大将军、大都督瓜州诸军事……希斤、时罗浮、跋弥砲、伊利地、屠庐棨、陋豆阿跋、摩亥、希利发、高昌王麹乾固。[《延昌三十九年（599）五月廿三高昌王麹乾固供养〈大品经〉

---

① 王素：《高昌史稿·交通篇》，文物出版社，2000，第 459 页。
② 王素：《高昌史稿·交通篇》，文物出版社，2000，第 445 页。

卷十八题记》]

（3）使持节、□、跋弥砲、伊离地、都卢□、陁豆、□利发。
[《延昌四十年（600）六月九日高昌王麹乾固供养〈大品般若波罗蜜经〉题记》]

据岑仲勉先生考证，当时麹宝茂头衔据常见汉译应为"俟斤、失毕、莫贺、俟利发高昌王麹宝茂"。《旧唐书·突厥传》载：在可汗、特勤、设以下，"其大官屈律啜，次阿波，次颉利发，次吐屯，次俟斤，并代居其官而无员数"①。以上官职皆突厥所置，载入汉籍皆为音译词。

"希利发"即"俟利发""颉利发"，是可汗以外诸部首领的称号，为突厥语"iltabàr"之音译②；"锄屯发"，即"吐屯发"，突厥语"tudun"之音译，《旧唐书·突厥传下》载："其西域诸国王悉受颉利发，并遣吐屯一人监统之，督其征赋。西戎之盛，未之有也。"③ 马长寿先生据此进一步解释："突厥汗国对于西域诸国，并不改变他们原来的组织，只革去各国独立的王号，改称颉利发，臣属于西突厥可汗之下。同时又遣一武官'吐屯'监统之，监督他们征收赋税，把租税运送于可汗的牙帐。"④"吐屯发"一般由突厥族将领担任。此职由高昌人充当，一方面说明高昌对突厥的附属地位，同时也说明突厥对高昌的重视，以及双方关系深厚。

另外，91号墓还出有"代人"木牌2枚，背面为少数民族语言⑤，库尔班·外力先生认为两枚少数民族文字木牌，一枚上书粟特文字rin，"这是汉文'人'字的粟特文拼写"；一枚上书Tairin，"这是汉文'代人'二字的粟特文拼写"⑥。90号墓出土"代人"木牌9枚，其中2枚用粟特文字母书写古突厥语kiši，意为人、仆人或妻子，兹不赘述。

---

① 《旧唐书》卷194《突厥传》（上），中华书局，1975，第5153页。
② 岑仲勉：《麹氏高昌王外国语衔号之分析》，见《西突厥史料补阙及考证》，中华书局，1958，第235~237页。
③ 《旧唐书》卷194《突厥传》（下），中华书局，1975，第5181页。
④ 马长寿：《论突厥人和突厥汗国的社会变革》，收入林干编《突厥回纥历史论文选集》上册，中华书局，1987，第165页。
⑤ 穆舜英：《吐鲁番哈喇和卓古墓群发掘简报》，《文物》1978年第6期，第1~14页。
⑥ 库尔班·外力：《吐鲁番出土公元5世纪的古突厥语木牌》，《文物》1981年第1期，第63~64页。

3. 高昌客使文书

高昌与突厥紧邻，后来突厥内乱分裂，高昌处于各势力之间，与各势力都有交往。包括突厥及后来的东突厥、西突厥以及各突厥的小可汗均有往来，这些在客使文书中都有所反映。地域所致，高昌与西突厥联系更为紧密。以下我们仅梳理《吐鲁番出土文书》所见高昌与西突厥的交往。

高昌与西突厥的交往，从突厥汗国分裂前后，高昌与小可汗的交往谈起。小可汗是大可汗册封的藩王，理论上讲不能和高昌建立正式的外交关系，不过从出土文书内容上看，也多关注商业贸易。和小可汗的交往，目前所见，主要有以下出土文书：

其一，阿斯塔那 307 号墓所出延寿九年（632）前后《高昌竺佛图等供养食帐》（1-414）：

　　2　□□二斤，供现珂提□一人，子弟廿二人

　　3　次传七斤，供阿博珂寒使

　　4　举贪汗上一人，□上二人，尽□半。次曹子□岳

其二，同墓所出延寿九年（632）《高昌□善等传供食帐》：

　　3　（缺）善传，面五斗，供阿搏（博）珂寒铁师居（缺）（1-415）

　　10　（缺）田阿善传，面（缺），珂寒铁师居织（缺）（1-416）

　　13　供贪旱珂寒（缺）。（1-417）

其三，延昌卅一年（591）十月廿五日前《高昌都子等传供食帐》（1-263）：

　　2　（缺）迎贪旱珂寒使

　　3　（缺）传：五升，供朱阿佑一人。次传：二斗一升，木作阴（缺）

　　4　（缺）贪旱珂寒，孤艮贪汗上五人尽廿（缺）

其四，延寿九年（632）前后《高昌令狐等传供食帐》（一）（1-418）：

2　伦大官，上七人，中八人，下十四人（缺）

3　（缺）面一斛六斗八升，米一升半。次粟（缺）

4　（缺）罗，上六人，中五人，下四人尽。次令狐（缺）

5　（缺）三斗，供亡来人阿□七人尽。次严僧（缺）

6　供贪［旱］□寒金师莫畔陀

以上四件文书涉及的两位小可汗分别是阿博珂寒（阿波可汗）和贪旱珂寒（贪汗可汗）。他们是沙钵略可汗册封的小可汗，后被沙钵略迫害而投奔控制西域之地的室点密之子达头可汗，共同对抗沙钵略，遂成东西突厥。《隋书·两突厥传》载："西突厥者，木杆可汗之子大逻便也。与沙钵略有隙，因分为二，渐以强盛。东拒都斤，西越金山，龟兹、铁勒、伊吾及西域诸胡悉附之。"①

从文书时间上看，当为东西突厥分裂后，阿博珂寒（阿波可汗）和贪旱珂寒（贪汗可汗）当属西突厥。故以上四件供使文书，体现了高昌王国与西突厥的交流沟通。从内容上看，三次提到"铁师""金师"等作为使节来到高昌，应该与铁、金的贸易事宜有关②，可见高昌与突厥不仅有政治上的沟通还有经济上的往来。

文书中还涉及"阿都纥希勤""南厢可汗"等系列音译突厥人名或官职，不胜列举。仅《高昌□善等传供食帐》传供突厥客使的记录达36次，足见往来频繁。

高昌与西突厥可汗的交往，目前所见，除上列文书外主要还有以下两种文书：

其一，阿斯塔那122号墓所出延寿十七年（640）八月前《崇保等传寺院使人供奉客使文书》：

① 《隋书》卷84《北狄传》，中华书局，1973，第1876页。
② 吴玉贵：《高昌供食文书中的突厥》，《西北民族研究》1991年第1期，第58页。

1 崇保传：范寺使人供泥利珂密（寒）使

2 马寺使人、伍塔使人供卑失虵婆护使（1-455）

其二，阿斯塔那 329 号墓出土《高昌虎牙元治等传供食帐》：

7 供恕逻珂寒乌都伦大 ［官］

8 供卑失移浮孤使乌庚廷、伊利（缺）（1-461）

上两件文书中的"泥利珂密（寒）"即尼利可汗，"恕逻珂寒"即处罗可汗，这是汉语音译选字不同所致，容易确定；而"卑失虵婆护""卑失移浮孤"则不易明确。姜伯勤先生认为"虵婆护"与"移浮孤"的《切韵》拟音相似，都是突厥语"Yabγu"即"叶护"的音译。他指出，在西突厥时代，叶护是次于可汗的军事长官，往往由可汗之弟担任，故"卑失虵婆护""卑失移浮孤"即"卑失叶护"，即泥利可汗之弟①。从文书内容不易探析可汗使者至高昌的目的。

高昌与西突厥一向交好，从高昌"义和政变"后麴氏父子及部分大臣逃奔西突厥避难六年，并借西突厥叶护可汗之力夺回政权，可见一斑。及麴文泰继位继续与西突厥叶护可汗交好。《大慈恩寺三藏法师传》可为旁证，及玄奘法师别高昌，麴文泰厚礼相赠，并作书至西突厥及西域诸国以求帮助玄奘：

> 遣殿中侍御史欢信送至叶护可汗衙。又作二十四封书，通屈支等二十四国。每一封书附大绫一匹为信。又以绫绢五百匹，果味两车，献叶护可汗并书称："法师者是奴弟，欲求法于婆罗门国，愿可汗怜师如怜奴，仍请敕以西诸国给邬落马递送出境。"（《大慈恩寺三藏法师传·卷一》）

---

① 姜伯勤：《敦煌吐鲁番文书与丝绸之路》，文物出版社，1994，第 86 页；岑仲勉：《麴氏高昌外国语衔号之分析》，载《西突厥史料补阙及考证》，中华书局，1958，第 235～237 页。

及玄奘至碎叶见统叶护可汗，可汗出帐迎拜。可汗自目甚悦，陈酒设乐，听玄奘讲经，举手叩额，欢喜信受。后苦苦挽留不遂，乃令军中访解汉语及诸国音者，遂得少年，"即封为摩咄达官，作诸国书，令摩咄送法师到迦毕试国。又施绯绫法服一袭，绢五十匹，与群臣送十余里"①，对玄奘礼遇甚隆。可见高昌与突厥交往甚密，双方关系十分友善。

并且上言"邬落马"，也是高昌与突厥交往的印证。据考证"邬落马"为突厥语、汉语合璧词。"邬落"为 ular 的音译。荒川正晴也指出，"邬落"一词的民间层次姑且不论，至少对统治阶级来说已经被吸收固定下来②。"邬落马"一词的使用，足见双方关系的密切程度和高昌汉人对突厥语的熟悉程度。

虽然西突厥一度统治整个西域，高昌也接受其封号，但其未完全役属西突厥，一直是"同盟结姻"的关系。统叶护继位第三年（620）高昌完全臣属西突厥③，高昌王麴伯雅与西突厥叶护可汗仍是儿女亲家，双方关系相当友好。西突厥欲谷设时期，高昌有"大臣冠军阿史那矩"④，可以认为此时对高昌的控制有所强化。姜伯勤先生曾指出："高昌对突厥人的依附关系，也有多种状态，如：高昌王麴乾固以前时期的'同盟结姻'的半附庸，处罗可汗至统叶护可汗及铁勒时期的完全臣属状态，和统叶护可汗死后欲谷设时期高昌王麴文泰的'通和''遗其金帛''有急相为表里'的半依附的军事结盟状态。"⑤ 不管何种状态和关系，高昌和突厥的交往是一贯的。

总之，高昌与突厥长期交往，互为友善，且臣属突厥，在政治经济文化各方面都和突厥有千丝万缕的联系，深受影响，直到 640 年并入大唐，一直采用突厥习俗风尚，辫发左衽等。故正史的高昌传记载高昌"文字

---

① 慧立、彦悰：《大慈恩寺三藏法师传》，中华书局，2000，第 28 页。
② 〔日〕荒川正晴：《唐代于阗的"乌骆"——以 tagh 麻扎出土有关文书的分析为中心》，载《西域研究》1995 年第 1 期，第 66～76 页。
③ 王素：《高昌史稿·统治篇》，文物出版社，1998，第 457 页。
④ 高昌与西突厥联合攻掠伊吾后，"太宗以其反复，下书切让。征其大臣冠军阿史那矩入朝，将与议事"。从世系看阿史那矩当为突厥王族，却是高昌国"大臣"，并且拥有等级极高的"冠军"职位。具体见《旧唐书·高昌传》。
⑤ 姜伯勤：《高昌麴朝与东西突厥——吐鲁番所出客馆文书研究》，北京大学中国古史研究中心编《敦煌吐鲁番文献研究论集》第 5 辑，北京大学出版社，1990，第 47 页。

亦同华夏，兼用胡书，有《毛诗》《论语》《孝经》，置学官弟子，以相教授，虽习读之，而皆为胡语"①。突厥语对高昌的主体语言汉语必有影响，在出土文献中也应该有所体现。

（三）高昌与北方其他民族的交往

以下几则材料体现了高昌与哒哒、吐谷浑等民族的交往。

其一，延昌廿七年（587）前后《高昌奇乃等粗细粮用帐》（1-243）：

> 1　奇乃细二斛一斗四升。羊天护粗一斛九斗半。安（缺）
> 3　参军师儿细一斛七斗三升。延奴细一斛一斗七升。氾仏面□
> 4　（缺）元通□□一斛二斗，张善伯细一斛五斗半。
> 5　往移浮瓠门头道粮，次氾中书传，粟米五升（缺）
> 6　供就馆会马参军，次竺玄忠传……

其二，延昌廿七年（587）《高昌众保等传供粮食帐》（二）②（1-239）

> 1　五斗，付竺菌婢、范阿懒；钞五斗供延殿珂顿（缺）
> 2　（缺）七斛五斗，钞七斛五斗，供赐离儿折（缺）
> 3　（缺）耆、遮殖二人道粮
> 4　桧子传，面五斗，钞一斛，付小男王受儿，供浑珂顿使
> 5　（缺）通事索斌传面一斛，供会长史、司马……

《高昌奇乃等粗细粮用帐》详细记录了延昌廿七年（587）前后，高昌奇乃、参军师儿、延奴、张善伯等人的粗细粮用账。该文书还记录了"往移浮瓠门头道粮""供就馆会马参军"等。"移浮瓠门头"很明显是音译词，而其前又有介词"往"字，可知"移浮瓠门头"当指某地。所以，可

---

① 《北周书》卷50《异域传》，中华书局，1971，第915页。
② 吐鲁番出土文书本身未明确年份的，均依照王素《吐鲁番出土文献编年》。

以推知，整个文书记载的粗细粮供应，是供应前往该地所需用之军粮。

"'移浮瓠门头'当为 Ephthalit 亦即嚈哒的对音"①，据研究"嚈哒"又译作滑、厌怛等，西方史籍称白匈奴②，"先属车师后部，后属柔然。479 年后开始西迁。484 年击败波斯。487 年后全部迁至中亚乌浒河（今阿姆河）流域。不久，又征服粟特、疏勒、于阗等国，成为中亚大国"③。《魏书·高车传》记北魏世宗诏云"蠕蠕、嚈哒、吐谷浑所以交通者，皆路由高昌，掎角相接。今高昌内附，遣使迎引，蠕蠕往来路绝，奸势"④，对高昌与嚈哒的交往有所记载。

《高昌众保等传供粮食帐》（二）看不出所记地点和具体时间，但是涉及人物则记录得非常清晰。第四行出现"桧子传，面五斗，麨一斛，付小男王受儿，供浑珂顿使"，体现了高昌国与吐谷浑的交往。"浑珂顿"当为"吐谷浑可敦"，"浑"为当时"吐谷浑"之习惯性简称，"可敦"为吐谷浑之妻的称谓。"吐谷浑主于魏、周之际始称可汗，故其妻称可敦"⑤。陈国灿先生也认为"浑珂顿或即吐谷浑的可敦"⑥。所以，该传供账记载了高昌人桧子通过小男王受儿，传面五斗、麨一斛，供吐谷浑可敦使者的情景。

二　高昌国与西域诸国及中亚地区的交往

高昌王国一向重视与西域诸国及北方游牧民族的交往，《大慈恩寺三藏法师传》记玄奘临别高昌，麴文泰"作二十四封书，通屈支（龟兹）等二十四国"⑦，此 24 国以龟兹为首，不少应为西域或中亚国家。不过，关于高昌国与它们的交往传世文献和出土文献记载较少，目前所见吐鲁番

---

① 姜伯勤：《敦煌吐鲁番文书与丝绸之路》，文物出版社，1994，第 86 页。
② 冯承钧编、陆峻岭增订《西域地名》，中华书局，1982，第 26 页。
③ 王素：《高昌史稿·交通篇》，文物出版社，2000，第 483 页；又参考王素《梁元帝〈职供图〉新探——兼说滑及高昌国史的几个问题》，《文物》1992 年第 2 期，第 77～79 页。
④ 《魏书》卷 103《高车传》，中华书局，1974，第 2311 页。
⑤ 王素：《〈吐鲁番出土文书〉前三册评介》，《中国史研究》1983 年第 2 期，第 161 页。在其《高昌史稿·交通篇》，文物出版社，2000，第 486 页，又重申此观点。
⑥ 陈国灿：《敦煌吐鲁番文书与魏晋南北朝隋唐史研究》，《中国敦煌吐鲁番学会研究通讯》1986 年第 1 期，第 7 页。
⑦ 慧立、彦悰：《大慈恩寺三藏法师传》，中华书局，2000，第 21 页。

出土文献，主要反映了高昌国与龟兹、焉耆、伊吾、何国等国的交往。"焉耆东境，当东至榆树沟而与高昌交界，西南出铁关谷至库尔勒而与龟兹接壤"①，几国与高昌相邻也为交往提供了便利。

（一）与龟兹的交往

阿斯塔那 501 号墓所出《唐高宗某年西州高昌县左君定等征镇及诸色人等名籍》（3-386）见"四人救援龟兹未还"的记载：

2 □人金山道行，未还左君定何善智记和定

3 冯住住　翟武通　张海欢

4 四人救援龟兹未还：左运达　宋令智　张定□

5 康隆欢

15 □人昆丘道行：史德义、康善生、支隆德、翟胡胡

16 目君住、张君君、赵富海、王石德

17 □人狼子城行：白胡仁、张尾住、□真信、郭定君、康佑欢

18 一人庭州镇：今年正月一日（缺）勘当：康憧海

19 一人金牙道行，未还：曹□□

本件文书中出现的"张海欢"，在阿斯塔那 4 号墓（七）《唐麟德二年（665 年）张海欢、白怀洛货银钱契》（3-214，64TAM5：53）也出现过，文书记载："唐麟德二年十一月廿四日，前庭府卫士张海欢于左憧憙边贷取银钱肆拾捌文，限至西州十日内还本钱使了。"可见，"张海欢"乃"前庭府卫士"，两处的张海欢当为同一人。根据《册府元龟》卷985《外臣部·征讨第四》载："贞观二十一年诏以阿史那社尔为昆丘道行军大总管，讨龟兹。"② 又《旧唐书·高宗本纪》载永淳元年（682）以裴

---

① 黄文弼：《塔里木盆地考古记》，科学出版社，1958，第 1 页。
② 龟兹王诃黎布失毕附西突厥反唐。贞观二十一年（647），太宗以左骁卫将军阿史那社尔为昆丘道行军大总管，率三总管，统步骑十余万出讨。二十二年渡碛而西，破西突厥处蜜部。自北道南下，西突厥所立之焉耆王薛婆阿那支弃城奔，追擒之。进破龟兹王城，终擒诃黎布失毕于拨换城。其相那利引西突厥军攻王城，安西都护郭孝恪战死。阿史那社尔破西突厥，擒那利，定龟兹，收七百余城，徙安西都护府于其地，设安西四镇，勒石纪功还。

行俭为金牙道行军大总管。改件文书所记应该是唐高宗时期对龟兹的行军事件的一种折射，虽然不是直接的政治交往，但是也和政治有密切关系。

（二）与焉耆的交往

与焉耆的交往主要见于以下文书：

其一，延寿十年（633）前《高昌传始昌等县车牛子名及给价文书》（1-428）：

> 8　罗寺道明车牛一具，得银钱三十九文。张伯儿车牛一具，得银钱三十九
>
> 9　文。张伯臭牛得银钱二十六文。唐怀愿车得□文。田来得牛得钱贰拾□
>
> 10　□海惠车得银钱十三文。合车牛八具，供侍郎史欢太驮往坞耆得远道价。

其二，高昌延寿十四年（637）《兵部差人看客馆客人文书》（2-76）：

> 9　次小张海住付康善财，用看坞耆来射卑
>
> 10　妇儿五日。令狐资弥胡付王善佑子用看尸不逮伮旱大官
>
> 21　（缺）看坞耆来射卑妇儿五日。次吕隆伯付

其三，吐鲁番阿斯塔那 72 号墓出土《唐西周高昌县牒为子将孙承恩马匹草□事》（4-82）：

> 1　（缺）焉耆
>
> 2　（缺）牒称：从去年五月九日
>
> 3　（缺）至今年二月为患不损，遂

其四，唐开元二十一年（733）《推勘天山县车坊翟敏才死牛及孳生牛无印案卷》（4-301）：

20 一赤犍八岁。小字标注：角竖，两髆上远人胯上有瘢，用钱一千一百文于焉耆人侯元处买，用填黄犍十一岁替。

其五，唐垂拱元年（685）《康义罗施等请过所案卷》（一）（3-346）

9 （缺）被问所请过所，有何来文，
10 仰答者：谨审：但罗施等并从西
11 来，欲向东兴易，为在西无人遮得，更
12 不请公文，请乞责保，被问依实谨 4　保人乌耆人曹不那遮

唐垂拱元年（685）《康义罗施等请过所案卷》（四）（3-349）：

1 保人庭伊百姓康阿了 （缺）
2 保人伊州百姓史保年卅 （缺）
3 保人庭州百姓韩小光年卅 （缺）
4 保人乌耆人曹不那遮
5 保人高昌县史康师年卅五

其六，唐神龙元年（705）《天山县录申上西州兵曹为长行马在路致死事》①：

1 天山县：为申州糟送使长行马在路致死事所由具上事
2 州糟长行马一匹赤敦
3 右得马夫令狐嘉宝辞称：被差逐上件马送使人何思敏乘往乌耆却回
4 其马瘦弱困乏，行至县西头碛内转困，牵不前进，遂即致死

文书《高昌传始昌等县车牛子名及给价文书》（1-428）记载由八具

---

① 陈国灿：《斯坦因所获吐鲁番文书研究》，武汉大学出版社，1997，第255、256页。

车牛组成的队伍运送物资于"坞耆","坞耆"即焉耆①。文书《高昌延寿十四年（637年）兵部差人看客馆客人文书》（2-76）两次出现"看坞耆来射卑妇儿"。"射卑"是游牧于焉耆境内东部天山之中而且与麴氏高昌有密切交往的一个突厥部落。"看坞耆来射卑妇儿"指看护自焉耆来的射卑部落首领的夫人及子，他们长期居住高昌王国客馆，可见交往密切。该文书涉及高昌、焉耆、突厥三者的交往关系。文书《唐西周高昌县牒为子将孙承恩马匹草□事》（4-82），虽然残缺严重，但是"焉耆"二字保存完好，并且整个文书所记为马匹草□情况，多和客使往来有密切关系。

文书《推勘天山县车坊翟敏才死牛及挈生牛无印案卷》（4-301），记载天山县车坊翟敏才负责的牛死了，翟敏才用一千一百文钱从焉耆人侯元处那里又买了一头，用以补偿死去的那头十一岁的黄犍牛。文书虽为案卷，但是从中我们可以透析民族交往的细节，看到高昌县人翟敏才从焉耆人那里买牛的事实，可见高昌与焉耆的交往，不仅局限于政治层面，经济层面、民间交往等层面的民族交往也比较深入。文书《唐垂拱元年（685年）康义罗施等请过所案卷》（一）（3-346），记录了粟特人康义罗施从西边来欲往东走从事商品贸易，便请求过所，即通行凭证。请求过所要有人担保，担保人有编户为民的庭伊百姓粟特人康阿了、史保，汉人韩小光，乌耆人曹不那遮。一人请求过所，五人担保，而担保人就涉及三个民族，可见当时各民族的民间交往是非常密切的。从文书《唐神龙元年（公元705年）天山县录申上西州兵曹为长行马在路致死事》②可知，令狐嘉宝被差遣逐一匹长行马送使人何思敏乘往乌耆，映射了当时高昌地区与焉耆的交往。

另外，阿斯塔那239号墓所出《唐西州高昌县成默仁讼经功德疏》（3-567）记有"焉耆都督府"，《唐天宝十四载（公元755年）交河郡某馆具上载帖马食□历上郡长行坊状》（4-430）记有"焉耆军"。吐鲁番阿斯塔那墓出土《唐高宗某年西州高昌县贾致奴等征镇及诸色人等名籍》

① 冯承钧编、陆峻岭增订《西域地名》，中华书局，1982，第43页。
② 陈国灿：《斯坦因所获吐鲁番文书研究》，武汉大学出版社，1997，第255、256页。

（3-385），《唐开除见在应役名籍》（3-491）两次出现焉耆姓氏"龙愿洛"等，都说明高昌国与邻国焉耆交往密切。

（三）与伊吾及何国的交往

延昌廿七年（587）前后《高昌众保等传供粮食帐》（一）①（1-238）

  1 众保传，籹廿二斛五斗，付王崇真，步呵二人供官馱廿（缺）

  2 五日将天奴傅，面三斛，付康苟扫、张阿佑二人，供何国王儿使奚（缺）

  3 僧传，籹廿五斛付官，鞣羊皮二百五十枚。次中郎伽子传，□

  4 （缺）斛付阴黑儿、贾保守二人，供亜吴吐屯使由旦五人道粮。

  5 付严佑子、贾口儿二人。次中小麦一斛三斗，付令狐孝文入程愿

《高昌众保等传供粮食帐》同时体现了高昌国与何国、伊吾、吐谷浑的交往。传供账所记"何国王儿"，指昭武九姓何国的王子②。王素先生指出"这是唯一一件明确关于麹氏王国与中亚国家进行交通的珍贵资料"③，所以弥足珍贵。文书"亜吴吐屯使"中的"亜吴"指"伊吾"，可以窥见高昌与伊吾之来往。

综上所述，我们重点利用吐鲁番出土文书中的传供账文书，讨论高昌国与周边民族的政治交往，大量文书证明高昌王国确实与周边民族有着频繁的政治往来。政治交往是民族交往的重要部分，政治交往趋向必然会影

---

① 吐鲁番出土文书未明确年份者，均依照王素《吐鲁番出土文献编年》，台湾：新文丰出版社，1997。

② 陈国灿：《敦煌吐鲁番文书与魏晋南北朝隋唐史研究》，载《中国敦煌吐鲁番学会研究通讯》1986年第1期，第7页。

③ 王素：《高昌史稿·交通篇》，文物出版社，2000，第491页。

响民间往来，会对民族间的交流融合产生重要影响。

第二节　商贸往来

自丝绸之路开通以来，作为西域门户的高昌地区便商旅不绝。至迟在公元 300 年左右已有粟特商人穿越西域大漠到敦煌到内地经商，最具代表性的是 1907 年斯坦因在敦煌长城西北烽燧发现的粟特文古信札，这是在凉州的粟特商人写给家乡撒马尔罕人的信，信中谈到，这些以凉州为大本营的粟特商团活动范围和经营中国丝绸等商品的长途贩卖[①]。

贞观十四年（640）唐朝平定高昌，以其地为西州，更是"伊吾之右，波斯以东，职贡不绝，商旅相继"[②]。西州位扼中西交通枢纽、中原进入西域门户，在一定程度上起到了国际都市的功能。至唐朝天宝年间，西州曾一度改称为交河郡，居民已增加到 19016 户，人口有 49476 人[③]，成为人口众多的商业城镇。

程喜霖《唐代过所与胡汉商人贸易》曾指出，地处丝绸之路中道门户的西州，北无西突厥、南无吐谷浑及吐蕃侵扰，且便于车马行驶，不仅是唐开拓西疆的基地，而且成为中西交通最大的中转站，它已取代了敦煌的重要地位[④]。殷晴《唐代西域的丝路贸易与西州商品经济的繁盛》进一步强调"西州商品经济发达，处于全国前列。对其作为物资集散中心的国际市场，值得我们刮目相看"[⑤]。

以下我们通过吐鲁番出土文献管窥当时高昌国和唐西州时期吐鲁番市场贸易和民族交往之盛况。

---

① 荣新江：《中古中国与外来文明》（修订版），三联书店，2014。1948 年恒宁（W. B. Henning）翻译出二号信札的部分内容，判定写于 311 年或以后的几年中，为一般学者所采纳。详见 W. B. Henning. The Date of the Sogdian Ancient Letters [J]. Bulletin of the School of Oriental & African Studies University of London，1948，12（3-4）：601-615。陈国灿《敦煌所出粟特文古信的断代问题》，《魏晋南北朝隋唐史资料》1985 年第 7 期，第 10~18 页。
② 《册府元龟》卷 985，中华书局影印本，1960。
③ 《新唐书》卷 40《地理志》，中华书局，1975，第 1046 页。
④ 程喜霖：《唐代过所与胡汉商人贸易》，《西域研究》1995 年第 1 期，第 97~103 页。
⑤ 殷晴：《唐代西域的丝路贸易与西州商品经济的繁盛》，《新疆社会科学》2007 年第 3 期，第 99~105 页。

一　高昌国及唐西州对外来胡商的管理

高昌国及唐西州时期的吐鲁番地区，对商旅往来和贸易的管理形式主要有过所制度、称价钱制度，并设置固定的大型交易场所，间或参与交易活动。

"过所"是百姓行旅的路证，过所制度是保障国家关防治安和百姓通行安全而对商品流通领域进行综合管理的一种制度。该制度自汉代形成至唐代高度发展①。唐代过所制度的完备有力保障了丝路畅通和各地商人尤其是西域胡商的往来交流。

位处东西交通枢纽的西州，中西行商皆在这里转换过所，成为中外各种物资特别是纺织品的集散中心。程喜霖先生曾详列吐鲁番出土文书中过所文书 12 件，并详细介绍过所所设贸易商品。我们选取有关粟特商人石染典过所及相关活动的几件文书，摘录相关内容，做简要探讨。

唐开元二十年（732）《瓜州都督府给西州百姓游击将军石染典过所》（4-275）：

安西以来，上件人肆，驴拾。今月□日牒称：从西来，至此市易事了。今欲却往安西已来，路由铁斗阌，镇戍守捉不练行由，请改给者。依勘来文同此，已判给，幸依勘过。

三月十九日，悬泉守捉官高斌，勘西过。

三月十九日，常乐守捉官果毅孟进，勘西过。

三月廿日，苦水守捉押官辛五用，勘西过。

三月廿一日，盐池戍守捉押官健儿吕楚珪，勘过。

作人康禄山，石怒忿，家生奴移多地，驴拾头沙州市勘同，市令张休。

牒，染典先蒙瓜州给过所，今至此市易事了，欲往伊州市易。路由恐所在守捉不练行由。谨连来文如前，请乞判命。谨牒。

开元廿年三月廿日，西州百姓游击将军石染典牒。

---

① 程喜霖：《唐代过所研究》，中华书局，2000，第 1~59 页。

唐开元二十一年（733）《染勿等保石染典往伊州市易辩辞》（4-277）：

> 谨审：但染勿等保石染典在此见有家宅及妻儿亲等，并总见在。所将人畜，并非寒玄等色。如染典等违城不回，连答？之人并请代承课役，仍请准去受罪。被问依实谨辩。元。
>
> 开元廿一年正月日。……石染典肆人……请往伊州市易，责保可凭，牒知任去。

唐开元二十一年（733）《石染典买马契》（4-279）：

> 马一匹骝敦六岁。开元廿一年正月五日，西州百姓石染典，交用大练十八匹，今于西州市买康思礼边上件马。其马及练即日各交相分付了。

唐开元二十一年（733）《石染典买驴契》（4-280）：

> 开元廿一年二月廿日，石染典交用大练壹拾柒匹，于西州市买从西归人杨荆琬青草五岁，近人颊膊有蕃印并私印，远人膊损。其驴及练，〔即〕日交相付了。

石姓是粟特地区的石国（以塔什干为首都的柘支国）人的自称，其名"染典"明显是音译，故石染典无疑是粟特人。而他又自称"西州百姓、游击将军"，不仅是西州地区正式入籍在编的唐朝百姓，而且还是五品下官员①，随从人员有"作人康禄山，石怒忿家生奴移多地"，明显也是粟特人，三月十九日通过悬泉、常乐守捉，二十日通过苦水，二十一日盐池，二十五日在沙州得所，四月六日到达伊州。虽然最终目的是往伊州市贸，不过从行程上看，石染典在西州停留数日，并且后两件文书证明

---

① 王启涛：《吐鲁番出土文献词典》，四川出版集团巴蜀书社，2012，第1210页。

石染典确在西州停留，并于西州市购得六岁骝敦马一匹、五岁青草驴一头。可见，粟特商人的贸易是非常熟练也是非常频繁的。

这些民族商人往来高昌，重要的通行证便是过所。有专门机构管理，粟特商人可以不受州县限制，到达唐朝全国的其他区域，这在很大程度上对商贸往来提供了重要保护和管理。"公验"与"过所"基本功能一致，在使用范围上，前者局限在州府管辖领域内，后者在唐帝国的全领域内有效。

"称价钱"，是高昌国向商人（主要是胡商）征收的进出口贸易附加税。主要是对成批交易的数额较大的商贸活动进行征税，税额由买卖双方共同承担①。当然还有"藏钱"等其他税收形式，这也体现了高昌国作为重要商业之地对往来商旅管理的一种方式。吐鲁番阿斯塔那 514 号墓所出《高昌内藏奏的称价钱帐》（1-450）详细记录了麴氏高昌某年正月一日至腊月末高昌市场的贸易记录及所得交易税额，足见高昌在商业贸易管理的某些方面已达到精细化程度。

关于大型交易场所，据研究，当时西州有一个由官府控制每年定期举行的马市，属大型交易市场。来此进行马匹交易的胡客、胡商，有西突厥十姓部落、突骑施②等。同时，西州马市还对内地官府开放，河西、朔方节度使所属市马使也经常来此交易。阿斯塔那 188 号墓所出《唐上李大使牒为三姓首领纳马酬价事》（4-40），记载三姓首领胡禄达干、都担萨屈等与西州官府进行马匹交易的情况，录文如下：

1　（缺）九日

2　三姓首领胡禄达干马九匹，一匹匹酬拾（缺）

□匹各染（缺）

3　三姓首领都担萨屈马六匹，匹别各（缺）

4　右检案内去十一月十六□得上件

---

① 朱雷：《麴氏高昌王国的"称价钱"——麴朝税制零拾》，收入朱雷《敦煌吐鲁番文书论丛》，甘肃人民出版社，2000，第 69~82 页。

② 公元 659 年，西突厥汗国灭亡。之后，突骑施在碎叶川及伊犁河地区崛起，成为与西州紧邻的"邻藩"。

5　牒请纳马，依状检到前官（缺）

6　□□牒上李大使，请牒（缺）

同墓所出《唐译语人何德力代书突骑施首领多亥达干收领马价抄》（4-41）可看作一个收据，是突骑施首领多亥达干卖给西州都督府三匹马，总计二十贯四百文，"译语人何德力"充当翻译，录文如下：

1　□钱贰拾贯肆佰文

2　右酬首领多亥达干马叁匹直。

3　十二月十一日付突骑施首领，多亥达

4　干领。

5　译语人何德力

二　高昌国及唐西州对外来胡商的馆舍供应

为适应频繁往来的商人驻足，相应的该地区馆舍店肆林立。这可以体现在两个方面，一是客舍馆驿林立，二是商行林立。

杜佑《通典》载："至（开元）十三年封泰山，米斗至十三文，青、齐谷斗至五文。自后天下无贵物……东至宋、汴，西至岐州，夹路列店肆待客，酒馔丰溢。每店皆有驴赁客乘，倏忽数十里，谓之驿驴。南诣荆、襄，北至太原、范阳，西至蜀川、凉府，皆有店肆，以供商旅。远适数千里，不持寸刃。"[1] 以长安为中心，东到汴州、西至凉府，南到荆襄、北至太原，大江南北皆有店肆，以供商旅。

地处中西商贸往来要冲之吐鲁番更是此番景象，并且在接待往来客使方面，官方建立了一整套完善的客使供奉制度[2]。吐鲁番出土客舍馆驿文书、传供账文书大量存在，以唐长孺先生主编《吐鲁番出土文书》为例，《高昌主簿张绾等传供帐》（1，122-123）、《高昌都子等传供食帐》（1-

---

① 《通典》卷第七·食货七·历代盛衰户口。

② 荣新江：《高昌王国与中西交通》，收入《中古中国与外来文明》（修订版），三联书店，2014，第 173~192 页。

263）等直接以"传供帐""供食帐"命名的文书达 15 件之多。国家设置的客舍馆驿以供应往来使节为主，不过豪商大贾也会入住其间。

这里，我们只考察民间私人开设之馆舍——"店"。吐鲁番出土文书所见以"店"命名者 2 例，见于同一文书，即阿斯塔那 509 号墓出土《唐宝应元年（762 年）六月康失芬行车伤人案卷》（4-329），录文如下：

1　男金儿八岁。

2　牒：拂耶上件男在张鹤店门前坐，乃被行客靳嗔奴家生活人将车辗损，腰以下骨并碎破

3　今见困重，恐性命不存，请处分，谨牒

…………

9　女想子八岁。

10　县司：没（上四，下日）前件女在张游鹤店门前坐，乃

11　被行客靳嗔奴扶车人将车辗损，腰骨

12　损折，恐性命不存，请乞处分，谨辞

张鹤，即张游鹤，据姓氏可推知为汉族百姓，其在高昌地区开设店肆服务商旅往来，当属张氏私人开设。值得注意的是"康失芬身是处蜜部落百姓"，而从康姓，可能一些粟特人加入了突厥部落，或者非粟特人使用了粟特人的姓①，这也反映了当地民族交往密切杂居相处的情景。

上面我们讨论了高昌国及唐西州对外来胡商馆舍供应的一个方面——客舍馆驿林立，接下来我们讨论第二个方面——商行林立。

大谷文书《唐天宝二年（743）交河郡市估案》② 中出现了大量带商业性质的"行"，如谷麦行、米面行、牲畜行、帛练行、铛釜行、果子行、菜籽行等，西州市场上行市店铺多达四十多个，摘录于下：

---

① 荣新江、华澜、张志清主编《法国汉学》第 10 辑，《粟特人在中国——历史、考古、语言的新探索》，中华书局，2005，第 121 页。

② 〔日〕池田温著，龚泽铣译《中国古代籍帐研究》，中华书局，2007，第 303～318 页。池田温《中国古代籍帐研究》录文，《日本东京大学东洋文化研究所报告》，1979，第 447 页。

市司　　　　　牒上郡仓曹司

米面行

白面壹斗　上直钱叁拾捌文　次叁拾柒文　下叁拾陆文

北庭面壹斗　上直钱叁拾伍文　次

帛练行

大练壹匹　上直钱肆佰柒拾文　次肆佰陆拾文　下肆佰伍拾文

漳州小练壹匹　上直钱叁佰玖拾文　次叁佰捌拾文　下叁佰柒拾文

果子行

干葡萄壹胜　上直钱拾柒文　次拾陆文　下拾伍文

大枣壹胜　上直钱陆文　次伍文　下肆文

出土文书真实记载了当时商品交流的繁荣景象。米面、帛练、谷麦、果子等 40 个大类，大练、小练、葡萄干、大枣、绫、纱、锦、罗、生帛、绢、缦、绵、绮、绨、缣、刺绣以及波斯锦、龟兹锦等 1000 余种商品，琳琅满目陈列于西州市场。商品有本地所产，部分来自中原内地，部分来自波斯、印度、东罗马等域外奇珍，几乎当时闻名于世的各种商品都在西州商行陈列。粟特、波斯、焉耆等西域胡商往来其间，络绎不绝，西州居民也融入其中。此时的吐鲁番地区发挥着国际市场的作用，商业上的繁荣，进一步促进了民族交往和语言文化的交流融合。

三　高昌国及唐西州的胡汉商人贸易

胡汉商人交往频繁，很多形成稳定的贸易伙伴与合作关系。这里以吐鲁番阿斯塔那 61 号墓文书《唐西周高昌县上安西都护府牒为录上讯问曹禄山诉李绍谨两造辩辞事》中（一）（三）两个片段为例[1]，录文如下：

《唐西周高昌县上安西都护府牒为录上讯问曹禄山诉李绍谨两造辩辞事》（一）（3-242）

---

[1]　本案卷由十个片段组成，这里只取其中（一）（三）两个片段，具体见唐长孺主编《吐鲁番出土文书》（图录版）第三册，第 242~244 页。

3 高 昌县　　　牒上安西都护 府

4 曹禄山年卅，□□案内，

5 □□上件人辞称向西州长史（后缺）

6 □□□在弓月城有京师汉名李［绍］［谨］（后缺）

7 □□在弓月城举取二百七十五匹绢，向龟

8 ［兹］。［两］个 相逐，从弓月城向龟兹。阿兄更有

9 ［马］□匹、驼两头、牛四头、驴一头，百匹绢价华

10 □并椀，别有百匹绢价财务及汉鞍衣裳

11 调度。其李三两个相共从弓月城向龟兹

12 不达到龟兹。其李三是汉，有气力语行

13 身是胡，不解汉语。身了知此间□（后缺）

14 行恩泽于此间，请一个（后缺）

《唐西周高昌县上安西都护府牒为录上讯问曹禄山诉李绍谨两造辩辞事》（三）（3-244）

3 一个曹果毅亦同去，安全到 　　　安西（后缺）

4 即在弓月城住，取兄练二百七十五匹（后缺）

5 是去年取，不记日月。所有文券总在 兄

6 处，亦并有杂物。取绢讫还领，兄却还

7 安西。且同是京师人，是安西司马女夫，不得

8 名字 。李三今至安西，兄不到来，任勘（后缺）

9 所由者。依追李绍谨至，问得款：前（后缺）

从文书内容看，本文书为粟特人曹禄山提起的诉讼辩辞，该辩辞针对的是曹禄山之兄（曹炎延）和汉族借债人李绍谨（李三）之间的债务纠纷。虽为诉讼文书，但我们做进一步分析，不难看出胡汉商人之间的交流合作。

李三、曹禄山兄长曹炎延,以及证人曹果毅、曹二均"客京师,有家口在"。均居住京城,千里迢迢,结伴而行,前往安西、弓月城甚至更远的龟兹。相信途中他们的关系非常密切,不仅有商业上的合作,更有生活上的照应,自然语言上的交流必不可少。汉人李三还从粟特同伴借"二百七十五匹绢",用于贸易资金融通。他们通过粟特人的贸易网络进行着贸易,在更广阔的范围内进行着商业活动。日本荒川正晴对此进行过论述,并且指出"有关中亚以外地域的这种'同伴'关系的史料我们还没看到,但是从汉人商人与粟特商人之间的提携关系来看,我们可以推测在唐帝国内地也有这种'同伴'关系"①。我们赞同此观点。

高昌国唐西州时期吐鲁番国际贸易集散市场的地位决定了此地之商品贸易,交易量大,多批量中转。吐鲁番出土文书记录了许多"兴生胡""兴胡"以及"行客""行人"的专业商人,他们从事商贸活动,活跃于丝路市场。吐鲁番地区阿斯塔那 54 号墓所出《高昌内藏奏得称价钱帐》(1,450-453)记录了麴氏高昌某年 1~12 月高昌市场中货物交易双方向官府所交的称价钱数。"称价钱"是作为高昌王室收入(内藏)的进出口贸易管理附加税②。该文书分三个片段,共 71 行,记录进出口交易 37 笔,涉及人数 49 人。其中昭武九姓 41 人、龟兹白姓 2 人、翟姓 2 人、车姓 1 人,突厥 1 人,汉人 1 人,无法确定身份的"阿"姓 1 人。买卖的商品有金、银、香、药、鍮石、丝、硇砂等。其中金、银、鍮石、硇砂等来自波斯、粟特地区,香料主要来自印度,丝则产自中国。高昌市场上的商品来自世界各地,并且交易数量巨大,择要摘录于下:

---

① 〔日〕荒川正晴:《唐代粟特商人与汉族商人》,收入荣新江、华澜、张志清主编《法国汉学》第 10 辑,《粟特人在中国——历史、考古、语言的新探索》,中华书局,2005,第 106~107 页。

② 荣新江:《高昌王国与中西交通》,见《中古中国与外来文明》(修订版),三联书店,2014,第 173~192 页。又参考朱雷《麴氏高昌王国的"称价钱"》,《魏晋南北朝隋唐史资料》第 4 辑,1982 年,第 17~24 页;卢开万《试论麴氏高昌时期的赋役制度》,唐长孺编《敦煌吐鲁番文书初探》,武汉大学出版社,1983,第 66~99 页;姜伯勤《敦煌吐鲁番文书与丝绸之路》,文物出版社,1991,第 138~139、175 页;钱伯泉《从〈高昌内藏奏得称价钱帐〉看麴氏王朝时期丝绸之路的商人和商品》,《西北史地》1992 年第 3 期,第 48~56 页。

4　□□□□翟萨畔买香五百七十二斤，输石叁 拾 （缺）

5　（缺） 文 。次五日，康夜处买药一百四十四斤，

12　□□日，康不里□买香二百五十二斤，与康婆何畔陀二人边□

13　□□□。次廿二日，曹破延买硇砂五十斤，铜四十一斤，与 安 那宁 畔

18　（缺）翟他头买银八斤一两，与阿何伦遮二人边

25　射蜜畔陀买香三百六十二斤，康乌提畔陀买□硇砂二百册斤，与康类愿二人边□

34　（缺）买香八百斤、石蜜卅一斤（缺）

35　□二人边的钱廿二□。□日，何力买丝八十斤，□□迦门□二人边得钱八 文 。

由以上材料可知，名贵香料一次交易达 800 斤，丝达 80 斤，硇砂达 240 斤，三分之一左右的交易在 100 斤以上。一方面是粟特胡商之功劳，另一方面也是该地区国际贸易集散市场重要地位的体现。

四　高昌国及唐西州的货币流通

从吐鲁番出土文书所载可知，该地在 5~6 世纪已使用通用的货币流通手段，"在十六国时期文书中，买婢用锦，赁桑用毯，以驼易驼，官府征税都征收实物，没有见到货币的流通。在麹氏高昌时期，则兼以银钱作为支付手段，官府征税也计钱征银钱，同时兼用布帛，同史籍记载相符。到了唐代，如长安三年（703 年）《严苟仁租葡萄园契》中所见，甚至出现了以货币交纳地租的现象"[1]。初步统计，唐长孺先生主编《吐鲁番出土文书》（图录本）出现"金钱"4 例，"银钱"90 例，随葬衣物疏、买卖契约、举借契约、交纳地租文书中均出现"银钱"。可见，当时"银

---

[1] 吐鲁番文书整理小组，新疆维吾尔自治区博物馆《吐鲁番晋——唐墓葬出土文书概述》，《文物》1977 年第 3 期，第 21~29 页；后收入新疆社会科学院考古研究所编《新疆考古三十年》，新疆人民出版社，1983，第 256~257 页。

钱"已经成为主要的货币流通手段，这也真实反映了当时此地商品经济的发达。

这里流通的"金钱""银钱"，即拜占庭金币①和萨珊银币。吐鲁番地区出土的拜占庭金币部分为仿制品②，这恰恰反映了西域以罗马金币、萨珊银币为国际通用货币的情形。就流转路径看，"拜占庭与西突厥间，以粟特人为中介，经黑海及外高加索有频繁的通使往来。而吐鲁番地区的高昌麴氏与西突厥有密切的联系。这样拜占庭金币就通过粟特人、拜占庭往西突厥的使臣及西突厥人之手，辗转流入吐鲁番地区"③。通过以上分析可知，不管是否为仿制的金币，均能反应当时货币流通及吐鲁番作为丝路门户商业的繁荣。

在吐鲁番地区的墓葬中发现了 5~6 世纪的拜占庭金币，一般含于死者口中④，随葬衣物疏中有大量关于"金钱"的记载，如"金钱十千""金钱两万文"等愿望⑤。可见金币已为当地百姓普遍接受，并且作为冥币已成为当地民众的普遍信仰，实证了高昌地区与拂菻的历时联系。

综上所述，吐鲁番地区确实可以看作一个国际物资集散中心，胡汉商贾荟萃之地，民族间商贸往来频繁，商路畅通，馆舍店肆林立。商品种类繁多，且交易量大，交易场所固定。还有通用的货币流通手段、专职经商人员等等。它不仅是边陲重镇、我国西北区域性市场，作为西域门户实际上已发挥了国际市场的作用。

第三节　民族杂居

民族杂居，指不同民族的人在共同的自然地理环境下创造着共同的经

---

① 可对照第一章第三节拂菻条。
② 新疆维吾尔自治区博物馆：《吐鲁番县阿斯塔那——哈拉和卓古墓群清理简报》，《文物》1972 年第 1 期，第 8~29 页。
③ 姜伯勤：《敦煌吐鲁番文书与丝绸之路》，文物出版社，1994，第 7~9 页。
④ 新疆维吾尔自治区博物馆：《吐鲁番阿斯塔那——哈拉和卓古墓群清理简报》，《文物》1972 年第 1 期，第 8~29 页。
⑤ 如阿斯塔那 72 号墓所出《高昌章和十八年（548 年）光妃随葬衣物疏》（1-144），《高昌建昌四年（558 年）张孝章随葬衣物疏》（1-207）；73 号墓出土《高昌重光二年张头子随葬衣物疏》（1-370）等。

济文化生活。杂居相处的社会群体中各民族都会在思想、语言、文化、生活等方面相互影响、相互学习，在各自原有民族特性的基础上进行自觉的融合和优化。民族杂居是民族接触融合的典型现象，也为语言接触及语言间的相互影响创造了最佳环境。本节我们讨论高昌国和唐西州时期吐鲁番地区的民族杂居相处的状况，重点考察田地房屋四至、共同生产劳作、多民族家庭三个方面。

在分析之前我们首先交代两个问题，一是关于高昌、西州的外来人口一般有入籍、未入籍之分，如池田温《中国古代籍帐研究》、姜伯勤《敦煌吐鲁番文书与丝绸之路》等讨论粟特人就是以此为标准的①，荣新江关于粟特人聚落的探讨基本也是以此标准为前提的②。这里我们考察的外来人口的范围主要是入籍散居的人口。二是本节所有个体民族族属的认定基本都是以姓氏作为判断依据的，这也是历史领域判断族属的一个重要方法，陈寅恪先生指出"吾国史乘，不止胡姓须考，胡名亦急待研讨是也。凡入居中国之胡人及汉人之染胡化者，兼有本来之胡名及雅译之汉名"③。罗常培先生亦强调"从姓氏和别号看民族来源和宗教信仰"④。吐鲁番出土文书研究尤其是昭武九姓的认定方面使用颇为广泛，基本凡是九姓之一均认定为粟特人，翟氏一般认为源自高车等⑤，前文第一章第三节民族构成部分已有详论。

一　田地房屋四至

（一）田地四至

唐灭高昌建西州后实行均田制，将高昌 3 郡 5 县 22 城的 8046 户、

---

① 〔日〕池田温著，龚泽铣译《中国古代籍帐研究》，中华书局，2007，第 303~318 页；姜伯勤：《敦煌吐鲁番文书与丝绸之路》，文物出版社，1994，第 150~197 页。
② 荣新江：《中古中国与外来文明》（修订版），上海三联书店，2014，第 17~33 页。
③ 陈寅恪：《序》，姚薇元：《北朝胡姓考》，科学出版社，1958，第 1 页。
④ 罗常培：《语言与文化》，北京出版社，2011，第 2 页。
⑤ 姚薇元：《北朝胡姓考》，科学出版社，1958，第 311 页。姚薇元考证"河西翟氏，出自春秋赤翟即赤狄之后，以种名为氏，高车族也"。姜伯勤：《敦煌吐鲁番文书与丝绸之路》，文物出版社，1994，第 154 页。王启涛先生《"目""翟"二姓与粟特关系新证》认为翟姓属于粟特人，见《民族研究》2017 年第 1 期，第 88~99 页。

37738 人列入户籍中①。入籍高昌县的各族人民均成为编户百姓，获得口分田。吐鲁番出土文书中记录田地四至的主要有勘田簿和授田簿。"'勘田簿'就是唐平高昌后，为了解西州高昌县民户实际占有土地状况以推行均田制而作的"②；"授田簿"即实行均田制后授予田亩的记载。

　　这里以吐鲁番哈拉和卓 1 号墓出土的 4 件勘田簿为例，分析各族民众唐西州以前即高昌国时期的授田情况及田地四至。

　　《唐西州高昌县顺义等乡勘田簿》（2，12-15）共四个断片，残存可知共勘田 28 人。其中"何佑所延"当为粟特胡人，其勘田一亩，"东田、西道、南□□□、北邓女惪"，而邓女惪勘田一亩半，"东渠、西道、南何佑所延、北道"。《唐西州左照妃等勘田簿》（2，15-16）残存三人勘田情况。《唐西州赵相惪等勘田簿》（2-16）记有赵相惪、孙大牙等勘田情况，粟特昭武九姓康波□、康嘿仁与其田地相接。《唐西州张庆贞等勘田簿》（2-17）中汉人张庆贞之田东临渠，北临粟特人何相惪，紧接着勘查焉耆人龙不符麻子之田地。他们田地相连或共享道路、河渠。这些田地四至的记载为我们考察多民族地区各民族人民生产劳作场所的状况，以及田间地头交往的场景提供了翔实资料。

　　唐灭高昌置西州实行均田制，同样详细记载了授田者及田地四至，这在吐鲁番出土文书中有很好体现。如吐鲁番阿斯塔那 42 号墓所出《唐西州高昌县授田薄》由 29 个断片组成，其中断片（九）（3-129）所记的田地四至情况保存较为完备，从"康乌破门铊"一名可知粟特人的存在：

　　1 （缺）城西五白渠　东荒　西渠　南道　北张仁

　　2 （缺）城南五里白地渠　东左保　西李鼠　南鞠者　北渠

　　3 （缺）亩部田　城东五里左部渠　东道　西渠　南官田　北史伯

　　4 右给得康乌破门铊部田三亩郭知德充分　同观亮

①（宋）王溥：《唐会要》，中华书局，1955，第 1701~1702 页。
② 朱雷：《吐鲁番出土唐"勘田薄"残卷中所见西州推行"均田制"之初始》，载《魏晋南北朝隋唐史资料》第 18 辑，武汉大学出版社，2001，第 100~105 页。

田地四至表面上看是农民占有土地的问题，实际上反映着不同民族、不同家庭之间在大片土地上耕作的生产关系。不同民族、不同家庭田地相接，在生产过程中必然有合作交流。

当然，随着生产的发展，田地的分配逐渐有所变化，有人买田置地，相应的就有人卖出田地，沦为"作人"①，如此便出现汉人与原西域民族互相买卖田地或雇用的现象。如《高昌延寿十四年》（637 年）康保谦买园券》（2-23）粟特人康保谦从汉人雷善佑边买园；《高昌康保谦雇刘祀海券》（2-23）记粟特人雇用汉族人劳作。《高昌作人善憙等名籍》（1-365）记粟特人康师子有作人，《高昌史延高作人阿欢等名籍》（1-366）记粟特人史延高、史元善均有作人。同时，也有汉族人从原西域民族那里买得田地或者雇用作人的记载。如《高昌史延高作人阿欢等名籍》（1-366）汉族人张阿庆雇粟特作人石得从事劳作②。《高昌延昌二十二年（582 年）康长寿从道人孟忠边岁出券》（1-96）记云："康长受从道人③孟忠边岁出，到十一月卅日还入正作。岁出价，要得麦伍拾斛，麦贰拾件，贰拾伍，平斗中取，使净好"，这里汉族僧徒孟忠雇用粟特人康长受为作人。

（二）房屋四至

定居高昌或西州的粟特、突厥等原西域民族，不仅与这里的主体民族汉族的田地相接，而且在很多时候也邻舍相望。这在吐鲁番出土文书中的买舍契里有很好体现。阿斯塔那 10 号墓所出《高昌延寿八年（631 年）孙阿父师买舍券》（2-206）具有代表性，我们摘录于下：

1　[延寿] 八年 辛卯岁十一月十八日，孙阿父师从 氾愿 ［佑边］

2　买 东北坊中城里舍壹区，即交与舍价银钱叁佰文。钱即

---

① 这里特指与雇用者有人身依附关系的，可以被买卖的一类作人。具体可参看朱雷先生《论麴氏高昌时期的"作人"》，唐长孺主编《敦煌吐鲁番文书初探》（一编），武汉出版社，1990，第 32~65 页。

② 吐鲁番出土文书作人一般无姓氏，所以能从文书名籍判断作人族属的极少。

③ "道人"特指僧人，"维那"乃佛寺僧职，主管、纠察僧众事物，位次上座、寺主，详见王启涛《吐鲁番出土文献词典》，四川出版集团巴蜀书社，2012，第 228、859 页。

毕，舍

3　即付。舍东共郭相惠舍分垣；舍南诣道，夂南郭养夂舍分垣；

4　（缺）　分垣 ；北共 翟左海舍分垣。舍四在之内

据文书所记氾愿佑的房舍，东、南都和汉人一墙之隔，北与粟特人翟左海的房舍仅一墙之隔。当时不同民族杂居相处的情景可见一斑。

邻舍相望，田地相接，而且使用共同的道路和水渠，这使得他们在农事耕作，田间管理，水渠维护，行水灌溉等农事活动中结成密切的合作关系，即共同从事农业生产活动。

二　共同生产劳作

（一）农业生产活动

土著车师人、突厥人、吐谷浑人在西州地区定居与本地的主体民族汉人一起从事农业生产活动。如共同水利灌溉、修筑堤坝等。吐鲁番出土文书真实记录了当时各民族共同生产劳作的情景。

吐鲁番阿斯塔那 509 号墓出土《唐开元二十二年（734 年）西州高昌县申西州都督府牒为差人夫修堤堰事》（4-317）

本件盖有"高昌县之印"五处，共 15 行，兹引前 10 行如下：

1　高昌县　为申修堤堰人（缺）

2　新兴谷内堤堰一十六所，修塞料单功六百人

3　城南草泽堤堰及箭干渠，料用单功八百五十人

4　右得知水官杨嘉惮、巩虔纯等状称：前件堤堰

5　每年差人夫修塞。今既时至，请准往例处分

6　者。准状，各责得状，料用人功如前者。依检案

7　（缺）例取当县群牧、庄坞、底店及夷胡户

8　（缺）日功 修 塞，件检如前者。修堤夫

9　准去年（缺）

10　司未敢辄裁（缺）

唐朝征服吐鲁番后将当地作为控制西域的军事要点。在原居民的基础上，从内地迁来更多的汉族居民和士兵，为此伴随着成为西州都督府和高昌县城的高昌城的发展壮大，其周边地区也被开发，增设了许多农田灌溉设施，开垦了新的民田、官田、屯田。但是，在吐鲁番这样干旱的沙漠绿洲地区要维持这些新开垦的农田，灌溉设施维护和疏浚工程是不可或缺的。居住在高昌城周边依赖绿洲而生存的当地居民，同样强烈期望当权者去维护这个大范围的水系，并调节和控制供水。

由该文书可知，高昌县建议按照惯例组织人力维修堤坝，"取当县群牧、庄坞、底店及夷胡户"修塞，即征收这四类人维修堤坝。这里的"群牧、庄坞、底店"三类人不易明确族属①，而"夷胡户"为少数民族无疑，荒川正晴认为具体指"西州领地内居住的伊朗系胡人和游牧部落为主体的人们"②。可以想见，当时汉族和其他民族人民一起劳作的场景。

同墓所出《唐开元二十二年（734 年）西州都督府致游弈首领骨逻拂斯关文为计会定人行水浇溉事》（4-315）记载了西州突厥人从事定居农业生产活动的情况，原件盖有"西州都督府印章"。录文如下：

1　□□［葛］腊啜下游弈首领骨逻拂斯

2　□□得中郎将鞠玄祚等状称：西面武（缺）

3　检校。今共曹长史，与此首领计会，传可汗（缺）

4　计会定人数，长令浇溉，更不用多杂人出（缺）

5　一水子专领人勾当。首领请与多少粮食（缺）

6　用遣杨嘉运领人者。游弈突厥，令于此计会

7　行水浇溉。关牒所由准状者。关至准状谨关。

8　（缺）元廿二年八月十二日

9　（缺）府高山

---

① 参考〔日〕荒川正晴撰，沈玉凌、平劲松译《唐代吐鲁番高昌城周边的水利开发与非汉人居民》，《吐鲁番学研究》2013 年第 2 期，第 122～131 页。"牧群"指官营牧场中承担放牧职责的牧人，"庄坞"指在高昌城周边防卫设施"庄坞"执勤的兵士，"底店（邸店）"指邸店主，即旅馆业、仓库业店主。

② 参考〔日〕荒川正晴撰，沈玉凌、平劲松译《唐代吐鲁番高昌城周边的水利开发与非汉人居民》，《吐鲁番学研究》2013 年第 2 期，第 122～131 页。

文书中"啜"是西突厥左厢五咄陆部首领的称谓①，"葛腊啜"当是其中一啜，"骨逻拂斯"为一部落，属于西州附近的"夷胡户"②，具体在高昌城西武城乡一带③。突厥归附部落还保留自己的组织，在西州都督府统一管辖下，接受分配灌溉用水，进行生产④。可见，突厥人在西州开始从事定居农业生产活动。

吐谷浑人也参加当地的农业生产劳动。大谷文书 4910 号《唐天宝元年（742 年）七月交河郡纳青麦状》反映了吐谷浑人在吐鲁番地区从事农业生产活动的情况。录文如下：

1　浑孝仙纳天宝元年屯田地子青麦贰硕。又

2　纳吕才艺屯田地子青麦壹硕贰斗。又纳浑定

3　仙贷种子青麦壹硕贰斗。又纳浑仙贷种（子青麦斗）

4　天宝元年七月十三日□史王虔。

由文书可知"浑孝仙""浑定仙"等"浑"姓吐谷浑人交纳"屯田地子"，既然向官府交纳了地租，便说明其耕种了官府的屯田，在当地从事农业生产活动，为当地农业生产生活贡献力量。除此之外，"西州屯区还有铁勒人、天竺人、鲜卑人以及龟兹、焉耆、疏勒等地的移民，这些人在西州从事生产活动，成为屯区重要的生产者"⑤。

（二）手工业生产劳作

吐鲁番阿斯塔那 153 号墓所出《高昌入作人、画师、主胶人等名籍》（1-282）能很好反映各族人民集中从事手工业生产的情景。该文书所记作人、画师、主胶人姓名清晰可辨者共 80 人，去其重复者计 54 人，至少

---

① 林幹：《中国古代北方民族通史》，鹭江出版社，2003，第 124 页。

② 李锦绣：《唐代财政史稿》第三分册，北京大学出版社，1995，第 1088 页。

③ 孙晓林：《唐西周高昌县的水渠及其使用管理》，见《敦煌吐鲁番文书初探》，武汉大学出版社，1983，第 538 页。

④ 吐鲁番文书整理小组、新疆维吾尔自治区博物馆：《吐鲁番晋——唐墓葬出土文书概述》，见《新疆考古三十年》第 254 页。李芳：《唐西州的突厥游弈部落》，载周伟洲主编《西北民族论丛》（第二辑），中国社会科学出版社，2003，第 88～104 页。

⑤ 张安富：《唐代西州屯区民众的生产与生活》，《中国社会经史研究》2014 年第 2 期，第 12～21 页。

来自 8 个民族。列表 5 于下：

表5　《高昌入作人、画师、主胶人等名籍》所见各族作人、画师、主胶人一览

族属	人数	姓名
汉族人	34	马神尊、王辰虎、张伽战、李佑宣、刘胡奴、张石儿、赵善憙、张安主、冯善明、宋客儿、张显愿、孙客儿、辛海儿、乐庆延、郑佑儿、赵寅忠、田明洺、解始臭、和弘真、廉客儿、廉善憙、廉毛轨、马元尊、黄僧保、张明海、李虎佑、张养子、王阿海、张明海、符元祐、王辰虎、索憙祐、索安憙、索延相
粟特人	8	康善憙、康师保、康致得、康回君、康众□、康辐举、石相胡、何相胡、
天竺人	2	竺阿堆、竺沙弥
龟兹人	4	白明憙、白希□、白希憙、白阿愿
高车人	1	翟卑婆
铁勒浑部	2	浑善相、浑憙相
焉耆人	1	龙延相
不易辨明者	2	员头六子、张资弥胡

由上可知，该文书所记作人、画师、主胶人中有"王辰虎、张明海"等汉族34人，"康善憙、何相胡"等粟特"昭武九姓"8人，"浑善相"等吐谷浑等突厥系统2人，"竺阿堆、竺沙弥"等来自天竺印度等地的2人；另有龟兹白姓4人，高车翟姓1人，焉耆龙姓1人，"员头六子""张资弥胡"等具有民族色彩而不宜区分族属者2人。总体来看，该文书记载的作人、画师、主胶人等手工业者至少来自8个民族，汉族和非汉族的比例约为17:10。并且，从姓氏看，每一批作人都来自几个民族，如"五月廿九日入作人：刘胡奴、浑善相、李佑宣、白希憙、张石儿"等35人中，共涉4个民族。同为画师的不同民众、同为主胶人的不同民众，必然会一同参加艺术创作或手工劳作，共同为当地发展贡献力量。

（三）共同承担徭役赋税

入籍的各民族担负调薪、租酒、酢酒、上马、供鞍等各种税收或封建义务。

交纳调薪。如《高昌传用西北坊鄯海悦等刺薪帐》［2-41，67TAM78：20（a）］

1 （缺）贰人传用西北坊鄯海悦刺薪一车
2 （缺）保壹车，刘阿尊壹车，刘济伯一车
3 （缺）车，刘善庆壹车，左养胡壹车，贾法相壹
4 （缺）青守壹车，龙德相壹［车］

文书中的"西北坊"是高昌县的一个"坊"，"坊"是"一级城镇基层行政单位，高昌城至少有四坊，东南坊、西南坊、东北坊、西北坊"①。文书中"鄯海悦"当为入籍高昌的鄯善人，"龙德相"当为焉耆人。《旧唐书·焉耆传》云"焉誉国，在京师西四千三百里，东接高昌，西邻龟兹，即汉时故地。其王姓龙氏，名突骑支。胜兵二千余人，常役属于西突厥"。《新唐书·焉耆传》记载略同。"龙德相"又见于阿斯塔那15号墓《唐何延相等户家口籍》，说明龙德相已落籍西州。"西北坊"在唐西州高昌县。这说明，龙德相是高昌县人，他们和汉族民众一起承担供给"刺薪"的差役。

吐鲁番阿斯塔那520号墓所出《高昌延昌三十四年（594年）调薪文书》（一）（1-316）记调薪者姓名清晰可辨者共84人，其中"史元相、康世和、康师儿、史养儿"等粟特"昭武九姓"9人，"白保儿、白神救"等龟兹白姓4人，"竺□儿"等天竺人1人，另外还有"令狐得养、令狐众贤"等具有民族色彩而不宜区分族属者2人，其余为汉人。该文书记载的纳薪者至少来自4个民族。《高昌延昌三十四年（594年）调薪文书》（三）（1-319）同样是汉族和其他民族群众共同纳薪的记载。

交纳租酒。《吐鲁番出土文书》租酒账、租酒条记，共5件文书，以吐鲁番阿斯塔那320号墓出土《高昌张武顺等葡萄亩数及租酒帐》（一）（1-324）为例，该租酒账共22行，择录于下：

---

① 王启涛：《吐鲁番出土文献词典》，四川出版集团巴蜀书社，2012，第301页。

3　康寺僧幼桃半亩，租了。康安得桃陆拾步，

4　（缺）桃半亩，无租。索佑相桃陆拾步，租了。康崇相桃贰

5　（缺）储酒伍斛，得酒壹姓有拾斛。康众憙桃壹亩□□

14　一亩半，有酒五斛，宋墉儿桃一亩半，租了。白赤桃桃一亩半，有

15　桃二亩，储酒八斛，得酒两姓有三十斛。康欢

这里记录了龟兹白姓，粟特康姓、史姓等入籍高昌的百姓，《高昌张武顺等葡萄亩数及租酒帐》（三）（1-327）中还出现了焉耆龙姓租酒人，他们和高昌汉族百姓共同承担租酒任务。

交纳酢酒。《吐鲁番出土文书》所见酢酒名簿、酢酒账共 5 件文书。其中 4 件文书保存了高昌地区汉族和其他民族共同交纳酢酒的记录。《高昌某年永安、安乐等地酢酒名簿》（1-256）中有"康僧胡三斛六斗半""白文实五斛二斗半""康黑奴四解五斗"，《高昌某年浮桃寺等酢酒名簿》（1-259）中有"康阿保儿四斛五斗"，《高昌某年安乐等地酢酒名簿》（1-259）记有"康僧愿一斛□□半"。《高昌某年泠林等地酢酒名簿》（1，260-261）中则有"泠林康养愿七斗半""安乐白保子二斛五斗""康井九斗□"。

当然，供给马、鞍、斧、车钏、辘辘等杂物中也有汉人和其他民族共同承担的记载。如《高昌某年郡上马账》（2-93）、《高昌合计马额账》（2-94）、《高昌买驮、入练、远行马、郡上马等人名籍》（2-96）、《高昌义和二年（615 年）参军庆岳等条列高昌马鞍鞯账》（2-99）、《高昌供用斧、车钏、辘辘等物条记》（2-110）等，此不一一赘述。

吐鲁番阿斯塔那 15 号墓出土《高昌延寿十二至十五年（635-638年）康保谦入驿马粟及诸色钱麦条记》（2，21-22）其中记载了粟特人康保谦缴纳的各种赋税。该件文书共 22 行，择录如下：

1　（缺）谦入（缺）主簿

2　（缺）延昊、张阿臭四人记

3　（缺）绢钱五文，康保谦入，主簿悥相

4　记

5　丙申岁十一月十日康保谦入驿马□□

9　（缺）康保谦丙申岁十二月日

10　（缺）匹，平钱四文半，康

11　（缺）钱六个半，唐伯相记

12　（缺）日，入驿马粟六斗，康保

15　□酉岁十一月十日，康保（缺）

16　斗。主簿悥相记

20　戊戌岁二月剂驿羊（缺）文半，十月十五日康保谦入，参军张阿□

21　乙未岁租酒银钱贰文，丁酉岁正月四日康保谦入，唐

22　伯相记。丁酉岁七月剂田亩小麦四斗，十一月二日□□

由文书可知，康保谦上缴驿马粟及诸色钱麦，如"绢钱、驿马粟、剂驿羊□、租酒、剂田亩小麦"等达 10 项之多。可见，各民族共同生产共同劳作共同承担各种赋税徭役。

（四）担任组织管理者

《高昌计人配马文书》（1-281）记有巡逻人员石智信和康申保，《高昌付官、将、兵、人粮食帐》（1，314-316）有"虎牙康婆居""将石子正"，《高昌诸臣条列得破毡、破褐囊、绝便索、绝胡麻索头数奏二》（1-430）有"虎牙史元善"，《高昌某年传始昌等县车牛子名及给价文书》（1-428）"康虎皮"已官至"洿林主簿"，《唐开元二十年（732年）瓜州都督府给西州百姓游击将军石染典过所》（4-275）粟特人石染典为西州百姓、游击将军。可见，粟特等入籍高昌、西州的外来民族也有参军编入军府或者充当文吏编入官府的，部分还担任管理者，甚至立功受勋。

另外，高昌地区还存在粟特人的家寺，《高昌张武顺等葡萄亩数及租酒帐》（一）（二）（1，324-325）中分别出现了康寺、史寺，均从事对外租赁事宜，《唐贞观十五年（641年）西州高昌县赵相□夏田契》（2-

29）赵相口租赁康寺田亩七顷，《高昌义和二年（615 年）七月马帐》（一）（2-91）记录有"康寺赤紫马，弘光赤马，杨太伯瓜马，宣威忠宣青马，东许寺赤马，合马卅匹，付泛"。可见，康姓、史姓不仅有家寺，而且经济实力也比较强，"说明来自昭武九姓的康、史二姓已跻身于当地大族之中，也说明康、史二姓人数不少"①，并逐渐融入该地区。

吐鲁番出土文书中也出现了龟兹人在高昌建的"白寺"，龟兹人崇信佛教，在西州高昌县的"白寺"应是龟兹白氏所建的家寺。如阿斯塔那 78 号墓出土的《唐贞观十四年（公元 640 年）西州高昌县李石柱等户手实》（2-45）之四中有"索德隆南白寺"。此件残片是某户田亩的四至记载，其田地南以"白寺"为界。又如阿斯塔那 122 号墓所出《高昌信相等寺僧尼名籍》（1-456）中记有诸多寺院僧尼的姓名，其中就有"白寺"的僧尼。另外，"白寺"还见于《高昌张武顺等葡萄亩数及租酒帐》之三（1-327），《高昌计人配马文书》（1-281）等，可见，各民族来到高昌，在此入籍，编户为民，不断发展繁衍融入高昌地区，并与本地的主体民族汉族共同从事生产劳作甚或立功受勋，各民族间的接触融合不断增强。

三　多民族家庭

家庭，是指以婚姻和血统关系为基础的社会单位，成员包括父母、子女和其他共同生活的亲属②。这里我们重点讨论民族间的通婚，即族外婚问题。

关于吐鲁番地区的民族家庭和民族间通婚问题，杨际平等《五—十世纪敦煌的家庭与家族关系》略有涉及，他们为论证敦煌的家庭结构关系，对吐鲁番出土文书的户籍手实中家口情况较完整的 45 户家庭按核心家庭、主干家庭、联合家庭等民族学常用的家庭结构分类方法作统计，并列《唐代西州家庭结构类型统计》《唐代西州户籍手实所见家庭结构》

---

① 姜伯勤：《敦煌吐鲁番文书与丝绸之路》，文物出版社，1994，第 161 页。
② 《汉语大词典》（第 3 册），汉语大词典出版社，1989，第 1469 页。

《唐西州神龙三年（公元 707 年）典籍样所见家庭结构》三表①。

　　董永强博士学位论文《四至八世纪吐鲁番的多民族问题探索》从家庭的民族构成角度，对所检 90 余件唐代户籍、手实中的 352 户家庭从胡人家庭、汉人家庭角度进行统计，并制成《唐代西州家庭类型统计总表》；又对其中夫妇双方名字齐全的 18 户胡人家庭按家庭成员列表统计。董先生的研究对唐西州时期吐鲁番地区的民族杂居研究有重要意义，并且也多有启发。其论文对 352 户家庭进行统计，除去因户主残缺而情况不明的家庭 54 户，剩 298 户。其中 128 户存在胡人，定义为胡人家庭，胡人家庭占可统计总数的 43%；汉人家庭 170 户，占可统计总数的 57%。可见，唐代西州这个移民社会虽以汉族为主体，但定居西州的胡人及胡人家庭亦不在少数②。

　　那么，该 128 户胡人家庭中胡汉通婚又占多少比例，我们利用董永强所列姓名齐全的 18 户胡人家庭结构统计表③，做表 6 如下并做进一步分析：

表 6　吐鲁番出土文书 18 户胡人家庭民族间通婚情况一览

序号	户主（族属）	妻妾（族属）	儿媳	通婚类型
1	高沙弥（汉）	米（粟特）		胡汉
2	何兔仁（汉）	安（粟特）		胡汉
3	辛延惪（汉）	孟（汉）	康（粟特）	汉汉
4	孟海仁（汉）	史（粟特）、高（汉）		胡汉
5	解保佑（汉）	白（龟兹）		胡汉
6	龙朱艮（焉耆）	令狐（汉）		异族
7	龙朱主（焉耆）	康（粟特）		异族
8	曹僧居尼（粟特）	安（粟特）		同族
9	石本宁（粟特）	安（粟特）		同族

---

① 杨际平、郭锋、张和平：《五—十世纪敦煌的家庭与家族关系》，岳麓书社，1997，第 30 页。

② 董永强：《四至八世纪吐鲁番的多民族问题探索》，博士学位论文，陕西师范大学，2007，第 137 页。

③ 董永强：《四至八世纪吐鲁番的多民族问题探索》，博士学位论文，陕西师范大学，2007，第 124 页。

续表

序号	户主（族属）	妻妾（族属）	儿媳	通婚类型
10	龙德相（焉耆）	索（汉）		胡汉
11	□苟（汉）	令狐（汉）、安（粟特）		胡汉
12	康相怀（粟特）	孙（汉）		胡汉
13	翟急生（高车）	安（粟特）		异族
14	康鹿独（粟特）	阚（汉）		胡汉
15	严令子（汉）	白氏（龟兹）		胡汉
16	康奴子（粟特）	康氏（粟特）		同族
17	史伯悦（粟特）	麹（汉）		胡汉
18	康富多（粟特）	康（粟特）		同族

由上表可知，18 户胡人家庭中，胡汉通婚家庭 11 户，焉耆粟特通婚 1 户，高车粟特通婚 1 户，不同民族间通婚共 12 户，占 67%。照此比例计算则 128 户胡人家庭中，不同民族间的通婚约 85 户，占统计总数的 28.5%。也就是说，从当地家庭的民族构成看，约三分之一的胡人家庭为不同民族间的通婚。当然该数字只是部分统计，不具有绝对性，不过仍可反映当时民族融合的社会状况。

第四节　双语人和译语人

双语人指掌握本民族语言和至少另外一种语言的人，译语人是一种特殊的双语人。民族间的接触交流，语言是重要内容甚至是首要条件。而双语人、译语人的存在是双方沟通的重要渠道和桥梁，是民族深层交往的重要促进者。

美国语言学家艾那·豪根（Einar Haugen）《语言借用分析》一文指出："一切的借用都依赖于至少掌握两种语言的双语人，很多双语人群体都承担着大规模的借用，借用分析应当从分析双语说话人的行动开始。"①

---

① Einar Haugen: The Analysis of Linguistic Borrowing, *Language*（Journal of The Linguistic Society of America），Vol. 26，No. 2，pp. 210-231. 1950 年美国语言学会杂志《语言》第 26 卷第 2 期《语言借用分析》。

这里我们挖掘吐鲁番出土文书中的双语人、译语人现象，为以后各章的语言接触分析提供重要参证。

一　高昌国和唐西州的双语人

高昌或唐西州位处丝路要冲，为当时丝路上重要的贸易集散中心，决定了该地区存在大量的双语人。官府官员，尤其是户曹官员及市役，监督商队的往来活动，检验过所，每次动物或奴婢交易时签发市券并听取粟特等外来人员的诉讼。这些官员一般不需雇佣翻译，个别在交流困难时会雇佣译语人。官府也专门配备了"译语人"一职。

从事双语工作的还有客舍馆驿的店主及客使服务工作相关人员。当时的高昌地区各民族往返不绝，有大量的客舍馆驿供各国使节或各族商旅驻足，从事客馆接待工作的需要掌握民族语言至少要掌握当时西域的商业语言粟特语及突厥语①。一般是入籍的粟特人被派往客馆作接待或管理工作。当然，客使文书中从事接待工作熟悉并使用通用民族语言的，应该也有汉人，至少不能排除这种可能性。

阿斯塔那 171 号墓所出《高昌延寿十四年（637 年）兵部差人看客馆客使文书》（2-76）比较集中地反映了客馆接待人员、吏人及被接待者的情况，摘录于下：

1　次羁人赵头六六、王欢儿贰人，付宁僧护，用看 珂

2　（缺） 勤 、苏弩胡鹿大官、公主时健大官（缺）

3　（缺） 付毛海隆 ，用看毗伽公主寒（缺）

4　妇儿五日。次辛歌鹿、张惠相二人，付鲁阿众，用看摩奋提

5　勤 妇儿、阿赖阗杆妇儿何□□□□□伍日。次□□□

6　郑海儿贰 人 ， 付 参军海相，用看客馆五日。次良朱识，

付畦

---

①　姜伯勤：《敦煌吐鲁番文书与丝绸之路》，文物出版社，1994，第 158 页。

7　亥生，用看汉客张小熹。次氾胜欢，付曹 破延 ，用□□

8　真朱人贪旱大官、好延佑臘振摩坷赖使金穆乌

9　纥大官五日 。次小张海住，付康善财，用看坞耆来射卑

10　妇儿五日。令狐资弥胡，付王善佑子，用看尸不还投旱大官

11　五日。次廿日，康阿父师，白㾟子贰人，付寗僧护，用看

坷寒

由上列文书可知，粟特人康善财、康阿父师等是客馆接待人员，汉人毛海隆、王善佑子、宁僧护、白㾟子、张海住、郑海儿等皆为客馆接待或相关内务工作人员，他们接待看护的人员主要是焉耆、突厥等西域来使。相互接触必然有语言的交流，部分接待者须使用西域民族语言是必然的。另外，阿斯塔那 517 号墓《高昌曹石子等传供食帐》（1-263），阿斯塔那 122 号墓所出《高昌崇保等传寺院使人供奉客使文书》（1-455）等也很好体现了这种情况。

二　高昌国和唐西州的译语人

译语人，不仅掌握了本民族的语言，而且恰如其分地使用至少另外一种语言进行相关活动，是非常出色的双语人。

在中国历史上译语人的存在见于正史者较多，目前所论也多关于官方译语人，至于民间的很少论及，且多利用传世文献。李芳先生《唐西州的译语人》乃较早论述译语人之力作，利用西州出土文献分析边州军府及民间译语人，认为他们多为西州本地少数民族，工作范围广泛，涉及军事行动、商品交易、案件审理等①，虽然 1994 年后有大量文书出土，但至今不能超越。之后，多根据传世文献论述朝廷直接设置管辖的"译长"，如〔俄〕琼卓玛《汉代西域译长》，论述了"译长"在西域 36 国的数量、职责和作用②。王子今、乔松林《"译人"与汉代西域民族关系》在前文的基础上扩充介绍了西域"重译"现象、汉朝"译官"和西

---

① 李芳：《唐西州的译语人》，《文物》1994 年第 2 期，第 45~51 页。
② 〔俄〕琼卓玛：《汉代西域译长》，《西域研究》2006 年第 2 期，第 15~18 页。

域的"导译、译道"等①。香港大学龙惠珠（Rachel Lung）《中国古代的译语人》（*Interpreters in Early Imperial China*）② 为口译史专业书籍，内容也涉及汉唐译官。朱丽娜《唐代丝绸之路上的译语人》③ 分述了长安、沙州、西州三地的译语人活动及唐朝廷对译语人态度的转变，基本上是以前研究成果的综述。

目前所见，吐鲁番出土文书明确记载西州译语人者 8 件，以下分别移录并做简要分析：

第一件是阿斯塔那 210 号墓出土的《唐贞观二十三年（649 年）杜崇礼等辩辞绫价钱事》（3-37），残存 9 行，移录如下：

1　（前缺）人杜崇（后缺）

2　（前缺）人孟（后缺）

3　（前缺）紫绅 绫 （后缺）

4　（前缺）辩被　将（后缺）

5　以下者，（中缺）件（后缺）

7　□□领八　匹同□

8　（前缺）两 匹今并领得。被问依（后缺）

9　贞观廿三年三月廿（后缺）

第二件是阿斯塔那 210 号墓出土的《唐史王公□牒为杜崇礼等绫价钱事》（3-38），残存 7 行，此仅录 3-7 行如下：

3　高昌 （中缺）人杜崇礼 等

4　上件物及（中缺）到，谨 牒

①　王子今、乔松林：《"译人"与汉代西域民族关系》，《西域研究》2013 年第 1 期，第 9~15 页。

②　Lung, Raehel. *Interpreters in Early Imperial China* ［M］. Amsterdam/Philadelphia：John Benjamins publishing Company，2011.

③　朱丽娜：《唐代丝绸之路上的译语人》，《民族史研究》（第十二辑），中央民族大学出版社，2015，第 212~228 页。

5 （缺）四月一日史王公□

6 （缺）紫绅绫等价 及 （后缺）

7 （缺）译语人等（后缺）

这两件文书为同墓所出，都涉及译语人杜崇礼，均与"紫绅绫"相关。第一件文书中译语人杜崇礼与第二行"□□人孟□"并列，可知有另一译语人孟某。从姓氏来看，孟某和杜崇礼皆为汉族人，汉族也加入了译语人队伍之行列，打破了译语人由少数民族担任的惯例和常态。可见该地区民族交往之密切。孟某和杜崇礼同时参加的"紫绅绫"活动，很明显是一次商贸活动①。

第三件为阿斯塔那29号墓出土的《唐垂拱元年（685年）康罗义、罗施等请过所案卷》（3-346）断为四片，第一片存十四行，第二片存十一行，第三片存八行，第四片存二十五行，节录如下：

《唐垂拱元年（685年）康罗义、罗施等请过所案卷》（一）

1 垂 拱元年四月 日

2 译瞿那你潘

3 连 亨 白

4 十九日

5 （缺）义罗施年卅

6 （缺）钵年六十

7 （缺）拂延年卅

8 （缺）色多年卅五

9 （缺）被问所请过所，有何来文

10 仰答者！谨审：但罗施等并从西

11 来，欲向东兴易，为在西无人遮得，更

12 不请公文，请乞责保。被问依实谨

---

① 冻国栋:《唐代民族贸易与管理杂考》,《魏晋南北朝隋唐史资料》第 9、10 期,《武汉大学学报》编辑部, 1988。

13　辩 。亨

《唐垂拱元年（685 年）康罗义、罗施等请过所案卷》（三）

1　你那潘 等辩：被问得上件人等 辞 ， 请将

2　家口入京，其人等不是压良、詃诱、寒盗

3　等色以不？仰答者！谨审：但那你等保

4　知不是压良等色，若后不依今

5　款，求受依法罪，被问依实谨 辩

该文书显然是一件中亚贸易商队途经西州，请求过所被官府勘问的案卷。第一节中"译"为"译语人"的省称，"翟那你潘"应为突厥人。其人在第三节中出现两次：被官府称作"你那潘"，省略"翟"姓的同时音序上作了调换；辩护过程中自我省称"那你"。翟那你潘，既是译语人，又为商队辩护，可知该译语人由商队配备。足见商队规模之大，经营之娴熟。

第四件为阿斯塔那 188 号墓所出《唐译语人何德力代书突骑施首领多亥达干收领马价抄》（4-41）存五行：

1　钱式拾贯肆佰文

2　右酬首领多亥达干马叁匹直。

3　十二月十一日付突骑施首领，多亥达

4　干领。

5　译语人何德力

该文书的译语人何德力应是落籍西州的昭武九姓胡，高昌县人。文书为何德力代突骑施首领多亥达干所写的市马钱收据，虽非商队，也与贸易往来相关。

第五件是大谷 1067 号文书《会计文书断片》①。残存四行，释文如下：

1 （前缺）两枡油（后缺）

2 （前缺）壹仟贰佰（后缺）

3 （前缺）贰推一推

4 一推（后缺）

5 （前缺）昌译语（后缺）

本文书第 5 行补充完整后应是"高昌译语人某某"。从"两枡油""壹仟贰佰"推测该文书记载一次商品交易活动，加上译语人的存在，这必是一次跨民族甚至是多民族的交流互动。

第六件是阿斯塔那 61 号墓出土的《唐麟德二年（665 年）婢春香辩辞为张玄逸失盗事》（3-239），残存八行，释文如下：

1 春香等辩：被问所盗张逸 之 物夜□更

2 共何人同盗，其物今见（中缺）答□

3 审：但春香等身是突厥（后缺）

4 更老患，当夜并在家宿，实（后缺）

5 依实谨辩。

6 麟德二年 月 日

7 译语人翟浮知□

8 问张逸式□

结合同墓所出《唐麟德二年张玄逸辩辞为失盗事》《唐麟德二年知是辩辞为张玄逸失盗事》两文书可知，张玄逸家失盗，曲运贞家奴婢突厥人春香被怀疑为行窃者，该文书为春香辩辞。文书中的译语人协助处理民事案件，该译语人可能是高昌府设置的，也可能是民间具有双语能力的非

---

① 《大谷文书集成》第一卷，法藏馆，1984 年释文，第 14 页。

官府人员。

　　第七件为斯坦因第三次中亚考古在阿斯塔那墓葬所获《波斯军官员怀岌上尚书省某司牒文》（编号 AST Ⅲ·4·093），残存 21 行，兹引 2—7 行如下：

　　2　（前缺） 岌 今奉，在大军前 告 □

　　3　 所 领番汉兵等，各须强人统领，随人贼要籍、谦人

　　4　 若 发京，多折冲、果毅、谦及译语等，恐烦传释，总不

　　5　 □事交废阙。其人等既多在已西、伊、庭、西等州兵，

　　6　　合逐怀岌先去，今将前件人等便行，于理极省，

　　7　 至 于军机，复济急要。特望殿下恩慈。

　　第七件据考证指高宗调露元年（679）裴行俭为送波斯王子回国兼击叛乱的西突厥而组织了"波斯军"①，军队的性质决定了配备相应的译语人。第八件文书是高昌县译语人康某领军资练，出现某种差误，被官府勘问时作的辩辞，不过，可断定军队确实有"译语人"，该康姓译语人，应为入籍高昌的粟特人。

　　第八件阿斯塔那 210 号墓出土的《唐西州高昌县译语人康某辩辞为领军资练事》（3—38），文书残存 4 行，也记录了军队中的译语人，摘录如下：

　　1　高昌县译语人 康 （后缺）

　　2　军资练拾匹 （后缺）

　　3　辩被问付 上 （后缺）

　　4　□但 （后缺）

---

　　①　姜伯勤：《吐鲁番文书所见的"波斯军"》，《中国史研究》1986 年第 1 期，第 128～135 页。

可见，吐鲁番地区在高昌郡和唐西州时期存在一定数量的译语人。从译语人的身份看，不仅有粟特人、胡人、突厥人等少数民族还有汉族译语人；从参与事件看，八件文书，只有最后两件是政治、军事外交等层面上的，其余六件均与商业贸易有关，并且有些还在一定程度上反映了当时某些家庭的民族构成。商贸往来也存在一定数量的译语人，如第一件，在一次丝绸交易中竟同时出现两个译语人，当时各民族商贸往来之繁盛可见一斑。西域译语人，在历史典籍中也有所记载，与出土文献所记译语人互为有益补充。

总之，双语人、译语人掌握至少两种以上语言，是民族沟通的重要渠道和桥梁，是民族深层交往的重要促进者，是语言接触的重要践行者，为各民族间的语言交流及相互影响起了积极的促进作用。

通过以上各节的分析，不难看出吐鲁番地区的民族交往已经达到了民族融合的程度，已经出现了区域性的民族融合。高昌国与唐西州时期的吐鲁番地区不同族属民众长期相处，房舍相望，田地相接，共享道路水渠，共同从事农业生产和手工业劳作，共同承担赋税徭役。甚至民族间互相通婚，组建家庭。日常交往中他们的语言、思想、风俗习惯等必然相互渗透，相互影响，相互涵化。

第三章
民族交往与吐鲁番出土文书对音研究

"语言像文化一样，很少是自给自足的。相邻的人群互相接触，不论程度怎样，性质怎样，一般都足以引起某种语言上的交互影响。"① 甚至"语言交融是民族交往的首要条件"②。

语言接触最先触及且影响最明显的是词汇，尤其是专有名词等名词性词语，对语法也会有所触及。语音方面的影响在文字上的存留论述不多，这和研究的着眼点多侧重历史文化事件有关，另一方面，也和语音的存留难度有关。本章和接下来的两章，从吐鲁番及周边地区语言文字概况入手，分别从语音、词汇、语法方面探讨汉语同其他民族语言以及其他民族语言之间的双向互动和接触影响。

第一节　吐鲁番及周边地区民族语言概况

1905 年，勒柯克率领的德国考察队在高昌故城发掘出一座中世纪的"图书馆"，其中出土各类古代写本凡 24 种，分别用 17 种语言写成③。在过去的百余年中，新疆出土了 20 余种文字、24 种语言的文物和文献④。这里我们介绍与汉语有密切交流的丝路主要通行语言。

① 〔美〕萨丕尔：《语言论》，陆卓元译，陆志韦校订，商务印书馆，1985，第 173 页。
② 王云路：《中古汉语词汇史》（下），商务印书馆，2010，第 847 页。
③ 牛汝极：《西域语言接触概说》，《中央民族大学学报》（哲学社会科学版）2000 年第 4 期，第 122~125 页。
④ 牛汝极：《文化的绿洲：丝路语言与西域文明》，新疆人民出版社，2006，第 6 页。

一　印度语族（雅利安语）

印度语比较复杂，就其书写符号和所记录的语言差别，主要可分为三种：第一种梵语，第二种俗语，第三种混合语。梵语（Sanskrit），又称雅语，是印度上流社会及知识分子使用的语言，用婆罗米字母（Brahmi）书写。俗语，又叫犍陀罗语，是古印度西北方言，用佉卢文书写。混合语，即掺杂了俗语的梵语雅语。混合梵语一般存在于佛教典籍，如在于阗、焉耆、龟兹、吐鲁番地区出土的佛教经典梵语文献，部分是掺杂本地俗语成分的。

（一）梵语

梵语，最初是印度上层贵族所使用的一种语言，后来被佛教徒用作佛教圣语而传播至西域等地。据季羡林先生研究释迦牟尼佛最初传教使用的语言是半摩揭陀语（Artha-Māgadhi），在其他地区则采用当地俗语，"听随国俗言音所解，诵习佛经"（《四分律》卷52）。后来佛教上升为统治阶级信奉的宗教，佛教徒开始改用印度贵族语言梵语作为"圣语"。梵语是古代印度语法大师制定的人造标准，而俗语则是未经人为加工的自然大众语①。

佛教梵语，一般是"混合梵语"，"因为若把俗语佛典完全改成梵语相当困难。佛教徒译写俗语佛典时，不得不保留或部分地译写佛经的韵文，仅把佛经的散文译成梵语。这种佛经虽然在外表上具有梵语的形式，但其音韵、词形还含有俗语因素，特别是众多词汇是佛经独有而一般梵语根本没有的"②。丝绸之路上发现的梵语佛经用佉卢文、婆罗米文等多种文字书写。

季羡林先生与德国的吕德斯（H. Luders）、瓦尔德施密特（E. Waldschmidt）一脉相承，梵语研究在国际上享有盛誉。目前，从事梵语、汉语比较研究的，主要有日本辛岛静志，加拿大 JanNattier，意大利 Zacchetti 以及我国的段晴、朱庆之等先生。

---

① 季羡林：《原始佛教的语言问题》，中国社会科学出版社，1985，第 8~9、24~29、96~100 页。
② 林梅村：《西域文明——考古、语言、文明和宗教新论》，东方出版社，1995，第 139 页。

(二) 佉卢文——犍陀罗语

犍陀罗语 (Gāndhārī) 属古印度西北方言，又称俗语 (Prakrit)。佉卢文 (Kharosthi) 是在古波斯帝国征服印度河流域时代，犍陀罗地区居民在波斯帝国通行文字之一阿拉美文字基础上发明的文字。佉卢文字是一种音节字母文字，从右向左横向书写，字母不连写，字与字之间无间隔，亦无标点符号，一般用草体，佉卢文字主要流通于西域的鄯善和于阗两国。

18世纪佉卢文书首次被发现，初命名为巴克特里亚文字、印度—巴克特里亚文字、雅利安—巴利文字或称喀布尔文字等。1886年，法国学者拉古贝里 (Terrien de Lacouperie) 据我国古代佛经译本《普曜经·现书品第七》中"佉卢虱吒书"，将其定名为"佉卢文"。《普曜经·现书品第七》和《佛本行经》对佉卢文有较为详细的记载：

> 尔时菩萨与诸释童俱住……师问其六十四书皆何所名。太子答曰："梵书 (一) 佉卢虱吒书 (二) 佛迦罗书 (三) 安佉书 (四) 曼佉书 (五) 安求书 (六) 大秦书 (七) ……善受书 (六十二) 摄取书 (六十三) 皆响书 (六十四)。"(《普曜经·现书品第七》)
>
> 尔时太子，既初就学，将好最妙牛头旃檀作于书板，纯用七宝，庄严四缘，以天种种殊特妙香，涂其背上，执持至于毗奢蜜多阿阇梨前。而作是言：尊者阇梨，教我何书，或复梵天所说之书，佉卢虱吒书，富沙迦罗仙人说书，阿迦罗书·萨婆娄多书。(《佛本行集经·姨母养育品第十》)

佉卢虱咤书，相传为"身体端正、唯唇似驴"的驴唇仙人佉卢虱咤所创，《法苑珠林》卷四记载了该故事。马雍先生据故事情节和相关背景考证，佉卢文字就是在古波斯帝国征服印度河流域时代由喀布尔至白沙瓦一代居民在波斯帝国通行文字之一阿拉美文字基础上发明的，并且把他们发明的文字归功于他们所信奉的创造文明的大神而称为佉卢虱咤文字。该地居民，本操印度语支西北俗语，且已使用婆罗迷文字，受入侵者波斯影响接受了阿拉美文字，并结合自身语言特点创制了新的文字——佉卢文字。①

据研究，佉卢文字主要使用于公元前 3 世纪印度孔雀王朝阿育王时期的印度西北部②，与境内通行的婆罗迷文字并行使用于该地区，后来作为中亚贵霜帝国的官方文字之一。公元 1~2 世纪在中亚地区广泛传播，公元 2 世纪中叶佉卢文传入西域，一度成为西域一些国家的官方语言，楼兰使用佉卢文犍陀罗语至公元 4 世纪末③。

在新疆地区发现的佉卢文书主要为佛经和世俗文书两种。佛经，一般写在桦树皮上。最早的是 1892 年和阗地区所得写在桦树皮上的佉卢文《法句经》，伦敦大学 J. Brough 教授对其整理，并出版犍陀罗语奠基性作品《犍陀罗语〈法句经〉》(The Gāndhārī Dharm-apada)。世俗文书，主要由斯坦因四次造访丝路南道时发现。经统计，目前共发现佉卢文世俗文书 1100 多件，其中斯坦因发现近千件。这些资料主要刊布于拉普逊（E. J. Rapson）等编《斯坦因爵士在中国新疆发现的佉卢文书》(Kharosthī Inscriptions. *Discovered by Sir Aurel Stein in Chinese Turkestan*)。此后，贝罗（T. Burrow）选择其中一部分进行了翻译，著成《新疆出土佉卢文残卷译文集》(*A Translation of the Kharosthī Documents from Chinese Turkestan*)。

（三）吐火罗语

吐火罗语是 3~9 世纪在今新疆库车、焉耆、吐鲁番等地操印欧语的民族使用的一种语言，使用中亚婆罗米斜体字母书写，又被称为焉耆—龟兹语。

关于吐火罗语的命名，有不同观点。英国学者从列维到伯希和都认为这种语言主要使用于焉耆、龟兹地区，并且在该地多有文物、文献出土，当命名为焉耆—龟兹语。而德国学者缪勒和西格则主张称吐火罗语，他们的根据是回鹘文写本《弥勒会见记》④ 题记跋文。跋文记载《弥勒会见

---

① 马雍：《古代鄯善、于阗地区佉卢文字资料综考》，收入中国民族古文字研究会编《中国民族古文字研究》，中国社会科学出版社，1984，第 6~62 页。

② 目前最早所见为印度孔雀王朝阿育王时期的刻石，阿育王境内通行的仍为婆罗迷文字。

③ 林梅村：《西域文明——考古、语言、文明和宗教新论》，东方出版社，1995，第 139 页。

④ 1954 年在新疆哈密县一座古房废地中出土。更多参考耿世民《回鹘文哈密本〈弥勒会见记〉研究》，中央民族大学出版社，2008。

记》最早由圣月菩萨大师从印度语译为吐火罗语（Tochari），再由智护法师译为回鹘语。且每卷卷尾的跋文基本也有类似记载①。更为重要的是 1974 年吐火罗文写本《弥勒会见记》残卷在吐鲁番地区被发现②，20 世纪 70 年代回鹘文写本《大慈恩寺三藏法师传》中出现"Tochari"跟《弥勒会见记》题记写法一样，故目前吐火罗语的叫法占据上风。

季羡林先生一直称作吐火罗语，并识读、转写、翻译、注释了吐火罗语《弥勒会见记》，英文出版《中国新疆博物馆所藏弥勒会见记的吐火罗语 A 写本残卷》③，将最难解读的古文字推向世界巅峰，指出其为迄今为止所发现的最长的吐火罗文手稿残叶，但不论在梵文佛经，还是在汉文大藏经中都不见其所本的踪影，因此它的来源仍是一个谜。

一般认为吐火罗语有东部吐火罗语（A）和西部吐火罗语（B）两种方言，吐鲁番、焉耆地区只流行吐火罗语 A（Tocharian A），即甲种吐火罗语。这种语言一般只拼写佛教的典籍，所以有人认为只存在于书面语，但却出土了剧本《弥勒会见记》残卷。吐火罗语 B（龟兹语），往往佛典、世俗文书兼而有之。目前新疆出土的吐火罗语残卷主要是 8~9 世纪的婆罗米文写卷、题记和文书。林梅村认为吐火罗语还有第三种方言楼兰方言和第四种方言，即从敦煌西迁中亚的大月氏人所操方言，并进一步指出"吐火罗人"这个名字就是希腊地理学家对大月氏人的称谓，可惜月氏人未留下文字材料④。

二 伊朗语族（中古伊朗语）

（一）希腊文——巴克特里亚语（大夏语）

前文已述，希腊塞琉古王国于公元前 3 世纪后逐渐衰落，分裂出一些

---

① 耿世民：《回鹘文哈密本〈弥勒会见记〉研究》，中央民族大学出版社，2008。
② 李遇春、韩翔：《新疆焉耆县发现吐火罗文 A（焉耆语）本〈弥勒会见记剧本〉残卷》，《文物》1983 年第 1 期，第 39~41 页。
③ *Fragments of the Tocharian A Maitreyasamiti-Nataka of the Xinjiang Museum*, China. Transliterated, translated and annotated by Ji Xianlin, in collaboration with Werner Winter and Georges-Jean Pinault, Mouton de Gruyter, Berlin and New York, 1998. 之前国内也发表了一些，如《谈新疆博物馆藏吐火罗语 A〈弥勒会见记剧本〉》，《文物》1983 第 1 期，第 42~44 页。
④ 林梅村：《古道西风：考古新发现所见中西文化交流》，三联书店，2000，第 4 页；林梅村《西域文明——考古、语言、文明和宗教新论》，东方出版社，1995，第 135 页。

独立国家，如中亚的巴克特里亚（大夏）、伊朗高原的帕提亚（安息）。

后巴克特里亚（大夏）被从中国西北迁去的大月氏灭亡。大月氏原居河西走廊，被匈奴击败而西迁伊犁，后又被匈奴、乌孙联合击败，西迁至中亚，攻占巴克特里亚（大夏），后建立贵霜帝国。

巴克特里亚也是希腊化王朝，使用希腊字母、希腊文，贵霜帝国统治后废弃希腊文，只保留了希腊字母，用希腊字母记录巴克特里亚地区口语，这种语言即巴克特里亚语（Bactria），又称为大夏语，从语源上看仍属于东伊朗语。贵霜帝国后期，开始使用婆罗米字母。

关于巴克特里亚语，多见于贵霜帝国所铸之钱币。1957 年法国考古队发现苏尔赫·科塔尔（Surkh-Kotal）遗址古碑铭，由亨宁（Walter Bruno Henning）识读，巴克特里亚语研究取得重大进展。1993 年阿富汗发现罗巴塔克石碑（Rabatak Inscription）①，由尼古拉斯·辛姆斯—威廉姆斯（N. Sims-Williams）识读，发表了识读文本②，著有《大夏语人名》（*Bactrian Personal Names*，2010），《阿富汗北部的巴克特里亚文献》（*Bactrian documents from Northern Afghanistan*，Vol. I-III，2007-2012），为研读此种语言的重要资料，目前汉译本已出版③。我国在新疆发现的巴克特里亚文书，年代较晚，约 9、10 世纪摩尼教文书④。

贵霜王朝融合了希腊文明、印度文明和伊朗文明。其统治核心为伊朗高原地区，但其是希腊化国家使用希腊字母，又崇尚佛教推行佛教文化。所以贵霜王朝是文化融合度较高的王朝，在整个东西文明交流史上起了重要的作用。

---

① 1993 年，阿富汗巴格兰（Baghlan）省罗巴塔克（Rabatak）地区，费尔堡（Kafirs Castle）山中发现的贵霜王迦腻色伽时期的大夏语石碑，希腊字母书写的大夏语碑铭。

② Nicholas Sims-Williams, "Further Notes on the Bactrian Inscription of Rabatak", *Proceedings of the Third European Conference of Iranian Studies*, vol. 1, ed. by Nicholas Sims-Williams, Wiesbaden, 1998, pp. 79-92; Nicholas Sims-Williams, "The Bactrian Inscription of Rabatak: A New Reading", *Bulletin of the Asia Institute*, New Series, vol. 18, 2004（2006），pp. 53-68.

③ 〔英〕辛姆斯—威廉姆斯著《阿富汗北部的巴克特里亚文献》，李鸣飞、李艳玲译，兰州大学出版社，2014。

④ 可参看荣新江《海外敦煌吐鲁番文献知见录》，江西人民出版社，1996；新疆吐鲁番地区文物局编《吐鲁番新出摩尼教文献研究》，文物出版社，2000。

（二）粟特语

粟特语（Osgdain）是古代粟特人使用的一种语言，属印欧语系印度—伊朗语族伊朗语支，曾广泛流行于中亚地区和中国西北部。其字母属中古伊朗语文字系统，源于古阿拉米字母。这套字母只表示辅音，不表示元音，有三种变体。传世文献大多出土于我国新疆、甘肃和中亚泽拉夫珊河流域穆格山等地。

现存最早的粟特文书是在敦煌汉长城烽燧遗址发现的，共八封书信。吐鲁番发现的粟特文献最为丰富，有佛教、摩尼教、景教写经，买卖契约等。1933 年，粟特本土塔吉克斯坦穆格山遗址发现了一批 8 世纪粟特文书，此外在印度河上游、南西伯利亚、蒙古草原及突厥石人石碑上不断发现粟特文铭文。

较其他西域语言，粟特文的识读工作取得成就最大，一是因为数量大，二是因为粟特文佛经多能找到原本所在，便于比对识读。斯坦因曾发表《粟特文〈善恶因果经〉》，伊朗学者加利勃（Badresaman Gharib）于 1992 年出版了世界上的第一部粟特语词典，收词 9200 多条，用波斯语和英语解释，并附索引。辛姆斯—威廉姆（Sims-Williams）著有《粟特语基督教文献 C2》（*The Christian Sogdian manuscript C2*，1985）、《印度河上游发现的粟特语及其他伊朗语铭文》（*Sogdian and other Iranian inscriptions of the Upper Indus*，2 vols，1989，1992），并出版《摩尼教粟特语、大夏语字典》（*Dictionary of Manichaean Sogdian and Bactrian*，2012）等。另外，亨宁（Walter Bruno Henning）、吉田丰等在粟特语研究方面也取得很大成就。

（三）于阗语

于阗语（Khotanese），又称作和阗语，主要在公元 3~10 世纪使用于西域，用印度婆罗米字母（Brahmi）书写，属伊朗语中的东支伊朗语。一般研究者认为，公元 6 世纪以前于阗通行汉文和佉卢文，6 世纪之后通行汉文和于阗文。于阗文传自印度，源于印度婆罗米文字[①]。有学者又将

---

① 黄振华：《于阗文研究概述》，收入中国民族古文字研究会编《中国民族古文字研究》，中国社会科学出版社，1984，第 64~86 页。

于阗语称作于阗塞语，因为他们认为古代于阗是塞族（塞种）的住地。

英国学者贝利教授在于阗文研究方面成绩斐然，其识读分析及拉丁文转写成果主要有《于阗文文献》（KT）六册（1945~1967 年）、《于阗文佛教文献》（KBT）一册（1951 年），稍后有厄麦里可《于阗文献指南》（1979 年）、韩森《于阗塞人的佛教文献》等。目前，我国主要有段晴教授等从事于阗语研究已经可以跟国际于阗语研究对话，继 2013 年出版《中国国家图书馆藏西域文书·梵文、佉卢文卷》后，又于 2015 年出版《中国国家图书馆藏西域文书·于阗语卷（一）》。

三　突厥语族（古突厥语）

一般把 7~10 世纪突厥、回鹘、黠戛斯等古代民族的语言以及现代的维吾尔、哈萨克、柯尔克孜等几十种民族语言划为一类，称为突厥语族的语言，简称作"突厥语"，突厥文是使用如尼（rune）字母拼写的一种拼音文字。①

古代突厥文为我国历史上曾活动于蒙古草原的突厥汗国（公元 552~744 年）和回纥（后称回鹘）汗国（公元 744~840 年）使用的文字②。突厥文，后来被回鹘文代替。回鹘人用粟特字母拼写突厥语。后来蒙古人受回鹘人影响使用回鹘字母，而满族人又受蒙古人影响使用蒙文字母，其源头乃粟特字母，不过在字形上越来越细。

1889 年，以俄国考古学家雅德林采夫为首的蒙古考古队，在鄂尔浑河流域的和硕柴达木湖畔发现了内容较多、保存较完好并刻有汉文的《阙特勤碑》和《毗伽可汗碑》。人们根据其汉文部分知道碑铭应属于突厥汗国，语言应为突厥语。《旧唐书·突厥传上》载："二十年，阙特勤死，（玄宗）诏金吾将军张去逸、都官郎中吕向，赍玺书入蕃吊祭，并为立碑，上自为碑文，仍立祠庙，刻石为像。"③ 丹麦语言学家汤姆森《鄂尔浑河叶

---

① 陈宗振：《突厥文》，收入中国民族古文字研究会编《中国民族古文字研究》，中国社会科学出版社，1984，第 73~80 页。

② 耿世民：《古代突厥文主要碑铭及其解读研究情况》，收入耿世民《耿世民新疆文史论集》，中央民族大学出版社，2001，第 28~42 页。

③ 《旧唐书·突厥传上》，中华书局，1975，第 5177 页。

塞尼河碑文解读——初步成果》（*Dechiffrement des inscriptions de l'Ienissei. Notice preliminaire*）解读了这种文字，并根据突厥文字母较多以及突厥语有元音和谐律等特点，确定了表示八个元音的四个元音字母，弄清了与舌位不同的元音相拼的八对辅音字母。在此基础上，他又正确解读 tängri（上天）、kültigin（阙特勤）、türk（突厥）等词，并考证该种文字为突厥文。目前，我国耿世民先生《古代突厥文碑铭研究》将突厥文碑文的原文直接译成汉文①，并做详细的拉丁转写、翻译、注释，成绩突出。

突厥文写本，主要是斯坦因在敦煌千佛洞发现的《占卜书》和新疆米兰出土的军事文件。在吐鲁番等地也发现了一些突厥文写本，如勒柯克1905~1906 在吐鲁番地区吐峪沟发现的写本等。突厥文碑铭和写本在西伯利亚、蒙古、叶尼塞河流域、新疆和中亚相连的广大地区也有发现，使用时间在公元 7~10 世纪。

总之，吐鲁番地区虽然从汉代起已有汉族入住，并逐渐成为主体民族，甚至一度建立汉人小王国，并统一于唐朝。但是由于其特殊的地理位置和重要交通地位，多民族汇聚于此，从而形成了多语种地区。多语种之间由于种族交流必然产生相互接触和影响。目前，世界范围内对吐鲁番出土西域胡语文献的研究分工很细，内容上主要是对以文本为主的文献的转写、翻译和确认比定，或者在此基础上做社会、历史、文化研究，较少研究语言之间的相互借用和影响。不过从另一角度讲，西域语言错综复杂，而目前研究现状是分工较细、专业性很强，很少有人能够将西域涉及的多种语言文字融会贯通，深入探讨它们之间的相互借用和影响。

第二节　汉语突厥语对音分析

使用对音材料研究相互接触的语言之间的语音状貌或相互影响，是被学界认可并且一直沿用的研究方法。汉语史上早期的对音研究主要集中在梵汉对音②，〔俄〕钢和泰《音译梵书与中国古音》（1923）、汪荣宝《歌

---

① 耿世民：《古代突厥文碑铭研究》，中央民族大学出版社，2005。

② 20 世纪 20 年代起学术界开始关注梵汉对音，1923 年北京大学《国学季刊》发刊词提出"用梵文原本来对照汉文译音的文字，可以帮助我们解决古音学上的许多困难问题"。

戈鱼虞模古读考》（1923）、罗常培《知彻澄娘音值考》（1930）、〔法〕马伯乐《唐代长安方言考》①（1920）等，均是对音研究典范之作。之后，这种方法得到延伸，学者们利用各种对音材料研究不同时期各种接触语言之间的对音情况，如龙果夫《八思巴字与古汉语》（1959）、金基石《朝鲜对音文献中的微母字》（2000）、孙伯君《胡汉对音和古代北方汉语》（2005）、聂鸿音《西夏语音商榷》（1985）及《粟特语对音资料和唐代汉语西北方言》（2006）等。总体上讲，学界对汉语和西北民族语言的对音资料关注较多，聂鸿音、孙伯君等先生称之为番汉对音材料，并定义为"用汉语为汉族以外的主要是古代北方少数民族语言记音的资料"②。

吐鲁番地处丝绸之路要冲，民族间交流融合影响深远，民族语言的对音研究也尤其重要。吐鲁番在高昌国时期和突厥交往甚密，深受其影响。政治上，臣服突厥，受其封号，长期联姻，客使往来不绝。"希菫、时多浮跌、无亥、希利发、吐屯发"等皆突厥对高昌王之封号，"吐屯发"一般由突厥族将领担任，此职由高昌人充当，一方面说明高昌对突厥的附属地位，同时也说明突厥对高昌的重视及双方关系之深厚。《宁朔将军麹斌造寺碑》载高昌王麹宝茂迎娶突厥木杆可汗之女当为高昌国与突厥最早的一次联姻③。之后，麹乾固依突厥"父兄死，子弟妻其群母及嫂"的收继婚制度，复尚麹宝茂所娶木杆可汗女，麹乾固死麹伯雅迫于政治压力"妻其大母"，并继续与突厥维持交往。这种婚姻制度在高昌统治阶层逐渐延续下来，并且在与非突厥族的婚姻中加以推行，630 年麹文泰携妻宇文氏入朝之宇文氏，乃当年隋炀帝赐予其父麹伯雅之华容公主④，是一明证。生活习俗方面，高昌民众胡服辫发，尚骑射之风。"辫发垂之于背。著长身小袖袍、缦裆袴"⑤成为高昌男子的典型装束，虽高昌王下令"解辫削衽"⑥而不能禁。语言方面，高昌"文字亦同华夏，

---

① 〔法〕马伯乐：《唐代长安方言考》，不仅用到了梵汉对音，还用到了日译汉音、越南译音、敦煌藏汉对译写卷。

② 孙伯君：《胡汉对音和古代北方汉语》，《语言研究》2005 年第 1 期，第 66~72 页。

③ 王素：《高昌史稿·交通篇》，文物出版社，2000，第 434~439 页。

④ 余太山：《西域文化史》，中国友谊出版公司，1995，第 199 页。

⑤ （晋）姚思廉：《梁书》，中华书局，1973，第 811 页。

⑥ （唐）魏徵：《隋书》，中华书局，1973，第 1847 页。

兼用胡书，有《毛诗》《论语》《孝经》，置学官弟子，以相教授，虽习读之，而皆为胡语"①。总之，汉族为主体民族的高昌国，统治者曾臣属突厥，受其封号，长期联姻，甚至改变婚姻习俗；社会民众则着胡服，为胡语，尚骑射，披发左衽，足见受突厥影响之深，双方交往之密。这在语言上必然有所反映，而吐鲁番出土汉文文书中大量的突厥语借词便是很好的印证。这也是我们选择突厥语与汉语对音分析的重要原因。关于吐鲁番出土汉文文书中的突厥语借词，王启涛先生在《吐鲁番出土文献语言导论》有系统论述，共分析突厥语借词 58 个②，为我们的研究提供了重要参考。

一　所使用的对音材料

研究中古方音最主要的材料有两种："汉字在外国语里的译音，或外国语在汉字里的译音。"③ 而吐鲁番出土文献目前尚未发现篇幅较大的汉语与突厥语的直接对音或译音材料，故我们的对音研究只能在前辈研究基础上稍做推进。聂鸿音先生《粟特语对音资料和唐代汉语西北方言》④ 直接使用缪勒整理的汉语译成粟特语、粟特语译成汉语两个不同译音方向的汉语粟特语对音词，为我们的研究提供了方法论的指导。

岑仲勉先生在前人考证基础上制定了《突厥语及其相关外语之汉文译写的考定表》⑤ 和《突厥（回纥）语及伊、印语之汉文译写表》⑥。两个译写表主要收录"北朝末年至中唐所见突厥译语"⑦，我们从中选出见于吐鲁番出土汉文文书的突厥语译音词作进一步研究，这样就将汉语—突厥语对音材料的范围初步限定在北朝末年至中唐时期（5 世纪末至 8 世纪中叶）的吐鲁番地区。而历史上高昌国（460~640 年）与突厥汗国（552~

---

① （唐）令狐德棻：《北周书》，中华书局，1971，第 915 页。
② 王启涛：《吐鲁番出土文献语言导论》，科学出版社，2013，第 16~17 页。
③ 罗常培：《唐五代西北方音》，商务印书馆，2012，第 16 页。
④ 聂鸿音：《粟特语对音资料和唐代汉语西北方言》，《语言研究》2006 年第 2 期，第 22~26 页。
⑤ 岑仲勉：《西突厥史料补阙及考证》，中华书局，1958，第 1125~1135 页。
⑥ 岑仲勉：《西突厥史料补阙及考证》，中华书局，1958，第 233~235 页。
⑦ 岑仲勉：《西突厥史料补阙及考证》，中华书局，1958，第 1125~1135 页。

657 年）的密切交往起于 6 世纪中叶，并且见于吐鲁番出土文书的突厥语译音词所在文书的写定年代基本在 6 世纪以后（见表 7），所以我们将对音材料的时间范围进一步限定在 6~8 世纪中叶。

需要说明的是，我们以岑先生以上词表为基础的同时，也将其《麹氏高昌王外国语衔号之分析》[①] 所论突厥语汉译衔号纳入其考定之词。同时参酌相关研究成果，对词表有所调整。

（1）对岑先生因综合各家研究成果致使一个突厥语词有几种写法的情况有所取舍，如"突厥"就列有几种写法，我们以现在突厥碑铭研究基础上的学术共识为准，只保留"Türük"一种形式。

（2）以通用书写形式为准对个别突厥语词的书写形式有所微调，如"提勤"，一般认为突厥语形式为"tigin"，我们就不取对音词表所列的"dihqan"等形式。

（3）据吐鲁番出土文书对汉语音译词的异写形式有所增补，如"apa"，词表只有"阿波"一种译音形式，我们据吐鲁番出土文书增补了"阿博、阿搏"等异写形式。而对未见于吐鲁番出土文书的译写形式则一律删减。

（4）对吐鲁番文书出现而岑先生未列的突厥语译音词，参考相关研究成果，匹配相应的突厥语转写，补列于后，如"bilga kagan，毗伽可汗"等。

根据以上材料和方法，我们共得吐鲁番出土文书所反映的 6~8 世纪汉语突厥语对音词 46 组，列对音词表 7 如下。

表 7　吐鲁番出土文书所反映的 7~8 世纪汉语突厥语对音词一览

序号	突厥词语	汉语词语
1	adiz	阿都（587 年，1-340）
2	alči	烟支（548 年，1-44）
3	apa	阿博（高昌，1-414），阿博（高昌，1-414），阿搏（高昌，1-415）

[①] 岑仲勉：《麹氏高昌王外国语衔号之分析》，见岑仲勉《西突厥史料补阙及考证》，中华书局，1958，第 238~235 页。

续表

序号	突厥词语	汉语词语
4	bagha	莫贺（西州，3-205），摩咄（647年，3-53），摩何（高昌，1-213），摩河（高昌，1-413）摩珂（高昌，1-417）
5	baghatur	莫贺咄（685年，3-350），磨贺吐（西州，4-115）
6	bargut	婆瓠（高昌，1-413）
7	bilgä qaghan	毗伽可汗（高昌，4-315）
8	börin	苻离撇（高昌，2-78）
9	bulmiš	跋弥砲（高昌，沙1-179）
10	chur	啜（734年，4-315）
11	čömül	处密（762年，4-331）
12	čub	昭武（751年，4-392）
13	čugučaq	处月（西州，3-96），屈阒（637年，2-77），楚呼楚克（662年，荣316）
14	ephthalit	移浮瓠门头（高昌，1-243）
15	ildi	伊离地（高昌，沙1-179）
16	illigqaghan	尼利珂汗（高昌，1-455）
17	iltäbär	希利发（高昌，1-455）
18	iltug	阿都瓠（587年，1-340），阿都纥（高昌，1-414），阿都莫（高昌，2-91）
19	irkin	俟斤（西州，荣312），希瑾（高昌，1-414），希懂（高昌，1-418），希近（高昌，沙1-179）
20	išbara	射卑（高昌，2-76）
21	jukuk	欲谷（依提具撇）（高昌，1-263）
22	kalpak	鸡弊（唐，荣121），鸡弊零（高昌，1-416）
23	kül	俱六（731年，4-412）
24	Külüg	胡禄（西州，2-20）
25	nïžük	泥熟（662年，荣310）
26	oγuz	乌纥（637年，2-78）
27	purum	拂利（西州，3-26）
28	qaghan	可汗（734年，4-315），珂寒（637年，2-76）
29	qan	汗（734年，4-315）

续表

序号	突厥词语	汉语词语
30	qatun	珂顿（高昌，1-239），可顿（西州，大谷 8078 号），可敦（高昌，大谷 1040 号）
31	säd	设（759 年，4-551）
32	šadapyt	时多浮（高昌，沙 1-179）
33	sirtarduš	栈头（高昌，1-264）
34	soɣdaq	粟堨（西州，3-498）
35	tamɣan	贪旱（高昌，1-461），贪汗（高昌，1-413）
36	tardus apa	陁豆阿跛（599 年，沙 1-179）
37	tarqan	达干（西州，4-40），达官（西州，荣 310），大官（高昌，1-414）
38	taškent	者羯（唐，沙 2-217），柘羯（西州，大谷 8074 号）
39	tigin/tegin	提斤（高昌，柳 79），提懃（637 年，2-76）
40	toquz	吐谷（唐武周，3-412）
41	tudun	吐屯（高昌，1-413），锸屯发（高昌，1-123），锸头发（高昌，2-169）
42	turdi	都芦悌（高昌，沙 1-179）
43	türgiš	突骑施（西州，4-41）
44	türük	突厥（665 年，3-239）
45	uljākant	乌罗浑（高昌，1-413）
46	yabɣu	移浮孤（高昌，1-461），虵婆护（高昌，1-455）

二 古突厥语特点及汉语翻译特点

在做汉语与古突厥语的对音分析之前，我们先简述古突厥语的语音特点及汉语对古代民族语言翻译的特点，这是我们进一步分析的基础。

古突厥文是一种音素、音节混合文字，一般由 38~40 个符号构成。这些符号多由竖线、斜线组成。突厥语有 8 个元音，其中 a、i、o、u 是后元音，ä、ï、ö、ü 是前元音，但是 8 个元音只用 ♪、ᚠ、〉、ᛋ 四个符号来表示。共有 p、b、t、d、s、š、z、y、m、n、ñ、ŋ、l、r、k、g、q、č、ɣ 19 个辅音，其中 b、d、l、n、r、s、t、y 8 个辅音音位，根据所组合元音的不同，各用两套不同的符号来表示，一套只和后元音（a、i、o、u）相拼，一套只和前元音（ä、ï、ö、ü）相拼，可看成8对辅音。另外，q、ɣ两个辅音只和后元音相拼，k、g两个辅音只和前元音相拼，也可看成两个音位，亦即 k/q 和 g/ɣ 两对辅音。只有 m、ñ（或转写作 ny）、ng、q、š、z 不分对。

重叠的辅音往往只写一个，如 ïtï<ïttï。至于详细规律和特点，包括语法情况，请参考耿世民先生《古代突厥文碑铭研究》第四部分"古代突厥文字母和主要拼写规则及其来源"及其所列突厥字表，我们对其多有参考①。

突厥语本身有一些字母在使用过程中是经常互换的，如"d""t"之间的互换②，"在铁勒族人所操的古突厥语中，g、h、k 三个辅音经常相通"③。汉语与古突厥语的对音方面，比较明显的一个规律是，突厥字中第一音节为 is 或 iz 时，汉文音译常省略第一个元音字母 i，如始波罗（isbara）、室点密（Istämi）等④。另外，汉译民族词汇往往省去轻音节和尾音，如突厥语的"zabendar"，汉语对音为"栈头"，省去了中间的轻音节"ben"⑤。

在以上对音词表及对音规律的基础上，我们将对音具体到每个汉字，列汉字与突厥语的对音字表，得对音字 160 组。后文分析中将分类列表显示，此不单列。

三　从突厥语的汉字译音看汉语声母特点

汉语突厥语的对音分析，可从两个角度来看问题：以突厥语音为参照

① 主要有耿世民《古代突厥文碑铭研究》之第四部分"古代突厥文字母和主要拼写规则及其来源"，中央民族大学出版社，2006，第 23~44 页；韩儒林《关于西北民族史中的审音与勘同》，见韩儒林《穹庐集——元史及西北民族史研究》，上海人民出版社，1982，第 214~220 页。

② 岑仲勉：《突厥集史》下册，中华书局，1958，第 1051 页；林幹：《突厥史》，内蒙古人民出版社，1988，第 260 页；吴景山：《吐屯考》，《民族研究》1997 年第 6 期，第 100~107 页。

③ 钱伯泉：《铁勒国史钩沉》，《西北民族研究》1992 年第 1 期，第 91~100 页。

④ 韩儒林：《关于西北民族史中的审音与勘同》，见韩儒林《穹庐集——元史及西北民族史研究》，上海人民出版社，1982，第 214~220 页。

⑤ 钱伯泉：《铁勒国史钩沉》，《西北民族研究》1992 年第 1 期，第 91~100 页。

点考察汉语的语音特点，以汉字音为参照点考察突厥语的语音特点。限于篇幅我们只考察前者，重点考察汉语声母特点。

（一）唇音

唇音字对音共23组，其中b音13组，p音8组，m音2组，共使用"帮、滂、并、明"4种唇音声母字对音。具体列示如表8。

表8　汉语突厥语唇音对音字一览

序号	突厥音	对音汉字	声	韵
1	b	武	明	虞合三上遇
2	b	浮	并	尤开三平流
3	b	婆	并	戈合一平果
4	ba	卑	帮	支开三平止
5	bag	莫	明	铎开一入宕
6	bag	摩	明	戈合一平果
7	bag	莫	明	铎开一入宕
8	bag	磨	明	戈合一平果
9	bar	婆	并	戈合一平果
10	bär	发	帮	月合三入山
11	bil	毗	并	脂开三平止
12	bö	苻	并	虞合三平遇
13	bul	跋	并	末合一入山
14	mi	弥	明	支开三平止
15	mül	密	明	质开三入臻
16	pa	博	帮	铎开一入宕
17	pa	博	帮	铎开一入宕
18	pa	搏	帮	铎开一入宕
19	pa	跛	帮	果合一上果
20	pak	弊	并	祭开三去蟹
21	pht	浮	并	尤开三平流
22	Pu	拂	滂	物合三入臻
23	pyt	浮	并	尤开三平流

从上表可知，突厥语中的唇音有 b、p、m 三个，清塞音 p 和浊塞音 b，鼻音 m，汉语均以"帮、滂、并、明"等帮组重唇音声母字对译，非常严整。23 组唇音字的对音中①，全部由重唇音对译重唇音 b、p、m，无一例轻重唇音混用现象。可知，该时期吐鲁番地区轻唇音、重唇音的分化已经非常清晰，甚至已经完全分化。

关于唇音的分化，一般认为晚唐五代时期（836～960 年）轻唇音从重唇音中彻底分化出来②。而从对音材料看 6～8 世纪吐鲁番地区的轻重唇音之分化已经非常彻底。如果这种情况进一步被其他材料证实，将可以推断吐鲁番地区轻重唇音分化的时间较汉语史一般结论早约 200 年。

（二）舌音

"舌音"现代语音学称作舌尖中音和舌面前音。对音材料显示的突厥语舌尖中音有 d、t、n 三个辅音，从发音方法讲，辅音 n 又是鼻音，对译也较复杂，我们另外讨论，这里只讨论 d、t 两个辅音的对音情况。材料所见汉语对音共 30 组，其中 d 音 8 组，t 音 22 组，n 音 1 组，共使用"端""透""定""泥""章"5 种舌音声母字对音，具体如表 9 所示。

表 9 汉语突厥语舌音对音字一览

序号	突厥音	对音汉字	声	韵
1	da	多	端	歌开一平果
2	daq	堆	端	灰合一平蟹
3	di	地	定	至开三去止
4	di	悌	定	齐开四上蟹
5	diz	都	端	模合一平遇
6	dun	屯	定	魂合一平臻
7	dun	头	定	侯开一平流
8	dus	豆	定	候开一去流
9	t	头	定	侯开一平流
10	tam	贪	透	覃开一平咸

① 对音材料中重复出现的对音重复计算，以保概率统计的准确性。其他所有声、韵的对音分析同此。
② 王力：《汉语语音史》，中国社会科学出版社，1985，第 228 页。

续表

序号	突厥音	对音汉字	声	韵
11	tar	陁	定	歌开一平果
12	tar	达	定	曷开一入山
13	tar	大	定	泰开一去蟹
14	tarduš	头	余	仙开三平山
15	taš	者	章	马开三上假
16	taš	柘	章	祃开三去假
17	ti	特	定	德开一入曾
18	ti	提	定	齐开四平蟹
19	to	吐	透	暮合一去遇
20	tu	都	端	模合一平遇
21	tu	吐	透	暮合一去遇
22	tu	锄	透	侯开一平流
23	tu	都	透	模合一平遇
24	tü	突	定	没合一入臻
25	tun	敦	端	魂合一平臻
26	tun	顿	端	慁合一去臻
27	tür	突	定	没合一入臻
28	tur	咄	端	没合一入臻
29	tur	吐	透	暮合一去遇
30	nī	泥	泥	齐开四平蟹

分析上表可知，突厥语中清塞音 t 以及与之相对的浊音 d 与中古汉语 "端" 组字对应非常严整。30 组对音中 28 组用舌音对译突厥语 d、t、n，所用舌音字全部为舌头音，而无一例舌上音，即全部选用 "端、透、定、泥" 四母的 "端" 组字，而未选用属于舌上音的 "知" 组字。可见，舌上音在当时的吐鲁番地区已经彻底从舌头音分化出来了。王力先生认为，"知、彻、澄" 三母由 "端、透、定" 三母分化出来的时间 "乃是唐天宝年间"①，李荣认为《切韵》中舌音已划分出舌头音和舌上音②。从对音

---

① 王力：《汉语语音史》，中国社会科学出版社，1985，第 166 页。
② 李荣：《切韵音系》，科学出版社，1956，第 85~86 页。

材料看，吐鲁番地区的语音发展状况或介于两者之间，6~8 世纪的吐鲁番地区这一分化现象已经完成。

　　需要特别说明的是，突厥语的"taš"音是由开口三等的章母字"者""柘"对译的，即用正齿音对译"端"组舌头音，这应该是钱大昕所言"正齿字多数古属舌头"的保留①。另外，从语音演变的实际看，"知"组和"章""庄"组在现代汉语中都合流为［ tʂ ］［ tʂ̌ ］［ ʂ̌ ］，也能在一定程度上对此种对音做解释。

（三）牙音

　　牙音，现代语音学中指舌根音。吐鲁番出土文书所反映的汉语对突厥语的译音，使用了"见""溪""群""疑""晓""余（喻四）"全部牙音字，对音也比较规则。下面我们先来分析 g、k 的对音情况。突厥语中的舌根音 g、k 由汉语中的牙音"见"组声母字对译，共 31 组。具体如表 10 所示。

表 10　汉语突厥语牙音对音字一览

序号	突厥音	对音汉字	声	韵
1	g	瓠	匣	模合一平遇
2	g	纥	匣	没开一入臻
3	g	莫	明	铎开一入宕
4	gä	伽	群	戈开三平果
5	gi	骑	群	支开三平止
6	gin	勤	群	欣开三平臻
7	gin	斤	见	欣开三平臻
8	gin	懃	群	欣开三平臻
9	gu	呼	晓	模合一平遇
10	gut	瓠	匣	模合一平遇
11	kal	鸡	见	齐开四平蟹
12	kant	浑	匣	魂合一平臻
13	kent	羯	见	月开三入深

---

　　①　王力：《汉语语音史》，中国社会科学出版社，1985，第 18 页。

续表

序号	突厥音	对音汉字	声	韵
14	kin	斤	见	欣开三平臻
15	kin	瑾	群	震开三去臻
16	kin	近	群	隐开三上臻
17	kin	懂	见	隐开三去臻
18	kü	俱	群	遇合三去遇
19	Kü	胡	匣	模合一平遇
20	kuk	谷	见	屋合一入通
21	q	克	溪	德开一入曾
22	qa	珂	溪	歌开一平果
23	qa	珂	溪	歌开一平果
24	qa	可	溪	哿开一上果
25	qag	可	溪	哿开一上果
26	qag	可	溪	哿开一上果
27	qag	珂	溪	歌开一平果
28	qan	干	见	寒开一平山
29	qan	官	见	桓合一平山
30	qan	汗	匣	寒开一平山
31	quz	谷	见	屋合一入通

突厥语中的舌根音 g、k、q 由汉语中的牙音"见"组声母字对译，共 31 组，其中 26 组由"见""溪""群"三母字对译，而未出现"疑"母字。

值得注意的是，对音材料中"匣"母字出现 6 次，对译 g 音 2 例、k 音 2 例、q 音 1 例。这说明在 6~8 世纪的吐鲁番地区"匣"母字与"见（k）、溪（kʰ）、群（g）、疑（ŋ）"等"见"组字在读音方面有相似相通之处。这与汉语史上一般观点："晓""匣"在隋唐时期为牙音，晚唐时期才变为喉音是一致的[1]，音值也由 [x]（晓）、[ɣ]（匣）变为 [h]（晓）、[ɦ]（匣）。吐鲁番出土文书对音材料为"匣"母语音演变提供了

---

① 王力：《汉语语音史》，中国社会科学出版社，1985，第 164 页。

有力佐证。另外，从发音方法看，擦音"匣"母出现 6 次，均对译 g、k、q 等塞音，这说明当时的吐鲁番地区已经出现塞音擦化现象，即塞音除阻擦音化。塞音擦化现象在海南、江西①以及江苏、安徽、福建部分地区的现代汉语方言中多有体现，如"环"的声母读为［k］，而上海崇明读为［g］②。

对音材料中用明母的"莫"字与 g 对音，需作解释。我们发现，从整个对音材料看，"莫"作为对音字见 4 次，其中 3 次对译了"bag"音，明母的"莫"字与重唇音字"b"相对，是正常对音情况。而对译 g 音仅此 1 例，"莫<g"源于对音词"阿都莫<iltug"的拆解，"莫"字读音受前字"都"的合口高元音影响而发生脱落，仅保留韵尾"k"与"g"相对。

（四）齿音

突厥语中的字母 ž、č、š 基本相当于国际音标舌面后音［tʂ］［tʂ］［ʂ］，z、s 相当于舌面前音［s］［ts］，这些在中古汉语中称作齿音。根据汉语突厥语对音材料共得齿音类对音 19 组，其中 č 的对音 10 组，š 对音 4 组，ž 对音 1 组，s 对音 3 组，z 对音 1 组。具体如表 11 所示。

表 11　汉语突厥语齿音对音字一览

序号	突厥音	对音汉字	声	韵
1	ča	楚	初	语开三上去
2	čaq	月	疑	月合三入山
3	čaq	阒	晓	质开三入臻
4	chur	啜	昌	薛合三入山
5	či	支	章	支开三平止
6	čö	处	昌	御开三去遇
7	ču	昭	章	宵开三平效
8	ču	处	昌	御开三去遇

① 万西康：《古代透定二母在宜黄方言中的塞音擦化》，《抚州师专学报》1989 第 1 期，第 30～33 页。
② 许宝华、［日］宫田一郎：《汉语方言大词典》，中华书局，1999，第 3060～3061 页。

续表

序号	突厥音	对音汉字	声	韵
9	ču	屈	溪	物合三入臻
10	ču	楚	初	语开三上去
11	š	砲	书	支开三平止
12	š	射	船	祃开三去假
13	š	施	书	支开三平止
14	ša	时	禅	之开三平止
15	săd	设	书	薛开三入山
16	sir	栈	心	薛开三入山
17	soγ	粟	心	烛合三入通
18	zab	叶	余	叶开三入咸
19	žūk	熟	禅	屋合三入通

　　突厥音 č、š 共 13 个全部由正齿音对译，非常严整。而 13 组正齿音的对译中，11 组使用了正齿三等即照组三等章、昌、船、禅、书母字；2 组使用了正齿二等即照组二等初母字。可知，当时吐鲁番地区正齿音照二、照三组的使用尚未明显区分。具体看，突厥音 s 共 2 个均由齿头音"心"母字对译，š 音共 4 个全部由照组三等字对译，č 音由照组字对译的共 8 组，其中照组三等 6 例，照组二等 2 例。可知，照组字分化的趋势已经非常明显。

　　特别需要说明的是，突厥音"zab"由入声"叶"字对译，这里的"余"母是"喻"母四等的特定写法，喻母四等来对译齿音字，说明喻母四等发音部位与"书""心"等正齿音相同。另外，"处月、屈阒"对译 čugučaq，"月、阒、屈"分别是疑母、晓母、溪母字，属喉、牙音，用来对译齿音不好解释，俟再考。

（五）半舌半齿音

　　半舌音，指"来"母，半齿音指"日"母。从对音材料看，突厥语中这类音有边音 l 和闪音 r 两个辅音。对音材料共得 l、r 对音字 28 组，几乎全部用来母对译，非常严整。具体如表 12 所示。

表 12　汉语突厥语半舌半齿音对音字一览

序号	突厥音	对音汉字	声	韵
1	l	离	来	支开三平止
2	l	六	来	屋合三入通
3	li	门	明	魂合一平臻
4	ljā	罗	来	歌开一平果
5	llig	利	来	至开三去止
6	ltä	利	来	至开三去止
7	lüg	禄	来	屋合一入通
8	r	芦	来	模合一平遇
9	ri	离	来	支开三平止
10	rük	厥	见	月合三入山
11	rum	利	来	至开三去止

l 音用"来"母字对译非常准确，r 音也用"来"母字对译，而未出现 1 例"日"母字。表明当时的吐鲁番地区，在音值上"来"母完全可以替代"日"母字使用，或者说两者音值非常接近以致可以互用。

一般认为汉语史上隋唐时期"日"母字多与鼻音互切，多把它归为鼻音字，拟音为 [ŋ]，而晚唐五代时期，"日"母的音值有所变化，和"来"母读音非常接近，其音值演变为 [r]①。那么，吐鲁番地区汉语突厥语对音词所体现的来、日两母换用现象，可证该地区这一语音现象出现较晚唐五代至少早两个世纪。

11 组对音中有 2 组使用了非来母字对音。一组是突厥语中的"rük"由见母的"厥"字对译，即用"见"组字对译"日"母字，"见"组字为舌面后音，"日"母字为舌面前音，发音部位相近，故可互用。一组用明母的"门"字来对译突厥音"li"，当为特例。该组对音字，源于对音词"移浮瓠门头<ephthalit"的拆解，以"门"对译"li"于音理无据。我们考察了对音材料中"门"的其他对音情况，发现"门"皆对译"mān"，故"门<li"可视为特例。

———————

① "来""日"两母互用的例子很多，等韵图中也常常把两母排在一起。详见耿世民《古代突厥文碑铭究》，中央民族大学出版社，2006，第 166、234 页。

（六）喉音

下面我们按守温三十六字母将"影、晓、匣、喻"四母列入喉音一起讨论。"影"母，是上古至隋唐时期汉语中唯一的零声母字。一般认为"晓""匣"两母由牙音演变为喉音，音值也由原来的 [x]（晓）、[ɣ]（匣）变为 [h]（晓）、[ɦ]（匣）①。另外，南北朝时期喻母三等已经由舌根擦音 [ɣ] 演变为半元音 [j]②。"影、晓、匣、喻"四母字对译突厥语的具体情况如表 13 所示。

表 13　汉语突厥语喉音对音字一览

序号	突厥音	对音汉字	声	韵
1	a	阿	影	歌开一平果
2	a	阿	影	歌开一平果
3	a	阿	影	歌开一平果
4	al	烟	影	先开四平山
5	e	移	余	支开三平止
6	i	伊	影	脂三平止
7	il	希	晓	微开三平止
8	il	阿	影	歌开一平果
9	ir	希	晓	微开三平止
10	il	尼	泥	脂开三平止
11	ir	俟	崇	止三上止
12	ju	欲	余	烛合三入通
13	o	乌	影	模合一平遇
14	u	乌	影	模合一平遇
15	ya	她	余	马开三上假
16	ha	贺	匣	简开一去果
17	ha	何	匣	歌开一平果
18	ha	诃	晓	歌开一平果
19	ha	河	匣	歌开一平果

---

① 王力：《汉语语音史》，中国社会科学出版社，1985，第 229 页。
② 王力：《汉语语音史》，中国社会科学出版社，1985，第 111 页。

续表

序号	突厥音	对音汉字	声	韵
20	ha	咄	端	没合一入臻
21	ha	珂	溪	歌开一平果
22	ha	贺	匣	箇开一去果
23	ha	瓠	匣	模合一平遇
24	han	汗	匣	寒开一平山
25	han	汗	匣	寒开一平山
26	han	汗	匣	寒开一平山
27	han	寒	匣	寒开一平山

材料中，元音开头的对音共 15 组。其中 "尼<il" "俟<ir" 两组分别源于对音词 "尼利珂汗<illigqaghan" "俟利发<iltäbär" 的拆解，形式上用泥母、崇母字对译元音 "i"，实则汉语对译时忽略了音节开头的元音，而直接对译其后的辅音。其余 13 组皆由喉音字对译。"影" 母字的对音在整个对音材料中共出现 8 次，全部对译了突厥语元音开头的词语。于（喻三）、余（喻四）两声母的字对译的是突厥语中元音开头的音节。

突厥音 "h"，由喉清擦音 "晓" 母（[h]）和喉浊擦音 "匣" 母（[ɦ]）对译，"晓" "匣" 二母只有清浊之分，语音差别不大，可以共同对译 "h" 音。需要特别指出的是，这里的 "晓" "匣" 二母字对译 "h" 音，或者反过来说突厥语的 "h" 音全部由 "晓" "匣" 二母字对译，这说明该历史时期吐鲁番地区 "晓" "匣" 两母的音值已经由原来的舌根音 [x] [ɣ] 变为喉音 [h] [ɦ]。再考察对音词表，不难发现这些 h 音所在的对音词在 6 世纪中叶已经出现。所以，可以说 "晓" "匣" 两母音值的变化在 6 世纪中叶已经完成。如果这一推论成立的话，那么 "晓" "匣" 二母音值的变化时间较一般认为的晚唐五代时期早约 200 年。

四 从汉语声母看汉语突厥语对音规律及突厥语特点

在这部分，我们通过分析同一汉字对译几个突厥音的情况，考察 7～8 世纪突厥语辅音的使用情况。具体对音材料尽列如表 14 所示。

表 14 汉语突厥语喉音对音字一览

对音汉字	汉字声母	突厥音	对音汉字	汉字声母	突厥音
拔	并	ba	护	匣	ul
拔	并	par	护	匣	γu
波	帮	ba	护	匣	γu
波	帮	pa	瓠	匣	g
大	定	di	瓠	匣	ha
大	定	tar	斤	见	gin
大	定	tar	斤	见	kän
都	端	diz	斤	见	kin
都	端	duq	离	来	l
都	端	tu	离	来	ri
都	端	tu	利	来	l
都	端	tü	利	来	li
都	端	tü	利	来	llig
都	端	tü	利	来	ltä
都	端	tur	利	来	ri
敦	端	dun	陆	来	lüg
敦	端	tun	陆	来	rük
多	端	da	那	泥	nas
多	端	tä	那	泥	žŭ
干	见	kan	屈	溪	kü
干	见	qan	屈	溪	rük
干	见	qun	设	书	n
纥	匣	g	设	书	sǎd
纥	匣	qïr	特	定	d
纥	匣	γuz	特	定	ti
孤	见	qo	头	定	duš
孤	见	γu	头	定	t
谷	见	kuk	土	透	bu
谷	见	quz	土	透	tu
汗	匣	han	吐	透	bu
汗	匣	han	吐	透	to

续表

对音汉字	汉字声母	突厥音	对音汉字	汉字声母	突厥音
汗	匣	han	吐	透	to
汗	匣	qan	吐	透	tö
汗	匣	γan	吐	透	tu
呼	晓	gu	吐	透	tu
呼	晓	qa	吐	透	tur
护	匣	qut			

汉语并母"拔"字，分别对译了"ba""par"两音，帮母"泼"分别对译了"ba""pa"两音，可见，突厥语中 b、p 可以互通。

端母"敦"字出现 2 次，对音 d、t 各 1 例。定母出现"大"字 3 例，对译了"di"1 例，对译"tar"2 例。端母"都"出现 8 例，对译 t 组音节 6 例，对译 d 组音节 2 例。"多"字出现 2 次，对音 d、t 各 1 例，"特""头"作为对音字，其使用情况与之相似。同一字既可对音"d"又可对音"t"的情况比较普遍，可以说明突厥语中 d、t 可以互通使用。需要补充的是，从"吐"字的对音情况看，b、t 也可以通用。"吐"字作为音译字共出现 7 次，6 次对音 t，1 次对音 b，可见突厥语中 b、d、t 基本可互通使用。

来母"离"出现 2 次，对音 l、r 各 1 例；来母"利"出现 4 次，对音"l"3 例、"r"1 例；来母"陆"出现 2 次，对音 l、r 各 1 例，同一字既可对音"l"又可对音"r"，可见突厥语中 l、r 可以互通使用。

突厥语中类似的情况还有 g、k 之间的互通。见母"干"出现 3 次，对音"g"1 例，"q"2 例；见母"斤"出现 3 次，对音"g"1 例，"k"2 例。当然可以互通使用的辅音，发音部位相同，具有互通使用的条件和基础。

五　突厥语尾音的汉语对音分析

（一）突厥语鼻音尾及汉语对音

突厥语中鼻音收尾的有"m""n"两种情况，汉语中基本以臻、山两摄的字对译，对音非常严整。具体如表 15 所示。

表 15　突厥语鼻音尾及汉语对音一览

突厥音	对音汉字	声	韵
gin	勤	群	欣开三平臻
gin	斤	见	欣开三平臻
gin	勤	群	欣开三平臻
kän	斤	见	欣开三平臻
kin	斤	见	欣开三平臻
kin	瑾	群	震开三去臻
kin	近	群	隐开三上臻
min	门	明	魂合一平臻
tun	敦	端	魂合一平臻
tun	顿	端	恩合一去臻
han	汗	匣	寒开一平山
han	汗	匣	寒开一平山
han	汗	匣	寒开一平山
han	寒	匣	寒开一平山
kan	干	见	寒开一平山
mön	曼	明	桓合一平山
qan	干	见	寒开一平山
qan	官	见	桓合一平山
qan	汗	匣	寒开一平山
qun	干	见	寒开一平山
ɣan	汗	匣	寒开一平山
kän	犍	见	元开三平山
n	设	书	薛开三入山
n	抴	余	薛开三入山
an	遏	影	曷开一入山
tun	登	端	登开一平曾
žam	染	日	琰开三上咸
rum	林	来	寝开三上深
tam	贪	透	覃开一平咸

突厥语中以"n"结尾的共 28 例，其中 27 例用山摄、臻摄字对译。主要元音是［a］的以开口一等平声山摄字对译，主要元音是［i］［u］的以开口三等及合口一等平声臻摄字对译，在尾音上均为前鼻音韵尾［n］对译［n］。只有"tun"1 例用曾摄开口一等登韵字对译，按照中古音的构拟，即用后鼻音［ŋ］对译［n］。［ŋ］对译［n］只有发音部位前后的差别，读音非常相近，此一处互译，乃语音相近所致，不影响整体对音的严整性。另外，还有 3 例需要说明，就是对译突厥语中的［n］一般以平声字，而对音材料中有 3 例是用入声［t］对译的，可能是因为［n］［t］发音部位皆为舌尖中音所致。

双唇鼻音［m］作为尾音在突厥语中出现 3 例，皆用咸摄深摄字对译，以韵尾［m］对译［m］非常整齐。突厥语的尾音［n］用臻山二摄字对译，［m］用深咸两摄字对译，毫无瓜葛，说明当时在该地区尚未出现韵尾［m］并入［n］的情况，或者说［m］韵尾的消变尚未开始。

（二）突厥语塞音尾与汉语对音

突厥语中塞音收尾的有"b""d""g""t""k"五种情况，汉语中基本以入声字对译，对音比较严整。具体如表 16 所示。

表 16 突厥语塞音尾与汉语对音字一览

突厥音	对音汉字	声	韵
yab	叶	余	叶开三入咸
yab	翕	晓	缉开三入深
zab	叶	余	叶开三入咸
d	特	定	德开一入曾
săd	设	书	薛开三入山
săd	杀	山	黠开二入山
săd	煞	山	黠开二入山
săd	失	书	质开三入臻
bag	莫	明	铎开一入宕
bag	莫	明	铎开一入宕
bag	莫	明	铎开一入宕
g	莫	明	铎开一入宕

续表

突厥音	对音汉字	声	韵
lüg	禄	来	屋合一入通
lüg	陆	来	屋合三入通
g	纥	匣	没开一入臻
bag	摩	明	戈合一平果
qag	可	溪	哿开一上果
qag	可	溪	哿开一上果
qag	可	溪	哿开一上果
qag	珂	溪	歌开一平果
llig	利	来	至开三去止
bag	冒	明	号开一去效
pht	浮	并	尤开三平流
pyt	浮	并	尤开三平流
qut	护	匣	暮合一去遇
qut	护	匣	暮合一去遇
qut	库	溪	暮合一去遇
t	头	定	侯开一平流
rük	勒	来	德开一入曾
rük	厥	见	月合三入山
rük	屈	溪	物合三入臻
rük	陆	来	屋合三入通
rük	六	来	屋合三入通
žük	熟	禅	屋合三入通

突厥语浊音尾"b"出现 3 例,皆以韵尾为 [p] 的咸、深二摄入声字对译。浊音尾"d"出现 5 例,其中 4 例汉语用山摄、臻摄入声韵字对译,即清音 [t] 对译相同发音部位的浊音 [d];1 例用曾摄入声对译,即舌根清音 [k] 对译舌尖中浊音 [d]。

突厥语中的浊音"g"尾,共出现 14 例,其中在元音"a"后的 9

例，在元音"ü""i"后3例，单独出现2例。从汉语的对译情况看，元音"a"后"g"分作两种情况，一种是用宕摄入声韵字对译，即用［k］对译［g］，两音发音部位一致对译比较准确，另一种情况是忽略尾音［g］，直接根据主要元音［a］用果摄一等字对译。［g］单独出现的两例，都用入声字对译，韵尾分别是清音［k］和［t］。"ü""i"后的3例，分别用通摄入声字［k］尾对译，或者忽略尾音根据元音用阴声韵止摄去声字对译。

突厥语中的尾音［k］所在的音节只有"rük""žūk"，其中"rük"出现5次，汉语的对译形式有2种，一种为山摄、臻摄入声韵尾［t］，一种是曾摄、通摄的入声韵尾［k］。突厥语中的清音尾［t］，共出现6次，全部用汉语的流、遇两摄的阴声韵对译。仔细分析发现辅音前的主要元音是［u］或［y］，为开口三等或合口一等韵，与汉语中流、遇两摄读音相同。而这里忽略尾音［t］用元音韵尾汉字对译入声韵，说明突厥语中［t］的读音非常弱，甚至到了可以忽略的程度。

从汉语的角度考察，发现有用入声韵尾对译元音韵尾的情况，说明当时汉语中有入声韵尾消失的迹象。

通过以上分析，可知，在汉语对突厥语的对音中，对末尾辅音的处理上主要采取两种方式，一种是遵照对音规律用汉语相应的阳声韵或入声韵对译，另一种是忽略末尾辅音直接按主要元音的音韵地位对译。从总体情况看，对译是比较严整的，一般是相同发音部位内部的对译，但是也有［k］对译［g］［d］的情况。

综上所述，我们把吐鲁番出土文书所反映的汉语突厥语对音词做对音分析，发现吐鲁番地区声母发展演变的进程和《切韵》《广韵》基本是同步的，不过，重唇轻唇音的彻底分化、舌头舌上音的彻底分化、"晓""匣"二母由舌根音向喉音的转变三个方面，比一般观点所认定的时间要早。也出现了入声韵尾消失的迹象。这说明吐鲁番出土文书所代表的西北方音较中原汉语与南方汉语发展更快。

北方汉语较南方汉语发展更快，简化更为彻底，这是汉语史发展的规律之一，一般认为语音上鲜明的地域特点是当时民族交往的结果。尤其是魏晋南北朝时期，南北分裂，随之中原汉语第一次出现了南北大分裂，而

"北杂夷虏，南染吴越"，这是汉语史上的一大巨变。东晋中原汉族政权南迁，中原雅音也随之到长江以南。在南方相对安定的社会里因为统治者使用中原雅音，故中原雅音在长江以南广为接受，很好地保留了古汉语的声韵特征；不过统治阶层为笼络江南大族，也学习本地方音，并且长期交往过程中南迁的中原雅音必然受当地方音的影响，而"南染吴越"，形成汉语的南音，即南方语音系统。而北方，北方游牧民族纷纷南下建立独立政权，出现了历史上的民族大迁徙大融合，北方汉语受阿尔泰语影响非常明显。促使包括长安方音在内的北方汉语系统受到少数民族的影响，尤其是北方阿尔泰语族的影响。民族交往融合的程度越深，离古代汉语的语音系统越远，也就是说语音发展越快，语言现象出现得越早。

第四章

民族交往与吐鲁番出土文书借词研究

借词是语言接触中最容易发生的，最显而易见的，一般有民族交往就有词语借用现象发生。关于汉语和西域语言的借词研究，相对语音、语法而言比较丰盈，不过多为单篇论文，且仅探讨某个词语，看问题相对孤立，尚缺乏综合考察。我们在前人个案研究基础上，立足比较全面地掌握相关材料，对吐鲁番出土文书所体现的汉语与周边语言的借词做综合考察，重点在汉语的西域语言借词。

借词是一种语言现象，也是一种文化现象，更是民族交往的见证。对吐鲁番出土文书中的汉语借词，我们一方面从语言角度分析借词怎样一步步进入汉语进而汉语化的，并尝试寻找借词的规律；另一方面从民族交往视角，透析一个个借词所蕴含的广阔历史时空及民族交往的历史波澜。最后，放在民族交往大背景下综合分析吐鲁番出土文书借词所映射的该地区多民族交融多元文化交融的现象。

第一节　汉语的周边语言借词

吐鲁番地区自古是民族汇聚融合之地，特别在唐西州时期一度取代敦煌而成为重要的丝路中转站和国际商贸集散中心。各民族往来不绝，大量西域民族定居此地。不过这里的主体民族仍是汉族，出土文书也多为汉文文献，所以我们研究该地区各民族语言之间的借词，也以汉语为主体，重点在汉语的突厥语借词、粟特语借词、波斯语借词、印度语借词。

一 突厥语借词

前文已述，从552年突厥建国到657年西突厥灭亡历时百年，百年间西突厥统治西域，西域诸国成为其附属国并为其缴纳税赋。高昌也臣服突厥，受其封号，以其为主要交往对象长达一百多年，吐鲁番出土的该时期的客舍馆驿文书基本都涉及与突厥的交往。

吐鲁番出土汉文文书中出现了大量的突厥语借词，基本上全部为音译词。第三章第二节我们将汉语突厥语的46组对音词列表分析，发现多数是地名及官职类音译词，当然也有器物类音译词。这里我们只讨论"胡禄"一词。

"胡禄"，指以兽皮为材料制成的盛箭的袋子。《吐鲁番出土文书》中"胡禄"出现3次，均和弓箭同现。阿斯塔那15号墓所出《唐唐幢海随葬衣物疏》（2-20）记有"胡禄弓箭一具，攀天丝万万九千丈"；阿斯塔那42号墓所出《唐缺名随葬衣物疏》（3-110）记有"白银刀带一具，胡禄弓箭一具"；阿斯塔那232号墓所出《唐某府卫士王怀智等军器簿》（4-5）记有"王怀智，弓一，并袋，刀一口，胡禄箭卅支"。

"胡禄"一词见于汉语典籍最早在南北朝时期①，该时期汉人骑兵已开始使用胡禄②，后来唐代军队的配置中也常见"胡禄"，如"人具弓一、矢三十、胡禄、横刀、砺石、大觿、毡帽、毡装、行縢皆一"（《新唐书·兵志》）。

岑仲勉先生指出"胡禄"为音译词，是突厥语Külüg的对音③。汉文典籍中"胡禄"，还有"胡簶""胡箓""胡籚""弧箓""箶籚""葫芦"等多种写法，是"胡禄"为音译词的重要证据。中原地区盛放箭矢的器具，一般以竹或木制成，箭室稍短，称作"箙"，《说文·竹部》："箙，弩矢箙也。从竹，服声。"④ 司马贞解释"平原君负韊矢"（《史记·魏公

---

① 张永言：《汉语外来词杂谈》，载《语文学论集》，语文出版社，1992，第239页；王启涛：《吐鲁番出土文献词典》，四川出版集团巴蜀书社，2012，第442页。
② 杨泓：《中国古兵器论丛》，文物出版社，1980，第94~102页；杜朝晖：《从"胡禄"说起——兼论古代藏矢之器的源流演变》，《中国典籍与文化》2007年第4期，第90~96页。
③ 岑仲勉：《突厥集史》下册，中华书局，1958，第1128页。
④ 许慎：《说文解字》，中华书局，1963，第98、278页。

子列传》）时，特别在形制方面将中原之盛箭之器与"胡禄"做了比较：
"韇音兰，谓以盛矢，如今之胡簏而短也。"①

图 1　东汉时期弓箭及箭筒

图片来源：新疆维吾尔自治区博物馆编《新疆出土文物》，文物出版
社，1975，第 17 页。

图 2　高昌赫色勒摩耶洞唐壁画中武士所配为胡禄

图片来源：沈从文编著《中国古代服饰研究》，上海书店出版社，2005，
第 343 页。

吐鲁番地区何时使用"胡禄"并借用其读音，文献中没有明确记载，
我们认为应该不晚于中原及江南地区。魏晋南北朝时期，高昌与柔然、高
车、突厥等游牧民族政权交往甚多，高昌往往受其封号，为其所役属，并
且在经济文化上受到明显影响。高昌男子往往着胡服，"辫发垂之于背。

---

① 《史记》，中华书局，1959，第 2381 页。

著长身小袖袍、缦裆袴"①。高昌王麹伯雅朝隋归来曾下令"解辫削衽"，"先者以国处边荒，境连猛狄，同人无咎，被发左衽。今大隋统御……其庶人以上皆宜解辫削衽"②。

高昌男子"胡服""辫发"，他们也多骑射，崇尚骑射之风，所以"胡禄"在该地区较早被引入是非常自然的，并且吐鲁番出土文书也证明，高昌国时期男子的随葬衣物疏中均有弓箭出现③。

总之，"胡禄"的引入，是农耕民族与北方游牧民族冲突交融过程中积极吸收外族文明的结果。

二 粟特语借词

粟特人属伊朗人种的中亚古族，生活在中亚阿姆河和锡尔河之间，是典型的商业民族，很早就开始到东方进行商贸活动，在丝绸之路商贸往来和文化传承方面发挥了重要作用。"至迟在《粟特文古信札》（*Sogdian Ancient Letter*）写成的 313 年前后，粟特商人的足迹已经到达敦煌、肃州（酒泉）、姑臧（武威）、金城（兰州）以及洛阳"④。粟特人为服务商业贸易的需要往往随处而居，形成聚落，吐鲁番当时的商业地位决定了其为粟特人来华后的重要聚居地。从吐鲁番出土的手实、户籍看，有大批粟特人入籍高昌成为编户百姓。据董永强《胡姓表》⑤ 进一步统计可知，胡姓人名共 1086 个，其中粟特人 880 个，占比达 81%，所以高昌地区人口最多的外来种族当为粟特人。入籍编户的粟特人与汉族人房屋相邻、田地相接，共同从事生产劳作，与汉族交往密切，自然在语言上相互影响，吐鲁番出土文书中的大量粟特语借词就是明证。

这些借词主要是粟特人名的汉语音译，如安符夜门延（Avyāman-

---

① 《梁书》卷 54《诸夷传》高昌国条，中华书局，1973，第 811 页。
② 《隋书》卷 83《西域传》高昌国条，中华书局，1973，第 1847 页。
③ 裴成国：《论高昌国的骑射之风》，《西域研究》2016 年第 1 期，第 1~12 页。
④ N. Sims-Williams, "Sogdian Ancient Letter II", A. L. Juliano and J. A. Lerner（ed.），7-49. Monks and Merchants, *SilkRoad Treasures from Northwest China*, 4th-7 th Centuries CE, New York 2001, pp. 4. 荣新江：《高昌王国与中西交通》，见《中古中国与外来文明》（修订版），三联书店，2014，第 175 页。
⑤ 董永强：《四至八世纪吐鲁番地区的多民族问题探索》，博士学位论文，陕西师范大学，2007，第 164~212 页。

yān）、安那宁畔陀（Nanai-vandak）、曹禄山（Rokhshn）等。日本吉田丰对粟特文和粟特部落多有研究，对汉字转写的粟特人名揭示原意并重构粟特语发音，列于其《汉字拼写的粟特人名、重构的粟特文发音及原意》，分析粟特人名 43 个，兹转引数例[①]：

口	射蜜畔陀	Zhēmat-vandak	十一月神的仆人
康	莫至	Makheh	与月神有关
康	莫昆多	Mākh-vīrt	月神所赐
安	那宁畔陀	Nanai-vandak	娜娜女神的仆人
康	阿揽牛延	Rāman-yān	和平神之爱
曹	禄山	Rokhshn	光明者
翟	那你潘	Nanai-farn	娜娜女神的荣光
安	莫延	Mākh-yān	月神之爱
何	胡数剌	Chosh-rit	十四日神所赐
曹	提始潘	Dhēshchi-farn	阿胡拉—马兹达的荣光

以下我们以最能代表粟特商业民族和聚落特征的一个词"萨宝（萨簿）"为例，分析汉语的粟特语借词。考察该词所蕴含和映射的当时民族交往状况，以及多元文化交融现象。

首先，考察民族交往过程中"萨宝（萨簿）"一词在汉语中的使用及流变。

"萨宝"一词是随着粟特商队进入西域、吐鲁番，进而来到中原的。粟特这个典型的商业民族为满足丝绸之路上长途跋涉和大宗物资运输的需要，以及抵御丝路上的自然灾害和人为劫持，他们组成规模浩大的商旅队伍，动辄几百人，在丝路沿线城镇留居，形成粟特聚落。商队首领在粟特语中称为"萨宝（萨簿）"（s'rtp'w），他们不仅管理日常事务，同时还管理商队中的祆教祭祀活动，很多粟特聚落中都设有他们自己的宗教祭祀

---

① 转引自〔美〕韩森（Valerie Hansen）《丝绸之路贸易对吐鲁番地方社会的影响：公元 500~800 年》，收入《粟特人在中国——历史、考古、语言的新探索》，中华书局，2005，第 113~140 页。

场所祆祠。于是便形成了典型的宗教首领与商队首领合一的"萨宝（萨簿）"管理体制。

吐鲁番地区的高昌国作为丝绸之路上重要的国际贸易枢纽，是粟特人在丝绸之路上的最大聚居地，为方便管理，高昌国将粟特商队政教合一的首领"萨宝（萨簿）"作为官职与"虎牙将军"等官职并用。

"萨簿"一词在吐鲁番出土文书中两见：

其一，1973年阿斯塔那524号墓所出《高昌永平二年（550年）十二月卅日祀部班示为知祀人上名及谪罚事》①，择录于下：

1　谏议干茂，参军忠穆，明威世和，主薄处顺，将厕奴，吏孝受，右六人 知祀 □□

2　谏议僧佑，参军佑义，中郎忠达，虎牙广达，将眄奴，吏荅婢，右六人知祀风伯。

…………

9　虎牙孝恕，萨簿□□，虎牙孟义，（缺）

10　明正月一日当敬（缺）十二月卅日（缺）

11　 若 （缺）谪酒（缺）

…………

14　谪酒二斗。故□□□，［咸］使闻知。

15　□□□□庚午 岁 十二月卅日祀部 班，

16　（缺）长史虎威将军兼祀部事鞠 顺 。

其二，1960年阿斯塔那331号墓出土《高昌义和六年（619年）伯延等传付麦、粟、床条》②：

3　□伯延传大麦伍斗，用买落贰斗，供萨

---

① 唐长孺：《吐鲁番出土文书》（图录版）第一册，文物出版社，1992，第136页。
② 唐长孺：《吐鲁番出土文书》（图录版）第一册，文物出版社，1992，第355页。

4　（缺）己卯岁九月八日条

5　门下校郎，高［宝］

…………

13　萨薄□□传粜□斟给与车不六多。义和六 年 □

14　卯岁九月十一日

从以上两则出土材料可知，第一件文书是高昌国祀部长史虎威将军麹顺签署的参与祭祀者名单，名单中"萨薄"与"虎牙、参军、中郎、主簿"等官员并列，尤其文书第9行"虎牙孝恕，萨薄□□，虎牙孟义"，"萨薄"前后，皆有虎牙将军，无疑这里的"萨薄"为高昌政府授予之官职。第二件文书显示"萨薄"具有传令的权力，亦即具有官员的权利。以上两例应该是目前所见"萨薄"作为职管名称的最早纪录了。

两件文书中这一官职名称的写法不同，一作"薄"，一作"簿"，当看作通假字，吐鲁番出土文书中有大量通假现象，如"主簿"都写作"主薄"等。在史籍中出现的"萨宝""萨保""萨甫"等与上揭文书所用两种书写形式表意相同，它们也应属一词之异写，这也是音译外来词的典型特征。以下论述过程中统一写作"萨宝"。

中原王朝统治者在官职设置上也设"萨宝"一职。《隋书·百官志》载："雍州萨保，为视从七品。诸州胡二百户已上萨保，为视正九品。"[1]《通典》职官大唐官品条视流内官职载："视正五品，萨宝；视从七品，萨宝府祆正"[2]；视流外官职载"四品，萨宝府率；五品，萨宝府史"[3]。《旧唐书·职官志》亦载："初以萨保府、亲王国官及三师、三公……开元初，一切罢之。今唯有萨宝、祆正二官而已……开元初唯留萨宝、祆祝及府史，余亦罢之。"[4] 可见，至迟在隋朝中原统治者已启用"萨宝"一职，并且在使用上有所改造，尤其是唐朝"萨宝""祆正"并列，可推知萨宝在职责范围上进一步扩大，而不仅仅管理祆教及粟特事务。

---

① 《隋书》卷28《百官志下》，中华书局，1973，第790~791页。

② （唐）杜佑：《通典》卷40，中华书局，1988，第1103页。

③ （唐）杜佑：《通典》卷40，中华书局，1988，第1105~1106页。

④ 《旧唐书》卷42《职官志一》，中华书局，1975，第1803页。

可见，"萨宝"一词本意指商队首领，延伸为商队聚落基础上的政教合一的大首领，是随着粟特商队进入西域、吐鲁番，进而来到中原的，后在中国以官职形式出现。"萨宝"一职为高昌国和中原统治者所认可，加以改造后设置相应官职，主要负责外来聚落事务管理，甚或国家宗教事务和外来事务管理。于是，"萨宝"一词逐渐成为唯一一个进入中原王朝官职系统的外来词。

图 3　安伽墓正面屏风局部相会图
图片来源：陕西省考古研究所编著《西安北周安伽墓》图版 55，文物出版社，2003。

图 4　Miho 藏石棺粟特商旅驼运图
图片来源：《Miho 图录》251 页图 D，转引自荣新江《中古中国与外来文明》，三联书店，2011，第 41 页。

其次，我们探讨"萨宝"的语源。

"萨宝"一词是随着粟特商队的到来进入汉语的，其直接语源应该是粟特语。这在语言、文献、历史方面都有理据。

陈垣先生最早在《火祆教入中国考》一文中指出"萨宝"源于"萨宝水"："《魏书》卷一〇二、《隋书》卷八三康国都于萨宝水上阿禄迪城。康国，唐人谓即康居，为祆教流行之地。萨宝之名，是否取于此，不可知也。"[1] 吉田丰从 312～313 年的粟特文古信札编号第 5 件的残片中，

---

① 陈垣：《火祆教入中国考》，《国学季刊》第 1 卷第 1 号，1923，第 38～39 页；此据作者修订本，载《陈垣学术论文集》，中华书局，1980，第 318 页。

检出 s'rtp'w 一词，认为是萨宝的直接语源，该词前半 s'rt "队商"来自梵文的 sārtha，后半 -p'w 来自古伊朗语的 *pawan- "守护者"，是一个梵文和粟特文的组合词，意思是"队商首领"，其音义与"萨宝"完全吻合①。之后，向达《唐代长安与西域文明》②、王素《高昌火祆教论稿》③、薛爱华（Edward H. Schafer）《撒马尔罕的金桃》④、荒川正晴《论北朝隋及唐代"萨宝"的性质》⑤，均赞同萨宝的粟特语语源。

　　关于"萨宝"直接来源于粟特，隋唐时期的墓志碑铭也可提供有力支撑。考察该时期墓志碑铭，一般萨宝一职均由粟特人担任。兹举两例：

　　　　君讳诃耽，字说，原州平高县人，史国王之苗裔也……曾祖尼，魏摩诃大萨宝、张掖县令。祖思，周京师萨宝。⑥（《唐史诃耽墓志》）

　　　　君讳元敬，字留师，相州安阳人也。原夫吹律命氏，其先肇自康居毕万之后。因从孝文，遂居于邺。祖乐，魏骠骑大将军，又迁徐州诸军事。父件相，齐九州摩诃大萨宝，寻改授龙骧将军。⑦（《唐康元敬墓志》）

　　由以上墓志可知，史诃耽为中亚史国人，典型的粟特人，其曾祖父、祖父均在北朝担任萨宝。康元敬也为粟特人，其祖父在北魏任大将军，父亲曾担任萨宝。可见，"无论是在北朝、隋唐，实际担任萨保或萨保府官职的个人本身，抑或唐人墓志中所记载的曾任萨保的其曾祖、祖、父，绝

---

① 〔日〕吉田丰：《ソグド语杂录（Ⅱ）》，《オリエント》第 31 卷第 2 号，1989，第 168~171 页。
② 向达：《唐代长安与西域文明》，北京三联书店，1957，第 89~92 页。
③ 王素：《高昌火祆教论稿》，《历史研究》1986 年第 3 期，第 172~173 页。
④ E. H. Schafer, *The Golden Peaches of Samarkand. A Study of T'ang Exotics*, University of California Press, 1963, pp. 20, 284, note 116；吴玉贵汉译本《唐代的外来文明》，中国社会科学出版社，第 35、78 页注 119，第 1 版；2015 年社会科学文献出版社，第 3 版，书名改为直译，作者名也由谢弗改译为薛爱华。
⑤ 〔日〕荒川正晴：《北朝隋・唐代における"萨宝"の性格をめぐつて》，《东洋史苑》第 50・51 合并号，1998，第 164~186 页。
⑥ 罗丰：《固原南郊隋唐墓地》，文物出版社，1996，第 69 页。
⑦ 北京图书馆金石组编《北京图书馆藏中国历代石刻拓本汇编》第 50 册，中州古籍出版社，1989，第 193 页。

大多数是来自昭武九姓的粟特人"①。

同时，这些墓志材料还可以生动展现粟特人由原居地中亚地区迁徙移入中原，并在中原担任官职，一步步融入汉人社会的历史。从材料可以看出他们已经在中土生活了几代人，应该已经完全融入汉人生活，在这个小范围内实现了民族融合。

另外，在中国正史记载中"萨宝"均与祆教一起出现，而祆教是粟特人的宗教信仰，这也为"萨宝"的粟特语源提供重要理据。《通典》载："视正五品，萨宝；视从七品，萨宝府祆正。"②《旧唐书·职官志》载："今唯有萨宝、祆正二官而已……开元初唯留萨宝、祆祝及府史，余亦罢之。"③ 所以，"萨宝"一词是随着粟特商队的到来进入汉语的，其直接语源是粟特语。

但是，有一事实我们不能忽视，即萨宝在佛教本生故事中也一再出现。如《譬喻经》《罗摩伽经》《贤愚经》中均有出现④，并且常常是富商，置办船具，率众商人入海寻宝或渡海经商。遇到各种危险时，"萨薄"往往救助众生，甚至献出身家性命。一般认为这个救助众生的商主是佛的前身。粟特商队之萨宝与佛教本生故事之"萨薄"有诸多相似之处，这两种形象之间是否有一定联系呢。

有人指出佛教本生故事之萨宝与粟特商队之萨宝二者源于不同的语言系统，没有必然的关联，前者写作"萨薄"，后者写作"萨保"并行不悖⑤。

---

① 荣新江：《萨保与萨薄：北朝隋唐胡人聚落首领问题的争论与辨析》，见叶奕良编《伊朗学在中国论文集》第 3 集，北京大学出版社，2003，第 128~143 页。

② （唐）杜佑：《通典》卷 40，中华书局，1988，第 1103 页。

③ 《旧唐书》卷 42《职官志一》，中华书局，1975，第 1803 页。

④ 如萨薄燃臂引路本生故事见《贤愚经》卷六《五百盲儿往返逐佛缘品》第二十八。克孜尔第 38 窟绘有该本生故事，萨薄高举双臂，燃烧作炬，图版见《中国石窟·克孜尔石窟》（一），图 121，页 244。马璧龙王本生故事见《经律异相》卷二四《灯光金轮王舍臂》，克孜尔第 114 窟绘此本生故事，图版见《中国石窟·克孜尔石窟》（二），图 134。大施抒海本生见《贤愚经》卷八《大施抒海品》第三十五，本故事图版见《新疆克孜尔石窟考古报告》第 1 卷，页 86，彩色图版 20、25，又见《中国石窟·克孜尔石窟》（一），图 50。

⑤ 日本榎一雄指出萨宝和萨薄有不同语源，荒川正晴也有此观点，详见《东洋史苑》50、51 合并号，1998，第 164~186 页。荣新江先生也持此观点，详见《萨保与萨薄：北朝隋唐胡人聚落首领问题的争论与辨析》，见叶奕良编《伊朗学在中国论文集》第 3 集，北京大学出版社，2003，第 128~143 页。

那么，吐鲁番出土的事关粟特商队的北朝时期文书，为何写作"萨薄"，为何与佛教本生故事的写法一致，则无从解释。为什么二者在内涵上又如此接近，均为商主，均率巨大商队，均对商队有管理护佑职责。为什么汉字译写时，在选词用字上亦如此接近，一致被混淆。

我们认为二者应该有历史渊源，一种可能的解释是粟特人在经营丝绸之路商队之前已经和印度发生了联系，佛教在更早的时候传入粟特地区，佛教本生故事中的商队首领萨宝，也随着佛教的引入而被粟特人接受，并在粟特语中被固定下来，并设立专门的官职①。后来粟特商队从中亚来到西域和中原时，又将该词带来，为汉语接受。如此，则汉语中作为职官名称的"萨宝"其直接语源为粟特语，而根源则为梵语。这就涉及更大范围、更早时间的民族接触和交流。

从目前所见史料看，也为萨宝从梵语借入粟特语提供了充分依据。

首先，萨宝一词在印度出现较早，在释迦牟尼所在的时代已经非常通行。佛经记载的佛陀本生故事中多次记载释迦牟尼曾担任商队首领萨宝（萨薄）。如"昔无数阿僧祇劫前，有两部贾客，各有五百人，在波罗奈国，各合资财严船渡海，乘风迳"。

其次，佛教于丝绸之路开通之前已经进入粟特地区，并被部分接受。关于佛教何时传入粟特地区，日本羽田亨指出应在公元270年之前，因为其考证在此之前康居僧人康臣、康孟详、康僧铠等已经到中原地区传教②。而《西域古代民族宗教宗论》认为公元前后佛教已经传入兴都库什山以北的巴克特里亚地区，并且在这一时段佛教已经传入粟特地区③。所以可以说佛教在粟特商人进入吐鲁番地区以前已经在粟特地区传播，并且部分粟特人已经信奉了佛教。汉文史料记载粟特地区最具代表性的国家康国有佛教的痕迹，《魏书·西域传》康国条："国立祖庙，以六月祭之，诸国皆助祭，奉佛为胡书。"《隋书》卷八十三亦有记载："（康国）俗奉

---

① 姜伯勤：《萨宝府制度源流论略——汉文粟特人墓志考释之一》，饶宗颐：《华学》第 3 辑，紫禁城出版社，1998，第 290~308 页；罗丰：《萨宝：一个唐朝唯一外来官职的再考察》，收入罗丰《胡汉之间——"丝绸之路"与西北历史考古》，文物出版社，2004，第 248~279 页。

② 〔日〕羽田亨：《西域之佛教》，贺昌群译，商务印书馆，1956 年重印版，第 168 页。

③ 高永久：《西域古代民族宗教宗论》，高等教育出版社，1997，第 105 页。

佛为胡书。"这些均为有力证据。

再次，从目前出土资料看，"萨宝"作为政府官职在粟特人本土确实存在，并且早于我国中原地区。《隋史射勿墓志》载："公讳射勿，字槃陀，平凉平高县人也，其先出自西国。曾祖妙尼，祖波波匿，并仕本国，俱为萨宝。"① 从该墓志所记可知，粟特人史射勿的曾祖妙尼、祖父波波匿均在粟特国家史国出仕，担任萨宝一职。可见，在粟特本土本来就设有萨宝这一官职。该官职与中原王朝所设萨宝职能是否一致，为未可知，不过据此可确信萨宝一职在粟特地区确实为官府设立的官职。另外，粟特语和印度语中的萨宝在语音上有相同之处。这些都为"萨宝"的粟特语源提供了有力证据。

总之，"萨宝"这个粟特词语进入汉语不仅仅是一种语言现象，其被借入和被广泛使用的过程更是一个民族交往不断加深的过程。"萨宝"一词可以折射当时粟特商队从遥远的中亚长途跋涉来到吐鲁番和西域各地，进而辗转中原的情景，折射出粟特人入朝为官而逐渐汉化融入汉族的过程，从分析可以看出他们已经在中土生活了几代人，应该已经完全融入汉人生活，在这个小范围内实现了民族融合。这只是中华民族多元一体格局形成过程的一个微小缩影。

三 波斯语借词

我们以产自波斯的丝绸之路上重要商品之一"𨭠石"为个案，分析汉语的波斯语借词。"𨭠石"为音译加注的外来词，"𨭠"乃波斯语之音译，后加汉语常见语素"石"，构成"𨭠石"。随着"𨭠石"在中国的广泛传播和冶炼，其称谓逐渐本土化而改称"黄铜"。

吐鲁番哈拉和卓 90 号墓所出《高昌□归等买𨭠石等物残帐》（1-125），该文书见𨭠石 1 例，因同墓出有永康十七年（482）文书推知该文书为 5 世纪末阚氏高昌时期与胡商的交易记录：

    1 （缺）归买𨭠石

---

① 罗丰：《固原南郊隋唐墓地》，文物出版社，1996，第 17 页。

2　（缺）毯百八十张，□诸将绵

3　（缺）钵斯锦系□昌应出

又，1973 年吐鲁番阿斯塔那 514 号墓出土《高昌内藏奏的称价钱帐》（1-450）记有"买香五百七十二斤，鍮石三十"。鍮石在高昌国时代的吐鲁番地区主要由西方输入，并且作为宝石类商品与波斯锦、香料等在市场上被贩卖。

关于鍮石的用途，吐鲁番出土文书未明确记载。只见到以鍮石为原料加工制成的首饰或日常小件物品，如吐鲁番阿斯塔那 305 号墓所出《缺名随葬衣物疏》（一）（1-3）记录的随葬品中包括"鍮鉅钗①一双"。据同墓所出《前秦建元二十年（384 年）韩瓮为自期召弟应见事》（1-4）可知，384 年前后吐鲁番地区已有鍮石制成品，鍮石通过丝绸之路开始东传的时间应当更早。又吐鲁番阿斯塔那 514 号墓所出《唐杂物牲畜帐》（2-37）记有"鍮铮壹②""鍮石调量麻布称壹"等。因同墓出有《高昌延寿十四年（637 年）康保谦买园券》（2-23）、《唐贞观十四年（640 年）张某夏田券》（2-25）、《唐贞观十四年（640 年）闰十月西州高昌县弘宝寺贼腾钱名》（2-26）等多件贞观前后文书，可知文书中之"鍮铮""鍮石调量麻布称"当为贞观前后物品。另阿斯塔那 514 号墓所出唐西州时期《唐残书牍（2-286）》记有"偷石腰带"，即鍮石腰带。上示文书所记"鍮铮""鍮鉅钗""鍮石调量麻布称""鍮石腰带"皆以鍮石为原材料制成。

其实鍮石还有一个重要用途便是用于制作佛像、佛具。敦煌文书对此多有记载，如"鍮石香宝子""鍮石莲花柄""鍮石瓶子""鍮石石越""鍮石金渡香炉"等③。梁僧祐《出三藏记集》列有"林邑国献无量寿鍮

①　钱伯泉认为是鍮石制作的方头铜钗。见钱伯泉《吐鲁番出土魏晋南北朝的随葬衣物疏研究》，《吐鲁番学研究》2001 年第 1 期，第 22 页。

②　乜小红认为铮本为古代乐器的一种，在此处乃作为器用物，形类铜锣。见乜小红《俄藏敦煌契约文书研究》，上海古籍出版社，2009，第 187 页。

③　《敦煌社会经济文献真迹释录》第 3 辑，第 9、11、32、51、71 页等。

石像记"①。《大唐西域记》卷七婆罗疟斯国条记载"大城中天祠二十
所……输石天像量减百尺，威严肃然，懔懔如在"②。《酉阳杂俎续集》
载，长安城大同坊观音堂有"于阗输石立像"，长安城常乐坊赵景公寺的
华严院中，有输石卢舍立像，高六尺，古样精巧③。

《说文解字》无"输"字，直到南朝梁《玉篇》才有"输"字及"输
石"一词："输，他侯切，输石，似金也。"④ 慧琳《一切经音义》卷一
五："输石，吐侯反，输石者金之类也，精于铜，次于金，上好者与金相
类，出外国也。"⑤"输"字还有其他写法，如写作"偷"，见上揭《唐残
书牍》（2-286）中的"偷石腰带"，《广韵》明谓"偷""输"二字同
音，可用为假借字。

从其他传世文献记载看，也均言输石并非中土所产，多谓源自波斯。
输石由波斯进口的天然黄铜矿石，后在中国广泛流通，在称谓上也渐渐本
土化，而改称为黄铜⑥。"黄铜"在我国史料中最早见于《南史》卷二十
三《王莹传》："时人为之语曰：欲向南，钱可贪。遂向东，为黄铜。"

输石虽产自波斯，但是通过丝绸之路的贸易中转，被大量运送到中原
内地，为普通民众所熟知。唐代诗人元稹在乐府诗《相和歌辞·估客乐》
中有"输石打臂钏，糯米炊项璎。归来村中卖，敲作金玉声"的描写，
形象记述了民间妇人用输石制作首饰的情景。

综上所述，输石一词进入汉语的过程，记录了输石在丝绸之路上的流
通过程，是波斯经粟特与汉民族交往的见证。

四　印度语借词

一般认为中国历史上汉语与其他语言接触碰撞，并对汉语产生深远影

---

① （南朝）僧祐：《出三藏记集》卷12，中华书局，1995，第451页。
② 董志翘：《大唐西域记译注》，中华书局，1981，第394页。
③ （唐）段成式撰，曹中孚点校《酉阳杂俎·寺塔记上》续集卷五，上海古籍出版社，2012，第156页。
④ 上揭吐鲁番阿斯塔那305号墓所出《缺名随葬衣物疏一》（1-3）所记"输鉦钗"约384年前后，较字书所记早一百多年。
⑤ 徐时仪校注《一切经音义三种校本合刊》，上海古籍出版社，2008，第763页。
⑥ 王银田、饶晨：《论"输石"》，《敦煌研究》2009年第4期，第103~108页。

响的两个时期，是汉魏南北朝和元代前后。汉魏南北朝时期，佛教传入中国，大量佛典被翻译，梵语对汉语产生了深远影响，成为汉语新词新语产生的一个重要来源。汉语的佛教借词已被广泛关注，研究成果极为丰硕。吐鲁番出土文书中也出现了"佛""沙门""菩萨"等众多佛教词语。我们还要看到，随着印度文化、西域文化对中土的影响，民族交往的深入，不仅佛教词语进入汉语，氍毹（毛毯）、氎（棉花）等日常生活类词语也被引进汉语。

1. 氍毹

氍毹，又写作"氍氀"等，是用毛或其他材料织成的毯子。

吐鲁番哈拉和卓 91 号墓出土《器物帐》（1-78）记有"裘三领，狐皮冒一枚，靴 一 量，氍毹一领，铁帗一领"。斯坦因第三次中亚探险所获之《唐残文书》（c.11.0067）：记有"故氍毹壹"[1]。

《集韵·平声二·虞第十》：氀，权俱切，与氎同；氎，或作毹，音双雏切与"搜"同。故氍氎当有"氍氀""氍毹"等写法，"氍氎"即"氍毹"。《太平御览》卷七零八引《通俗文》曰："织毛褥谓之氍氎。"

唐·慧琳对氍氎多有解释，并且对语源做了分析。其《一切经音义》卷十三《大宝积经》第三十七卷"氍毹"条："《考声》云：织毛为文彩，本胡语也"[2]；卷三十七《陀罗尼集经》第三卷"氍毹"条云："梵语也，毛毯地衣之类也，亦无正字也"[3]；卷六二《根本毗奈耶杂事律》第十三卷"氍毹"条云："本胡语也。织毛为布如麻，以敷床褥，出罽宾国。《声类》云：毛席也，二字并从毛，瞿俞皆声也。"[4] 由以上可知"氍氎"同"氍毹"，为外来词，指用动物毛织成的粗毛毯。不过在语源的分析上，一言本胡语，出西域罽宾国，一言出梵语，把梵语纳入胡语范畴。

---

[1] 沙知、吴芳思：《斯坦因第三次中亚探险所获汉文书》（非佛经部分）（第 2 册），上海辞书出版社，2005，第 298 页。

[2] 徐时仪校注《一切经音义三种校本合刊》，上海古籍出版社，2008，第 719 页。

[3] 徐时仪校注《一切经音义三种校本合刊》，上海古籍出版社，2008，第 1152 页。

[4] 徐时仪校注《一切经音义三种校本合刊》，上海古籍出版社，2008，第 1610 页。

图5 新疆出土东汉时期地毯

图片来源：新疆维吾尔自治区博物馆编《新疆出土文物》，文物出版社，1975，第20页。

图6 东汉时期的蜡染棉布

图片来源：新疆维吾尔自治区博物馆编《新疆出土文物》，文物出版社，1975，第21页。

马雍先生对"氍毹"做了认真考证，发现佉卢文① kośava 的词义为粗毛毡②，汉字所记"氍毹"与此意义相同；并且二者在语音上也有对应关系，"氍毹"古音读作 küʂou 或 küʂau，与佉卢文 kośava 有明显的对应关系："ko 转为 kü 是没有问题的，śava 按梵语'特弱变化'的音变规则，也可能转化为 śau，所以 kośava 可以转化为 küśau 而被译作'氍毹'。"③并且进一步指出，佉卢文 kośava 源自梵语 kośa。前文已述，佉卢文字主要使用于公元前3世纪印度孔雀王朝阿育王时期的印度西北部，记录该地的方言俗语，与境内通行的婆罗迷文字并行使用，后巴基斯坦、阿富汗、乌兹别克、塔吉克、土库曼等地也有使用。公元1~2世纪时在中亚地区广泛传播。公元2世纪中叶佉卢文传入西域于阗，3世纪中叶传入鄯善，在中国新疆一直使用到比较晚的时代。"氍毹"应该和先秦时代西域地区一个叫渠叟的部落有关系。他推测佉卢文 kośava 最初的译名不是"氍毹"，而是写法简单、字形常用的"渠叟"，该部落因擅长织"渠叟"而

① 佉卢文记录的是印度西北部的方言——健陀罗语，详见本书第三章第一节印度语族部分。

② A. M. Boyer, E. J. Rapson, E. Senart, P. S. Noble：KharosthīInseriptiones Discovered by Sir · Aurel Stein in Chinese Turkestan, Oxford, 1920-1929.

③ 马雍《新疆佉卢文书中的 kośava 即"氍毹"考——兼论"渠搜"古地名》，载《中国民族古文字研究》，中国社会科学出版社，1984，第50~55页。日本藤田丰八推测"氍毹"之实物由波斯人或月氏或印度而传入中国，而其读音又借自阿拉伯语，并进一步假设阿拉伯语在远古已经传入波斯和东方诸国，该推测有待商榷。具体见藤田丰八《榻及氍毹氍毹考》，载《中国南海古代交通丛考》，何健民译，商务印书馆，1936，第510~522页。

得名。后来的汉化过程中，在毛织物的名称上加"毛"旁，又变换声符，逐渐演变为"氍毹"之类的书写形式。

我们认为该部落的名称源于佉卢文之音译的看法似可商榷。前文已述，佉卢文传至西域在2世纪左右，而《周书》《尚书》《穆天子传》对渠叟部落均有记载，如"渠叟以獤犬，獤犬者，露犬也，能飞食虎豹"（《周书·王会篇》），"巨搜之人具牛马之湩，以洗穆王之足，及二乘之人。又献马三百、牛羊五千"（《穆天子传》），"织皮，昆仑、析支、渠搜、西戎即叙"（《尚书·禹贡》）。所以渠叟或渠搜是一个很古老的部落，其存在时间远比佉卢文传至西域和中亚早，该部落不见于《史记》《汉书》中关于西域诸国的记载，说明至迟在汉代已经消失，甚至其存在的时间和佉卢文在西域的流通时间没有交集。马雍先生也意识到这个问题，故在文末特别强调"渠搜之名可能来自 kośava，这只是说明该词汇的译名在先秦时已出现，但决不意味着我国新疆地区在先秦时代即已使用佉卢文字，这是两个完全不同的问题"[1]。

既然当时佉卢文未传至西域，那么需要有这样的假设，即在周代位于西域的渠叟部落和另外一个或几个使用佉卢文而地理位置不在西域的民族交往频繁，而从对方语言中借来一个词表达自己擅长而又经常制作的毛织物名称，并且在此基础上渠叟部落被对方称为渠叟。假设能否成立，就现有材料看，尚不能很好解决这一问题。这种织物也当为生活必备用品，民族特色物品，自然用本民族语言为之命名，而不应当借外族语言来表达。

所以我们认为该词的引入应当在汉代。西汉开始经营西域，与西域诸国往来频繁，互通有无。东汉虽"三绝三通"，也多有往来。西域多游牧，牲畜发达，有条件织造毛织品，且西域气候条件恶劣，也需要毛织物御风御寒，"氍毹"是西北游牧民族的常用物品。西域与内地往来频繁后，"氍毹"传入内地，并且曾备受青睐。张衡诗云："美人赠送毡氍毹"（《四愁诗》），古乐府诗云："请客上北堂，坐毡及氍毹。"（《陇西行》）这种毛毯自西域传入，其名称当为西域语言的音译，而其时佉卢文字传入

---

① 马雍：《新疆佉卢文书中的 kośava 即"氍毹"考——兼论"渠搜"古地名》，载《中国民族古文字研究》，中国社会科学出版社，1984，第50~55页。

于阗、鄯善等地并通行西域，故源自佉卢语可以理解。可能"罽駊"一词较繁难，传入中原后逐渐汉化，按照汉语的习惯被"毛毡"一类的完全表意的词取代。如音译词"德律风"，后被"电话"取代。

2. 迭（氎）

"迭""疊"在晋唐之际用来指棉花，是音译词，后增加形符写作"氎"，或借用汉语固有词"绁"表示①。使用过程中不断本土化，最终被"棉""棉花"替代。

吐鲁番出土文书，关于"迭"的最早记录一般认为是吐鲁番阿斯塔那 39 号墓出土十六国时期的《前凉升平十四年（370 年）残券》（1-2），这也是十六国时期唯一一件文书，该文书残存两行：

1　升平十四年□□□九日宋永（缺）　韩小奴□瓜地二亩

2　（缺）迭四尺

文书中"宋永□"买或租了"韩小奴□瓜地二亩"，以"迭布四尺"作为土地买卖或租借的条件。

高昌国时期，关于"迭"的记载明显增多。例如：吐鲁番阿斯塔那 313 号墓所出《高昌章和十八年（548 年）缺名随葬衣物疏》（1-288）中有"罗迭百匹"，吐鲁番阿斯塔那 170 号墓所出《高昌延昌二年（562 年）长史孝寅随葬衣物疏》（1-145）有"迭千五百匹"（1-145），吐鲁番阿斯塔那 335 号墓所出《高昌延昌三十二年（592 年）缺名随葬衣物疏》（1-253）记有"细布百匹、细迭百匹"。吐鲁番哈拉和卓 99 号墓所出《某家失火烧损财物帐》（1-98）损失的财物中有"迭缕三十两""白迭三匹"。迭布在当时已被当地百姓广泛使用，如阿斯塔那 138 号墓所出《高昌缺名随葬衣物疏》（1-443）记有"细迭衫一具"，151 号墓所出《高昌作头张庆右等偷丁谷寺物平钱帐》（2-109）中有"迭被一，平钱八文"，《高昌僧道瑜等斛斗疏》（1-462）"智谦"下小字标有"六月卅日迭袴"等。

---

①　为了更好体现"疊""氎"的对比和变化，这里"疊"我们没有写成简体字"叠"，下同。

西州时期的文书中普遍用"绁"来代替前期之"㲲",如《唐景龙二年（708年）西州交河县安乐城宋悉感举钱契》中，宋悉感"陆拾肆文作绁花贰拾斤"（3-553），《唐宝应元年（762年）西州高昌县周氏纳布抄》记有"周义敏纳十一月番课绁布壹段"①，《唐宝应二年（763年）西州高昌县周义敏纳布抄》记有"周义敏纳三月番课钱绁布壹段"②。

史籍中相应时代也有关于"㲲"的记载，并且对其性状用途有所描述，一般写作"㲲"。《梁书·高昌传》载，高昌"多草木，草实如茧，茧中丝如细，名为白㲲子，国人多取织以布。布甚软白，交市用焉"③。《南史·高昌传》记载与《梁书·高昌传》完全一致④。《旧唐书·高昌传》载："有草名白叠，国人采其花，织以为布。"⑤ 从以上记载和描述，基本可以推知"㲲"当指我们现在所言之"棉花"。

佛教典籍中一般认为"氎"是"㲲"的正字，如《一切经音义》只收"氎"，未收"㲲"。"氎"条："《切韵》：细毛布。今谓不然，别有氎花织以为布"，"氎衣"条云：氎，"西国草木花布也。经作叠，亦通"⑥。吐鲁番出土文书中不见"氎"字，只写作"㲲"。

除"叠"外，棉花这一事物在当时还有其他音译形式，如"劫贝""劫波育""迦波罗"等。玄应《一切经音义》卷第十四《四分律》卷二："劫贝，或云劫波育，或言劫婆娑，正言迦波罗，此译云树花名也。可以为布，高昌名氎。氎是衣名。罽宾以南，大者成树；以北，形小，状如土葵。有壳，剥以出花，如柳絮，可纫以为布，用之为衣也。"⑦ 慧琳《一切经音义》卷第五十九《四分律》卷二，"劫贝"条，做完全相同的解释⑧。在"劫波育"（《大集经》）⑨、"劫贝娑花"（《楞严经》）⑩ 条下解释类此。

---

① 〔日〕池田温：《中国古代籍帐研究》，东京东洋文化研究所，1990，第443页。
② 〔日〕池田温：《中国古代籍帐研究》，东京东洋文化研究所，1990，第444页。
③ 《梁书·高昌传》，中华书局，1973，第811页。
④ 《南史·高昌传》，中华书局，1975，第1983页。
⑤ 《旧唐书·高昌传》，中华书局，1975，第5294页。
⑥ 徐时仪校注《一切经音义三种校本合刊》，上海古籍出版社，2008，第1438页。
⑦ 徐时仪校注《一切经音义三种校本合刊》，上海古籍出版社，2008，第295页。
⑧ 徐时仪校注《一切经音义三种校本合刊》，上海古籍出版社，2008，第1552页。
⑨ 徐时仪校注《一切经音义三种校本合刊》，上海古籍出版社，2008，第15页。
⑩ 徐时仪校注《一切经音义三种校本合刊》，上海古籍出版社，2008，第954页。

"迭"的语源问题上，伯希和认为是梵语 dvīpa 的译音①。劳费尔认为"迭"是产于伊朗的锦缎，来自古波斯语的 diep、dziep、diep、dib，等于中古波斯语 dib 或 dēp，相当于新波斯语 dībā（丝锦），dibāh（金绢），dibād（锦马甲），后来"迭"转用在棉花上。"到底'迭'这个字是否如沙畹所说的和棉花有关，现在还不能肯定；但是从《南史》卷79（第6页）或《梁书》所描写的这植物看来，可以假定'帛迭'一词是后来转用在棉花上的。"② 吴震认为源于印度，杜朝晖也认为源于印度并不断汉化，李思纯认为可能来自中亚之突厥语③。

我们认为棉花引自印度，其语音形式"迭"乃梵语之音译。因为印度种植棉花的历史悠久，且与中国交往源远流长，棉花从印度引进自然而然，且典籍记载可资印证，又有语音上的对应。

印度河流域是世界上种植棉花最早的地区之一，在考古学命名为哈拉帕（Harappan）文化的青铜时代（前2350~前1750）该流域已发现棉花，并出土棉织物残片④。1953《不列颠百科全书》（*Enclopzedia Britannica*，英文版）第22卷"纺织"条下云："近来的发掘证明印度河两岸是草棉的老家，种植以供纺织。尼罗河两岸被认为是亚麻织物的发祥地。"⑤ 分地区叙述时又称"在巴基斯坦境内发现了属于公元前3000年的真正棉织品"⑥。

中国和印度的交往源远流长。《史记·大宛列传》载（张）骞曰："臣在大夏时，见邛竹杖、蜀布，问曰'安得此？'大夏国人曰：'吾贾人往市之身毒，身毒在大夏东南可数千里'。"⑦ 可见至迟在公元前2世纪

① 〔美〕劳费尔：《中国伊朗编》，商务印书馆，1964，第317页。
② 〔美〕劳费尔：《中国伊朗编》，商务印书馆，1964，第318页。
③ 吴震：《关于棉花种植的一些问题》，载李肖主编《吐鲁番学研究》2005年第1期，第27~36页；杜朝晖：《从敦煌吐鲁番文书看汉语音译外来词的汉化历程以"叠""毵""㲲""毡""缂"为例》，载《敦煌研究》2007年第3期，第103~106页；李思纯：《学海片鳞录》，载《文史》第3辑，中华书局，1998，第95~120页。
④ 《中国大百科全书》，中国大百科全书出版社，1986，第155~156页。
⑤ 吴震：《关于棉花种植的一些问题》，载李肖主编《吐鲁番学研究》2005年第1期，第27~36页。
⑥ 1973~1974年东京版《不列颠百科全书》（英文版）第18卷"纺织工业"（Textile Industry）条，内容与1953基本相同。又见《中国大百科全书》（考古学），中国大百科全书出版社，1986，第13页。
⑦ 《史记·大宛列传》，中华书局，1959，第3166页。

时，中国蜀地产品已远销至印度，又辗转他地。而中国之丝绸，据季羡林先生研究至迟在公元前 3 世纪已传入印度①。印度从中国引进丝绸、蜀布、邛竹杖等，中国从印度引进棉布，有基础，有条件，自然而然。

从典籍记载看棉布也源自印度。一般认为最早记录棉织品的中国史籍是《宋书》②。《宋书·夷蛮传》载："呵罗单国治阇婆州。元嘉七年遣使献金刚指环、赤鹦鹉鸟、天竺国白迭古贝，叶波国古贝等物。"③ 可见最早传入中国的棉布来自印度。又《太平御览·布帛部七》卷八百二十引《魏文帝诏》曰："夫珍玩所生，皆中国。及西域他方，物比不如也。代郡黄布为细，乐浪练为精，江东太未布为白，故不如白叠布鲜洁也。"④ 这里所言白叠产地西域应指印度。

另外，佛教典籍中对"迭""氎"等多有记载和详细解说（前文诸多引述可见一斑），而其他典籍很少记载，说明"迭"是佛教徒常见之物，而佛教源于印度，故"迭"无疑也产自印度。特别值得一提的是慧琳《一切经音义》卷三十五《一字奇特佛顶经》上卷："氎缕"条所云：氎，"音牒，西国草花萦也……此从毛迭声，或从系作缕。本无此字，译经者权制之，故无定体。"⑤ 意即"氎""缕"等字乃译者在翻译印度佛典时所译，而佛典多用梵语写成。可见，"迭""氎""缕"等字在表示棉花这个含义上相互等同，来自梵语之音译。

从语言学角度讲，有其语音学理据。"迭"上古音属定母入声部，拟音为 diap；中古音属定母入声帖韵，拟音作 diep。"吉"上古音属见母入声质部拟音为 kǐĕt，中古音同属见母入声质韵，拟音为 k'ǐĕt。"贝"上古音属帮母月部拟音为 pāt，中古属帮母泰韵，拟音为 pai。故"吉贝"上古音为 kǐĕtpāt，中古音为 k'ǐĕtpai。吴震先生认为"迭"和"吉贝"等词"都是对梵语 karpasi（或 karpasa）的音译，不同译者以自身的方言差异，

① 季羡林：《中印文化关系史论丛》，人民出版社，1957，第 163~164 页。
② 吴震：《关于棉花种植的一些问题》，载李肖主编《吐鲁番学研究》2005 年 1 期，第 27~36 页。
③ 《宋书·夷蛮传·呵罗单国》卷 97，中华书局，1974，第 2381 页。
④ 孙雍长、熊毓兰校点《太平御览》第七卷，河北教育出版社，1994，第 628 页。
⑤ 徐时仪校注《一切经音义三种校本合刊》，上海古籍出版社，2008，第 295 页，又见第 1120 页。

作不尽相同的音译,说不上谁对谁讹"①,又如 kauseya(野蚕、其丝及织品)玄奘译作"侨奢耶",义净则译作"高世耶"等。

宋代棉花在中国普遍种植。宋代文人因其絮如丝绵而名之为"棉",读音同"绵",《大广益会玉篇》卷十二木部收"棉"二字,"棉,木名",不过"棉"字在宋代的使用不广泛,元以后比较普遍,明代基本没有"迭"指棉花的用例。

"棉"又和固有语素"花"组成"棉花",《明史》有"棉花"一词使用,清代已经普及。高昌时期"迭"后也曾加"花"字,构成"迭花"一词,表示棉桃中的纤维,与"迭布"相对。如斯坦因中亚考古所获重光、延寿初年文书《高昌某人负官、私麦、迭花帐》②《高昌某人计田、舍、奴负官、私麦、迭花帐》③《高昌某人负麦、豆、迭花帐》④《高昌某人负官、私麦、迭花帐》⑤,多次出现"迭花"。"棉花"一词的出现和"迭花"不无关系。

近现代使用过程中,"棉花"也可省作"花"。现代汉语中"花"还可以指棉花,如扎花、弹花等,《现代汉语词典》收录了该义项⑥,该义项在很多方言区也在使用,如河南话,"种花、摘花"可分别指种棉花、摘棉花;而种植采摘普通的花,则用"种花儿""摘花儿"等儿化音。

总之,棉花这种植物最早由印度引进,其语音形式自然是梵语的音译,不过由于方言的差别,一般在南方译作"吉贝",在北方译作"迭""叠"。进入汉语系统后,逐渐接受汉语的改造,增加了形符,而成"氎"。在高昌地区与之并行使用的还有"緤",并且将棉布称作"緤布",将棉花称作"緤花"。宋代文人根据棉布绵细的特点,在"绵"基础上造"棉"字。而"棉"又与"緤花"的"花"组合,而成"棉花"一词,既可指植株也可指果实。近现代使用过程中,"棉花"又省作"花",现

① 吴震:《关于棉花种植的一些问题》(载李肖主编《吐鲁番学研究》2005 年 1 期,第 27~36 页),还指出"白叠"是梵语 bhardvdji 的音译。
② 陈国灿:《斯坦因所获吐鲁番文书研究》,武汉大学出版社,1995,第 153 页。
③ 陈国灿:《斯坦因所获吐鲁番文书研究》,武汉大学出版社,1995,第 154~155 页。
④ 陈国灿:《斯坦因所获吐鲁番文书研究》,武汉大学出版社,1995,第 156~157 页。
⑤ 陈国灿:《斯坦因所获吐鲁番文书研究》,武汉大学出版社,1995,第 159 页。
⑥ 吕叔湘主编《现代汉语词典》(第五版),商务印书馆,2005,第 580 页。

在河南等北方方言的很多地区，"花"，有"棉花"的意思。

通过以上分析可知，汉语的印度语言借词不仅仅停留在影响最大的佛教层面，生产生活类词语也多有出现，如上所述地毯（氍毹）、棉花（迭、氎）等。可见，该地区与印度的交往亦深入生产、生活层面。

五　其他语言借词

1. 葡萄

葡萄原产于东地中海沿岸，后逐步传到中亚、东亚地区，汉代传到我国中原地区。《史记》《汉书》等都详细记录了当时西域种植葡萄的盛况："宛左右以葡萄为酒，富人藏酒至万余石，久者数十岁不败。"（《史记·大宛列传》）"伊吾地宜五谷、桑、麻、葡萄。其北又有柳中，皆膏腴之地。故汉常与匈奴争车师、伊吾，以制西域焉。"（《后汉书·西域传》）

我国中原地区的葡萄引进种植一般认为是张骞之功劳，带回了葡萄种子，还带回了其语音形式，并最终在汉语中形成了"葡萄"一词。当然也有人指出葡萄种子并非张骞引入①。不过葡萄这一物种自西域引进已是不争的事实，"葡萄"一词作为记音形式随着物种的引进进入汉语系统成为地道的汉语借词，和其他所有借词一样，最初有多种记音形式，如"蒲陶、葡萄、蒲桃"等，吐鲁番文书多写作蒲桃，甚至直接称为"桃"。关于"葡萄"一词是何种语言的音译，劳费尔指出，"既然张骞在大宛（拨汗那）见到葡萄，把它的种子带回中国，他必然也在大宛学来这个名字"②，因此不得不假定其为大宛。并且指出当译自大宛语 budāw，相当于伊朗语的 budāwa，其中 wa 或 awa 是词尾，buda 是词根，该词根和中古波斯语的 bātak（酒）和 bādye（酒具）相关联。考上古音"蒲""葡"为并母鱼韵，拟音为 [bua]，中古汉语属并母模韵拟音为 [bu]，"萄""陶"上古音为定母幽韵，拟音为 [dəu]，中古汉语属定母豪韵拟音为 [t'au]，葡（蒲）萄（陶）即为 [buadəu]，与劳费尔推定的大宛语 [budāw]、伊朗语 [budāwa] 读音十分相近，所以"葡萄"一词无疑译自大宛语或伊朗语。

---

① 殷晴：《物种源流辨析——汉唐时期新疆园艺业的发展及有关问题》，《西域研究》2008 年第 1 期，第 17~26 页。

② 〔美〕劳费尔：《中国伊朗编》，林筠译，商务印书馆，2015，第 50 页。

　　吐鲁番地区的葡萄种植源于何时，史书没有明确记载，按葡萄传入路线推测，地处西域的吐鲁番应在汉代以前已有葡萄种植。这也被考古成果所证实。鄯善苏贝希墓地考古发现了公元前 5 世纪至公元前 3 世纪留下的葡萄籽 130 余粒①；又在洋海墓葬发现汉代以前的葡萄藤标本②，说明至迟在公元前 3 世纪葡萄已在吐鲁番地区推广种植。

　　葡萄物种作为民族交往的见证，在吐鲁番地区广泛种植，并逐渐成为当地重要的支柱产业，据估算麹氏高昌时期吐鲁番地区有葡萄田 3063 亩，约占高昌垦田的 3%～4%③，有学者通过对文书《北凉承平年间（443-460 年）高昌郡高昌县资簿》的分析，估算葡萄园种植亩数达总耕作亩数的 10%之多④。吐鲁番出土文书中多次出现葡萄，多次出现葡萄园的租借买卖，雇用作人在葡萄园从事劳作等，亦见葡萄种植的普遍和规模，可知至迟在晋末葡萄种植在吐鲁番地区已经成为支柱产业之一。

　　值得一提的是，葡萄作为音译词在吐鲁番出土文书中有多种写法，如"蒲陶、葡萄、浮桃、蒲桃"等，甚至直接称为"桃"。不过，并非所有的"桃"均指葡萄，也可能指从中原传入吐鲁番的"桃子""桃树"。在吐鲁番出土文书中"桃""蒲桃"并列使用的情况很能说明这一问题。如《武周载初元年（689 年）西州高昌县宁和才等户手实》（六）（3-507）对康才宝一家户口、田地情况进行登记的情况是：

　　18　一段三亩半六十步，桃，城北一里孔进渠，东丞田，西汜七隆，南张苟面，北 张

　　19　一段一亩一百八十九步菜，城里一里张渠，东曹慈善，西高信行，南荒

　　20　一段二亩，蒲陶，城西六里

---

① 参见新疆文物考古研究所《鄯善县苏贝希墓群三号墓地》，《新疆文物》1994 年第 2 期。

② 新疆文物考古研究所、吐鲁番地区文物局：《吐鲁番考古新收获——鄯善县洋海墓地发掘简报》，《新疆文物》2004 年第 1 期。

③ 卢向前：《麹氏高昌和唐代西州的葡萄、葡萄酒及葡萄酒税》，《中国经济史研究》2002 年第 4 期，第 110～120 页。

④ 殷晴：《物种源流辨析——汉唐时期新疆园艺业的发展及有关问题》，《西域研究》2008 年第 1 期，第 17～26 页。

对同一户的同一次登记，"一段三亩半六十步"种的是"桃"，"一段二亩"种的是"蒲陶"，很明显"桃""蒲陶"必然有所区别。另外，当"桃"和其他作物套种时，从耕作技术层面考虑也应理解为桃树。如吐鲁番阿斯塔那 320 号墓出土《高昌□延怀等二人举大小麦券》（1-322）中出现的"桃中子秣"，这里的"桃"应该理解为桃树。

吐鲁番从中亚、西亚引进的物种还有核桃、石榴、扁桃、无花果、葱、蒜、瓠瓜、芫荽等，并进而引入中原，当然也从内地引入物种，如梨、枣、韭菜、白菜等①，这些都是民族交往的见证。

2. 烟支

吐鲁番出土随葬衣物疏中多次出现"烟支"一词，一般和"胡粉"并行使用，如阿斯塔那 170 号墓所出《高昌章和十八年（548 年）光妃随葬衣物疏》（1-144）记有"金钗一双，团花一枚，烟支胡粉，青黛，黑黛，眉婢，眉纸，竟敛一枚，一切具"，48 号墓所出《高昌义和四年（617 年）六月缺名随葬衣物疏》（1-336）记有"钗髻烟支胡粉剪刀尺一具"等。烟支、胡粉并行使用可推知二者的用途相同或均来自胡地。

一般认为，"烟支"源于西域胡地，是匈奴对一种可以用作胭脂原料的植物的称呼，也指用这种染料制作的面部化妆用品。借入汉语后，音译作烟支，意译作红蓝②。烟支是音译词，有很多种书写形式，如"焉支""燕支""燕脂""烟支""胭肢""烟肢"等。

《史记·匈奴列传》有"听爱阏氏"，司马贞索隐引习凿齿《与燕王书》云："山下有红蓝，足下先知之不？北方人探取其花，染绯黄。按取其上英鲜者作烟肢，妇人将用为颜色，吾少时再三遇见烟肢，今日始视红蓝，后当为足下致其种。"③《史记·匈奴列传》《正义》引《西河故事》云："匈奴失祁连、焉支二山，乃歌曰：'亡我祁连山，使我六畜不番息；

---

① 殷晴：《物种源流辨析——汉唐时期新疆园艺业的发展及有关问题》，《西域研究》2008年第 1 期，第 17~26 页。

② 王云路：《中古汉语词汇史》（下），商务印书馆，2010，第 863 页。《乐府诗集》卷 99白居易《红线毯》："红线毯，择茧缲丝清水煮，拣丝练线红蓝染。"说明"红蓝"可以做染料用。

③ 《全上古三代秦汉三国六朝文》，《全晋文》卷 134 习凿齿《与谢侍中书》，中华书局，1965，第 1445 页。

失我焉支山，使我妇女无颜色。'"可见焉支山确与匈奴妇女妆饰有密切关系，烟支一词确实借自匈奴。不过，历史上并未留下匈奴的文字，自然无从考证烟支词源的书写形式。

"烟支"在吐鲁番出土的随葬衣物疏中多有出现，基本上每一女性的随葬衣物疏中都有"烟支"，可见，"烟支"已经成为当时女性的必备生活用品。

3. 西域地名

关于西域地名的转写翻译，历来关注较多，且多已成定论。很多地名至今仍在使用，它们都是历史上民族交往的见证。

"焉耆"一词的异写形式相对较少，自汉至唐在正史中一般作此写法。《法显传》作"乌夷"，玄奘译作"阿耆尼"。在吐鲁番文书中写作"焉耆""坞耆""乌耆"3种形式，具体见本书第二章第一节高昌与焉耆交往部分。季羡林先生接受亨宁（W. B. Henning）的观点认为"焉耆"一词当为古代焉耆语"Argi/Arki"的音译。考上古音"焉"为影母元韵，拟音为［ɣan］，中古汉语属影母仙韵，拟音为［ɣɛn］；"耆"上古音为群母脂韵，拟音为［gǐei］，中古汉语属群母脂韵，拟音为［gi］，"焉耆"的上古音为［ɣangǐei］，中古音为［ɣɛngi］，与亨宁推定的古焉耆语［argi］或［arki］读音比较接近，只是古汉语拟音有韵头，而焉耆语没有韵头。

"于阗"一名，是正史中对于阗国的一般译写方式，只有《史记》写作"于寘"，"阗""寘"读音相同。"于阗"一名来自塞人一部落名称——üdün，汉文又作"尉迟"，常用作姓氏。玄奘又称该地为"瞿萨旦那"，是梵语对该地称呼的音译①。考上古音，"于"为匣母鱼韵，拟音为［ɣǐwa］，中古汉语属云母虞韵，拟音为［jǐu］；"阗"上古音为定母真韵，拟音为［dien］，中古汉语属定母先韵，拟音为［dien］，"于阗"的上古音为［ɣǐwadien］，中古音为［jǐudien］，与［üdün］韵头、韵尾及主要辅音和元音都比较接近。

还有一些西域地名，虽然在吐鲁番文书中未出现，但是也是音译词。这里我们拿王云路在汉语词汇史论述的一段话来做比对。

---

① 季羡林主编《敦煌学大辞典》，上海辞书出版社，1998，第1003页。

大夏，古读为 Tokha，即吐火罗（Tokhayi），《史记》《汉书》均有记述。大月氏，原名为 Indoscythe，原为我国古代西北的少数民族，后迁至阿姆河流域，有一部分进入今阿富汗地区，《史记》《汉书》亦有记述。康居，梵文 surika，位于中亚细亚北部的大国，汉初属匈奴。张骞通西域时，曾由大宛到康居。奄蔡，Aorse，《史记》记述为奄蔡国，又叫阿兰，位于伏尔加河下游。当时伏尔加河称为"聊河"，奄蔡又名聊国。罽宾，Kasmira，在喀布尔河下游和克什米尔之间。汉武帝时已有交往，以后始终保持贸易关系。今音译"克什米尔"。身毒，即今之印度（India），因信度河（Sindhu）而得名。大秦，Roma，即罗马帝国，又名犁鞬。《后汉书·西域传》："大秦国，一名犁鞬，以在海西，亦云海西国，地方数千里，有四百余城，小国役属者数十。"汉代后期，中国商人已直接同罗马人进行贸易往来。安息，Partava，即波斯国。《汉书·安息传》有详细记述。西域的各国和地名的借词，有许多是从别的语言转译而来的，所以读音难于对应。①

4. 犊

罗杰瑞《汉语和阿尔泰语互相影响的四项例证》② 认为，汉语的"犊"字汉代出现，中古音为 duk，与蒙古语等部分阿尔泰语读音类似，"犊"是阿尔泰语音译词，即阿尔泰语借词。具体讲蒙古语不满一岁的小牛为 tuɣul，鄂温克语小牛为 tukucēn，拉穆特语生小牛为 tu～tuɣul，满语小牛为 tukšan。罗杰瑞认为该词在阿尔泰语有广泛的地缘分布，并且从汉语里借入一个关乎他们生活方式的词汇不大可能，且汉字"犊"出现较晚，故汉语的"犊"当借自阿尔泰语。

罗杰瑞分析这一问题的前提是同声必同源，即不同语言用相同或相近的语音形式指称相同事物，则这两个语音形式必同出一源，或者说其中一

---

① 王云路：《中古汉语词汇史》（下），商务印书馆，2010，第 875 页。
② 〔美〕罗杰瑞：《汉语和阿尔泰语互相影响的四项例证》，收入《汉语史中的语言接触问题研究》，语文出版社，2010，第 61~65 页。最早载 Jerry Norman. Four Notes on Chinese-Altaic Linguistic Contacts，1982/12〔01 清华学报〕新 14 卷第 1、2 期。

个必然是借词。为什么读音类似就一定有借用关系呢，如汉语妈妈 mama 与英语 mum，含义相同，读音相近，其中一个一定是借词吗，当然不是。同理，汉语与阿尔泰语用相近的语音形式表达相同的事物"小牛"，不一定说明两种语音形式有借用关系。另外，罗杰瑞认为汉语中"犊"字出现较晚与事实也有些出入。

我们认为汉语中"犊"应该是华夏民族对小牛的称呼，其语音形式不应也不必借自其他民族。

中国自古是农耕文明，"牛"为"六畜"之一，养牛的历史非常悠久。甲骨文已经有了牛字，以及与牛相关后来又用于其他牲畜的字，如"牝"指雌性牛，"牡"指雄性牛，"牲"指供祭祀用的全牛，"牢"指关牛的圈，"物"指杂色牛，又"犕"指力大之牛，"𤚩"指无角的牛等。目前甲骨文尚未发现表示小牛含义的"犊"字，但是"犊"字在先秦典籍中广泛出现，如"牺牲驹犊，举书其数"（《礼记·月令》）；"牲用骍，尚赤也；用犊，贵诚也"（《礼记·郊特牲》）；"春行羔豚膳膏香。夏行腒鱐膳膏臊。秋行犊麛膳膏腥。冬行鲜羽膳膏膻"（《周礼·庖人》）；等等，并且对牛的分类和认识更为深入。

牛在中国历史悠久，至迟在几千年前就被华夏先民畜养，并朝夕相处，因此，华夏先民对牛的认识自然非常深刻，对牛的分类也十分详细，对小牛自然也有相应的称呼，而不必借自其他民族。上举系列和牛相关的称呼及汉字书写形式，应该是华夏先民在生产劳动过程中创造出来的，"犊"字自然包括在内。反言之，如果接触最多最常见的小牛之意义的语音形式都借自其他民族，那么与牛相关的其他汉字是否也为音译词呢？综上所述，"犊"应该是华夏民族对小牛的称呼，其语音形式不应也不必借自其他民族。至于与阿尔泰民族选择类似的读音形式或许另有解释，俟再考。

以上我们分析了汉语的突厥语借词、粟特语借词、波斯语借词、印度语借词及其他语言借词，可以看出吐鲁番出土文书所体现的汉语借词，不仅有反映政治和军事交往的职官名称、地名以及军事用品"胡禄"等，更多的是人民生产生活的方方面面：商品交往和商品种类方面的有萨宝、鍮石等，生产生活类的借词有葡萄、胭脂、胡瓜，毛毯（氍毹）、棉布

（氎）等，可见，4~8 世纪吐鲁番地区各族人民既有军事政治层面的交流，又有生产生活方面的交流。从总体上看，是以经济往来为纽带的全面的和谐的交流。

我们只分析了汉语的周边语言借词，而未分析其他语言的汉语借词，主要受我们所选语料的局限和民族语言功底的局限。这里必须说明不同语言间词语的借用是双向的。不仅存在其他民族语言的汉语借词，还有民族语言之间的词语借用。《阙特勤碑》《伽勒可汗碑》等碑铭中已出现突厥语的汉语借词，如 šantug<山东；tinsi<天子；kunçuy<公主；sengün<将军；totok<都督等①。突厥语、回鹘语中也有大量的粟特语借词，突厥语、回鹘语中以 z-、š-、f-、v-、č-起首的，或含有-ž-、-z-、-š-音的词语，基本可以确定是粟特语借词，如 din<δyn 宗教，信仰；dintar<δynδ'r 信徒，选民，僧众；nom<nwm 经文，教义；xaγan/qaγan<x'γ'n/γ'γ'n 可汗；čor<čwr 啜，一种官称，等等②。

第二节　汉语与周边语言的合璧词

语言接触交流发展到一定程度，就会超越单方向词语借用的范围，出现两种接触语言的成分共同构成一个词语的情况，这种情况下构成的词一般称为"合璧词"。"合璧词"的概念是游汝杰先生提出的。他指出"微观的语言融合，在词汇层面上，可以表现为两种不同语言的成分融合成一个新的语言单位——词或较固定的词组，在其中一种语言里使用，这样的词可以称为'合璧词'（hybrid word）"③。就汉语与其他语言构成的合璧词而言，指一个汉语语素和一个非汉语语素构成的词。吐鲁番出土文书中汉语和周边语言成分共同构成的合璧词我们可以称之为胡汉合璧词。

合璧词，不同于借词的另一种方式——"音译加注"，即音译后增加

---

① Tekin，Talat（1995），Les Inscriptions de l'orkhon，Istanbul：simurg. 徐丹：《从借词看西北地区的语言接触》，《民族语文》2015 年第 2 期，第 23~35 页。
② 牛汝极：《从借词看粟特语对回鹘语的影响》，《新疆师范大学学报》2015 年第 1 期，第 101~112 页。
③ 游汝杰：《合璧词与汉语词汇的双音化》，《语言研究集刊》（第九辑），上海辞书出版社，2012，第 183~195 页。

一个表示义类的汉语语素，如"芭蕾"音译后加注"舞"表示舞蹈这个义类。很多"音译加注"的借词即使不加表示义类的语素，也能单独表达其意，如芭蕾舞可以直称"芭蕾"，扑克牌可以直接称为"扑克"。而合璧词中的任何一个语言成分都是必不可少的，必须共同构成一个词，如"疏勒锦"这个词中的两个语素"疏勒"和"锦"都不能少，否则不能表达"疏勒之锦"的含义。当然，音译加注后为双音节的，一般不能去掉表示义类的语素，如波斯语借词"锸石"，去掉"石"后不能表意；而合璧词则不同，如"波斯锦"，去掉"锦"之后，"波斯"仍有实际意义。

从语言学角度讲，吐鲁番文书中有大量的以"胡"和"锦"为构词语素构成的词语，我们称之为"胡"类词语和"锦"类词语①。"胡"类词语，由音译借词"胡"和汉语固有语素构成，指代与西域有关的一些事物和概念，如胡豆、胡瓜、胡床、胡椒、兴生胡、作胡等。"锦"类词语，是以汉语故有"锦"为构词成分加其他音译成分的合璧词，如波斯锦、龟兹锦、疏勒锦、提婆锦等。

当"胡"用来指匈奴、突厥等西域民族时是个译音词，是为借词。陈寅恪《五胡问题及其他》指出"胡本匈奴（Huna）专名，去 na 著 Hu，故音译为胡。后世以统称外族"②。历史上，春秋战国之后匈奴往往被称为"胡"，如"粤无镈，燕无函，秦无庐，胡无弓车"，郑玄注："胡，今匈奴"（《周礼·考工记》）；"今吾将胡服骑射以教百姓"（《战国策·赵策二》）。匈奴人也常自称为"胡"，《汉书·匈奴传上》单于遣使遗汉书云："南有大汉，北有强胡。胡者，天之骄子也，不为小礼以自烦。"③西域各族对匈奴也称为"胡"，《汉书·西域传》载鄯善、疏勒、龟兹、尉犁、焉耆、车师等国都有"郄胡侯""击胡侯""郄胡君""击胡君""郄胡都尉""击胡都尉"等官职，可知这些西域小国屡为匈奴所犯，专

---

① 王启涛：《吐鲁番出土汉文献的借词》一文做此划分，收入新疆吐鲁番学研究院编《语言背后的历史——西域古典语言学高峰论坛论文集》，上海古籍出版社，2012，第165~174页。
② 陈寅恪：《陈寅恪集·讲义及杂稿·五胡问题及其他》，三联书店，2002，第453~454页。
③ 《汉书·匈奴传》卷94，中华书局，1962，第3780页。

设防胡官职，这里的"胡"当特指匈奴。后"胡"的使用开始泛化，泛
称西北诸族，甚至可以指称所有的汉族以外的民族，如干宝《搜神记》
卷二有"晋永嘉中，有天竺胡人，来渡江南"。可见，"胡"在指称民族
及相关事物时是音译外来词，故"胡"可作为语素和汉语固有语素构成
新的胡汉合璧词。

以下我们对这些合璧词从内容上进行分类，挖掘胡汉合璧词所见证的
胡汉民族交流史。

一　宗教类合璧词

我们以"胡天"一词为线索考察 4~8 世纪吐鲁番地区的宗教信仰状
况，以及各民族的交流融合情况。

"胡天"，指一种外来宗教祆教或该宗教祭祀的场所祆祠，因为其敬
奉"天神"，故又称"胡天"。《魏书》《北史》《隋书》的《高昌传》均
记载：高昌"俗事天神，兼信佛法"①，史书"天神"应是出土文书所言
之"胡天"。

"胡天"一词在吐鲁番出土文书中多有出现，摘录于下：

（1）新疆吐鲁番县城郊安伽勒克古城出土《金光明经卷第二题记》②：

1　庚午岁八月十三日于高昌城东胡天南太后祠
2　下，为索将军佛子妻息合家写此
3　金光明一部

（2）吐鲁番阿斯塔那 88 号墓所出文书《高昌高干秀等按亩入供帐》
（1-200）：

1　玄领寺一半：九月七日，二（缺）供作希瑾信；十二月十五
日，一斛，付阿（缺）祀胡天。

---

① 《魏书》卷 101《北史》卷 97、《隋书》卷 83 等书中均有记载。
② 参见吐鲁番文书整理小组，新疆维吾尔自治区博物馆《吐鲁番晋——唐墓葬出土文书概
述》，《文物》1977 年第 3 期，第 21~29 页。

（3）吐鲁番阿斯塔那 524 号墓所出文书《高昌章和五年（535 年）取牛羊供祀帐》（1-132）

1　章和五年乙卯岁正月（缺）日，取严天奴羊一口，供始耕。次三月

2　十一日，取胡未驹羊一口，供祀风伯。次取鞠孟顺羊一口，供祀树石。

3　次三月廿四日，康祈羊一口，供祀丁谷天。次五月二十八日，取白姚

4　羊一口，供祀清山神。次六月十六日，取屠儿胡羊一口，供祀

5　丁谷天。次取孟阿石儿羊一口，供祀大坞阿摩。次七

6　月十四日，取康酉儿牛一头，供谷里祀。山

另外，《高昌众保等传供粮食帐》（1-238）记有："面六斗，供祀天"；《高昌乙酉、丙戌岁某寺条列月用斛斗帐历》（1-400）"祀天"字样六见。

"胡天"，冠以"胡"字，从得名看具有典型的外来特征，从实质上讲确是一种外来宗教，或外来宗教的祭祀场所。宗教作为一种文化现象，作为一种精神信仰，从外族传来而为当地百姓所认同和接受，并最终在语言文字中沉淀，其间的民族交往和认同是不言而喻的。

公元前 6 世纪波斯人琐罗亚斯德在吸收波斯原始信仰的基础上创立了琐罗亚斯德教，崇尚火和日月星辰，善恶二元分立，善神之首为阿胡拉·马兹达。该教不久开始向外传播，而最重要的一个传播地就是粟特地区，在那里被粟特人广泛接受的同时，又融入粟特成分继续发展。资料显示，在公元前 6 世纪已经有粟特人信仰琐罗亚斯德教了①。在萨珊波斯时期（前 224~625 年）该教的发展达到顶峰，被定为国教长达四百年。当时的波斯银币，一面铸有琐罗亚斯德教的祭坛，或者是圣火中有琐罗亚斯德教

---

① 〔日〕羽田亨：《西域文化史》，耿世民译，新疆人民出版社，1981，第 13 页。

善神阿胡拉·玛兹达半身像；另一面铸铭文，类似"马兹德的崇拜者，神圣的阿尔达希，万王之王"的字样①。该教在萨珊波斯具有无上的地位。这一时期在粟特及其他中亚地区，该教继续发展，并且进一步与粟特及中亚原有的民族文化碰撞、交融而有了明显的粟特及中亚文化特征②。

图 7   波斯银币

图片来源：中国国家博物馆网站。

图 8   围屏石榻（局部），火坛和两位祭祀者

图片来源：《粟特人在中国——历史、考古、语言的探索》扉页彩图，荣新江等主编《法国汉学》第 10 辑，中华书局，2005。

该教传入吐鲁番地区的时间没有明确记载。《魏书》卷一百零二载：波斯国"俗事火神、天神"，"神龟中（518～520 年）其国王居和多遣使上书贡物"③。《梁书》卷五十四载：滑国"自魏晋以来，不通中国，至天监十五年，其王厌带夷栗陁始遣使献方物……事天神火神，每日则出户祀神而后食"④。当为记录该教最早的正史文献。陈垣先生据史书推断该教于 5 世纪传入我国，并考证该教所信仰的神为天神、火天神、火神天神，至唐初缩写"天神"二字始创"祆"字，"祆者天神之省文，不称天神而称祆者，明其为外国天神也"⑤，以后史书多称该教为"祆教"或"火祆教"。唐长孺、姜伯勤、王素等先生也进一步论证⑥。我们赞同陈先

①　分别为萨珊波斯阿尔达希尔二世（ArdashirⅡ，379–383 年）。参考夏鼐《中国最近发现的波斯萨珊朝银币》，载《考古学报》1957 年第 2 期，第 49～62 页。

②　高永久：《西域古代民族宗教综论》，高等教育出版社，1997，第 42 页。

③　《魏书·西域传》卷 102，中华书局，1974，第 2271～2272 页。

④　《梁书·诸夷传》卷 54，中华书局，1973，第 812 页。

⑤　陈垣：《火祆教入中国考》，1922 年出版单行本，载《陈垣学术论文集》第 1 集，中华书局，1980，第 304 页。

⑥　姜伯勤：《敦煌吐鲁番文书与丝绸之路》，文物出版社，1994，第 235 页；王素：《魏晋南北朝火祆教钩沉》，《中华文史论丛》1985 年第 2 期，上海古籍出版社；王素：《高昌火祆教论稿》，《历史研究》1986 年第 3 期，第 168～177 页；唐长孺：《魏晋南北朝史论丛》，三联书店，1955，第 416 页。

生，不过祆教传入吐鲁番的时间应该更早①。

我们认为吐鲁番地区的祆教应该是由粟特聚落带入的，因为 4~8 世纪粟特人基本垄断了中亚到中国北方的陆上丝绸之路②，并且吐鲁番是粟特商队的一个重要聚集地，大规模的商队及聚居区带来本民族的信仰是很自然的。同时，吐鲁番出土文书材料还证明该教不是最初的琐罗亚斯德教，而是已经粟特化了的琐罗亚斯德教。上揭例（3）"次取孟阿石儿羊一口，供祀大坞阿摩"中的"阿摩"，即粟特语 Adbag（大神）的对音，"Adbag"是粟特人对祆教最高神的称呼，"大坞阿摩"即大城堡供奉的天神③。

祆教不仅被粟特人随着他们庞大的商队带入吐鲁番地区，同时还被带入西域的于阗、鄯善，带给了北部的哒、突厥等民族。

《旧唐书》卷一百九十八：于阗"好事祆神"，《魏书·西域传》载：焉耆"俗事天神"。又《梁书·滑国传》载哒"事天神、火神。每日则出户祀神而后食"。关于部分突厥人敬奉天神的情况，段成式《酉阳杂俎》卷四记："突厥事祆神，无祠庙，刻毡为形，盛于皮袋，行动之处，以脂酥涂之。或系之竿上，四时祀之。"④ 突厥人本信萨满教，后部分人兼信祆教应该符合史实，因为突厥与粟特有非常密切的关系，粟特人在给突厥人带来其他文化信息的同时也带来了宗教，是可以理解的，就连突厥文的创制也是在粟特文基础上进行的。所以，照常理推测突厥人当时信奉琐罗亚斯德教是可信的。

可见，在民族交往中敬奉天神的祆教不仅在高昌国盛行，在于阗、焉耆等更大范围内的西域地区也比较普遍，甚至影响了草原民族的信仰。这一时期吐鲁番及周边地区民族关系是复杂的，不是一对一的简单民族关系，而是复杂的多极的关系。我们必须肯定粟特人在民族交往史上对宗教传播所起的积极作用。

---

① 王素：《高昌火祆教论稿》，《历史研究》1986 年第 3 期，第 168~177 页。
② 荣新江：《波斯与中国：两种文明在唐朝的交融》，载《中国学术》第 12 辑，商务印书馆，2002，第 56~67 页，具体见第 62 页。
③ 姜伯勤：《敦煌吐鲁番文书与丝绸之路》，文物出版社，1994，第 240 页。
④ 段成式撰，曹中孚校点《酉阳杂俎·境异》卷 4，上海古籍出版社，2012，第 25 页。

　　不过，特别值得一提的是粟特人给西域带来敬奉天神的祆教之后，自己却在民族交融的大洪流中改信了佛教，至少部分人改信或兼信了佛教。吐鲁番出土文书中所记粟特人的姓氏名籍可以提供强有力的支撑，我们可以通过对粟特人姓氏名籍的分析探讨由祆教改信佛教的过程。

　　前文已述，粟特这个典型的商业民族为满足丝绸之路上长途跋涉和大宗物资运输的需要，为抵御丝路上的自然灾害和人为劫持，形成了典型的宗教首领与商队首领合一的"萨宝"管理体制。粟特人本信祆教，敬奉天神，"萨宝"既是他们的祆教信仰的领袖，祆教仪式的主持者，又是商队的主宰者，在某种程度上可以说是维系粟特人商业特色及其生存的根本所在。粟特人对祆教的信仰在吐鲁番出土文书所记粟特人的名字中有很好体现，他们多以所敬奉的诸神的名字来取名，具有明显的祆教色彩。日本学者吉田丰曾发表《汉字拼写的粟特人名、重构的粟特文发音及其原意》，分析粟特人名 43 个，除了不能确定原意的 7 个，其余 36 个中有 26 个都与琐罗亚斯德教的神祇或者火及日月星辰的信仰有关。兹转引数例①：

口	射蜜畔陀	Zhēmat-vandak	十一月神的仆人
康	莫至	Makheh	与月神有关
康	莫昆多	Mākh-vīrt	月神所赐
安	那宁畔陀	Nanai-vandak	娜娜女神的仆人
康	阿揽牛延	Rāman-yān	和平神之爱
曹	禄山	Rokhshn	光明者
翟	那你潘	Nanai-farn	娜娜女神的荣光
安	莫延	Mākh-yān	月神之爱
何	胡数剌	Chosh-rit	十四日神所赐
曹	提始潘	Dhēshchi-farn	阿胡拉——马兹达的荣光

---

①　转引自〔美〕韩森（Valerie Hansen）《丝绸之路贸易对吐鲁番地方社会的影响：公元 500～800 年》，收入《粟特人在中国——历史、考古、语言的新探索》，中华书局，2005，第 113～140 页。

　　但是随着粟特人大规模地长期定居高昌国和后来的唐西州，编户为民，在与汉民族和其他民族的交往中进一步接受了佛教①。高昌"俗事天神，兼信佛法"，尤其是麹氏高昌时期礼敬佛教尤为虔诚，玄奘法师停留高昌期间，每将讲经麹文泰则"躬执香炉自来迎引，将升法座，王又低跪为蹬，令法师蹑上，日日如此"②，及别高昌，麹文泰厚礼相赠，"又作二十四封书，通屈支等二十四国。每一封书附大绫一匹为信"③。可以想见，佛教在当时的高昌应该颇为盛行，粟特人定居高昌而兼信佛教，非常自然④。粟特人信奉佛教在姓氏名籍中也有很好体现，比较明显的，如曹佛儿（1-281）、康僧祐（1-324）、曹僧居尼（2-33）、安僧迦（2-42）、史仏住（2-107）等，以上姓名佛教特征非常鲜明。又据吐鲁番出土文书整理者对各墓葬各文书的分析可知，这些姓名都出现在高昌国和唐西州时期，一般在公元7世纪左右。所以，粟特人姓名所体现的宗教色彩的变化，在很大程度上可以说明粟特人宗教信仰的改变。另外，敦煌文书中的50余种粟特语文献，主要是佛教经卷⑤，时代已到晚唐五代，亦能很好说明佛教在粟特人中流传之广。

　　宗教信仰属一个民族的观念层面、意识层面，一般不会轻易改变，粟特人宗教信仰的改变，除粟特人适应能力极强之外，只能解释为该地区民族交融程度之深。粟特人作为文化的传播者，同时也是文化的接受者；同化其他民族的同时也受到影响，民族间的交往是双向的，互动是双向的。

　　通过以上分析可知，4～8世纪吐鲁番地区民族信仰是多元的，粟特人信奉祆教而兼信佛教，汉人在本土宗教道教基础上不仅接纳了祆教，还接纳了佛教、摩尼教等其他民族宗教。这些都只能在民族成分复杂、民族交往频繁、民族交融深入的区域进行。

---

① 粟特人接触佛教当在他们进入吐鲁番之前，第四章第一节粟特语借词——"萨宝"解说部分有所涉及。
② 慧立、彦悰：《大慈恩寺三藏法师传》，中华书局，2000，第21页。
③ 慧立、彦悰：《大慈恩寺三藏法师传》，中华书局，2000，第21页。
④ 当在该时期，佛教可能通过其他渠道传入粟特本土，《隋书》卷83《康国传》有"俗奉佛，为胡书"的记载，中华书局，1973，第1240页；《旧唐书》卷198《康国传》云："有婆罗门为之占星候气，以定吉凶。颇有佛法。"中华书局，1975，第5310页。
⑤ 〔日〕吉田丰：《敦煌胡语文献》，载《讲座敦煌·卷6》，东京：大东出版社，1985，第187～204页。

二 生产生活类合璧词

【胡麻】

胡麻就是芝麻的俗称，现代除江南个别地方称"油麻"外，我国大多数地区称"芝麻"。目前甘肃、宁夏一带有"胡麻"一词，但不指"芝麻"，而是指一种籽食扁圆的油料作物。吐鲁番阿斯塔那 50 号墓所出《高昌乙酉、丙戌岁某寺条列月用斛斗帐历》（1-400）记有："用输伍升，得钱拾文，买胡麻子伍升，供佛明"等。

"麻"，中原人民古已有之，《诗经》有"十月纳禾稼，黍稷重穋，禾麻菽麦"，"王麻冕黼裳，由宾阶隮"（《尚书·顾命》），"典枲掌布缌缕纻之麻草之物"（《周礼·天官冢宰》）。"胡麻"是另一种作物，引自西域胡地，类麻，故曰胡麻。"胡麻"一词由音译语素"胡"和固有语素"麻"两个语素组合而成，为合璧词。

"胡麻"之名最早出现在汉代。《氾胜之书》云："胡麻相去一尺，区种，天旱常浇之，亩收百斛。"万国鼎先生在辑释中注云："胡麻即脂麻，今通作芝麻。"[1] 汉崔寔《四民月令》谓三月"时雨降，可种粳稻。及植禾、苴麻、胡豆、胡麻"。南朝陶弘景云："胡麻本生大宛，故名胡麻。"[2] 北宋著名科学家沈括在《梦溪笔谈》卷 26《药议》条云："胡麻亦是今油麻，更无他说。予已于灵范方论之。其角有六棱者，有八棱者。中国之麻，令谓之大麻是也……张骞始向大宛得细麻之种，亦谓之麻，故以'胡麻'别之，谓汉麻为'大麻'也。"

可见，"胡麻"之得名源于其产地，已成定论，字典辞书也多采此观点。后赵石勒忌讳胡字，把胡麻改称芝麻。

【波斯锦】【疏勒锦】【龟兹锦】【粟特锦】【提婆锦】

高昌国、唐西州时期的吐鲁番地区，地处丝绸之路要冲，多民族来往其间各地商人络绎不绝，唐西州时期甚至已经取代了敦煌在丝绸之路上的地位，成为重要的贸易中转中心。当然，丝路贸易主要是丝织品、香料等

---

[1] 万国鼎：《氾胜之书辑释》，农业出版社，1963，第 68 页。

[2] 引自李时珍《本草纲目》谷部胡麻。

贵重物品的贸易，不仅有中国的丝织品，也有波斯、龟兹等国家的丝绸锦缎。这些在吐鲁番出土文书中有很好反映。这里我们只选与"锦"相关，以"锦"为构词成分的合璧词——波斯锦、龟兹锦、疏勒锦、提婆锦作简要探讨。

"锦"，指有图案花纹的丝织品，为汉语固有语词，《诗经》有"角枕粲兮，锦衾烂兮"（《唐风·葛生》），"衣锦褧衣，裳锦褧裳，叔兮伯兮，驾予与行"（《郑风·丰》），"锦衣狐裘，颜如渥丹，其君也哉"（《秦风·终南》）。

"波斯"即伊朗，中国古称"安息"。汉语中的"波斯"非常明显是音译词，自然属于借词之列。伯希和《吐火罗语考》中赞同缪勒关于"波斯"语源的探讨，即5世纪时汉语"波斯"一名转译自粟特文 pāsī 而非 pārsī①。音译成分"波斯"和汉语固有成分"锦"，共同构成"波斯锦"这一合璧词，指波斯所产之锦或具有波斯风格之锦。

"龟兹"一名来自属于古代印欧语之一的龟兹语（B种吐火罗语）"Kutsi"，又有"屈支""丘兹""丘慈""屈茨"等译写形式。其词义为"白"，定居高昌的龟兹人多姓"白"，或者反过来说高昌及唐西州的"白"姓居民多来自丘兹②。"疏勒"，季羡林先生认为是粟特族名 Suɣlaq（或 Suɣdaq）的汉字音译，因粟特商人在此地活动而得名③。"提婆"，是梵文 tiva 的汉字译音，意译为"天"，系"天竺"的省称，"提婆锦"的意译全称为"天竺锦"④。"龟兹""疏勒""提婆"都是音译词，它们作为语素分别和"锦"共同构成新的偏正关系的合璧词，表示某地之锦。

当时的吐鲁番地区外来商品络绎不绝，多已为民间所使用。"波斯锦""龟兹锦""镮石"等不胜枚举。以龟兹锦为例，早在北凉时期吐鲁番就有龟兹锦。哈拉和卓88号墓所出《北凉承平五年（公元447年）道人法安弟阿奴举锦券》（1-89）：

① 冯承钧译《吐火罗语考》，中华书局，1957，第73页。
② 季羡林等：《大唐西域记校注》，中华书局，1985，第56页。
③ 季羡林等：《大唐西域记校注》，中华书局，1985，第996页。
④ 殷晴主编《吐鲁番学新论》，新疆人民出版社，2006。

1　承平五年岁次丙戌正月八日道人法安弟阿奴

2　从翟绍远举高昌所作黄地丘慈中

3　锦一张，锦经锦维，长九尺五寸，广四尺五寸

哈拉和卓 99 号墓所出《北凉承平八年（公元 450 年）翟绍远买婢券》（1-93），买婢所用价钱以"丘慈锦"偿付：

1　承平八年岁次乙丑九月廿二日，翟绍远从石阿奴

2　买婢壹人，字绍女，年廿五，交与丘慈锦三张半

上引两件文书中的"丘慈锦"即龟兹锦。顾名思义，应是产自龟兹的织锦。但也有产地并非龟兹，而称作"龟兹锦"者。上引举锦券中阿奴借贷的"黄地龟兹锦"就产自高昌，不过均能说明龟兹锦在当地的紧俏。波斯锦、龟兹锦等外来商品在随葬衣物疏中也随处可见，它们都是民族交往的见证。

【胡粉】

"胡粉"，是由"胡"加汉语固有语素构成的合璧词，指从胡地引进的一种用于饰面的化妆用品。吐鲁番出土文书中有"胡粉"的记载，有时和"胭脂"同现，如吐鲁番阿斯塔那 170 号墓出土《高昌章和十八年（548 年）光妃随葬衣物疏》（1-144）记有"金钗一双，团花一枚，胭脂胡粉，青黛，黑黛，眉蜱，眉昏，竟奁一枚"等。

图 9　东汉时期藤奁及梳妆用具

图片来源：新疆维吾尔自治区博物馆编《新疆出土文物》，文物出版社，1975，第 21 页。

"粉"作为化妆敷面的用品,古已有之,《说文》:"粉傅面者也。"战国时期宋玉《登徒子好色赋》描写东家女子:"著粉则太白,施朱则太赤。"而汉代文献中又出现"胡粉"一词,胡粉在中原十分紧俏,甚至为男子所用,如《后汉书·李固传》:"大行在殡,路人掩涕,固独胡粉饰貌,搔头弄姿。""粉"前加"胡"字构成偏正关系,显然是与传统之"粉"相对而言的。"胡"当何解,《释名·释首饰》:"胡,糊也,脂合以涂面也。"① 似从工艺上解释,看不出与传统之"粉"有何区别。《释名》对"胡饼"也有类似解释,"胡饼,做之大漫沍……随形而名之也"。而"胡饼"目前已被确证指胡地传来之饼。同理,"胡粉"中的"胡"当指原产地而非工艺。

"胡粉"源于胡地,也可被正史证实,《魏书·西域传》《北史·西域传》《周书·异域传》的龟兹国条均记载:"龟兹国……又出细毡,烧铜、铁、铅……胡粉、安息香、良马、犎牛等。"② 这里"胡粉"是作为龟兹国特产引起中原关注而与"安息香"并列被载入史籍的。

所以,吐鲁番出土文书所记高昌国的"胡粉"很可能也来自龟兹,是民族交往的见证。

【胡瓜】

吐鲁番阿斯塔那50号墓所出《高昌重光三年(622年)条列虎牙泛某等传供食帐一》(1-376)记有"次殿中杨传:白罗面贰斗,市肉叁节,胡瓜子叁升,作汤饼供世子夫人食"等。

"瓜"是汉语固有语素,《诗经》"投我以木瓜,报之以琼琚"(卫风·木瓜),"七月食瓜,八月断壶,九月叔苴,采荼薪樗"(豳风·七月),"柘为上,檍次之,檿桑次之,橘次之,木瓜次之,荆次之,竹为下"(周礼·冬官考工记)。"胡瓜"为语素"胡"和语素"瓜"构成的偏正关系合璧词,意为胡地之瓜,当指从西域胡地引进的一种瓜。

后因某些统治者忌讳之故,改"胡瓜"为"黄瓜"。李时珍《本草纲

---

① 王先谦:《释名疏证补》,上海古籍出版社,1983,第242页。
② 《魏书·西域国传》卷102,第2266页;《北史·西域传》卷97,第3217页;《周书·异域传》卷50列传第42,第917页。

目》第 28 卷《菜部三·胡瓜》："张骞使西域得种，故名胡瓜。"杜宝《拾遗录》云："隋大业四年避讳，改胡瓜为黄瓜。"唐吴兢《贞观政要》第 6 卷《慎所好》载："隋炀帝性好猜防，专信邪道，大忌胡人，乃至谓胡床为交床，胡瓜为黄瓜。"

另一说是避石勒讳，改称黄瓜。《晋书·石勒载记下》，石勒为胡人后代，"勒宫殿及诸门始就，制法令甚严，讳胡尤峻"①，诸胡物皆改名。那么"胡瓜"之名必定在改称之列。比较综合的说法，是石勒时期胡瓜开始改为黄瓜，不过范围仅限于北方，待隋统一全国后，统治范围更广，隋炀帝要求在更大范围内改胡瓜为黄瓜。不过，吐鲁番地区的"胡"类词语并未被波及。

【胡饼】

"饼"是目前人们生活中常见的食物，在中华民族历史上流传已非常久远，以致不能察觉"饼"是中华民族与外民族交往交流的结果。传统典籍《十三经》中并没有关于饼的记载，《周礼·内则》介绍各种食物但未涉及饼。饼最早见于《墨子·耕柱》："今有一人于此……见人之作饼，则还然窃之。"然而一般认为墨子的部分篇章为后世所作，年代不能确定，仅此一例不足信。但是典籍中已经出现将小麦研磨成粉后使用的记载，中原地区出土了用于研磨粮食的石磨器具。不过，并未发现关于"饼"的记载。

史籍中"饼"的大面积出现，始于汉代。《汉书·宣帝记》："宣帝微时，每买饼，所以买家辄大售，亦以自怪。"史游《急就篇》列有"饼饵麦饭甘豆羹"。东汉《说文解字》："饼，面餈也，从食并声。"《释名·释饮食》："饼者，并也，溲面使合并也。"高启安认为"饼"的这种称呼源于外族语言，是波斯语 peste 或 pist（小麦）的音译词。从"饼"出现较晚的现实，以及"饼"的上古音［pieŋ］、中古音［pieŋ］与 peste 或 pist 较为接近的情况看，这种观点还是可信的。

"胡饼"，是吐鲁番出土文书中发现的唯一一个"胡"与非汉语语素构成的合璧词，由匈奴语语素和波斯语语素构成，《唐于阗某寺支用簿》

---

① 《晋书·石勒载记下》卷 105，中华书局，1974，第 2737 页。

记有"雇李□□□伍斛斗面胡饼"①。"胡饼"又称作"炉饼"，形制上与今之烧饼类似。

图 10　吐鲁番出土唐时胡饼、饺子和馄饨

图片来源：新疆维吾尔自治区博物馆编《新疆出土文物》，文物出版社，1975，第 126 页。

在炉中烤制而成，上着胡麻，中间可夹馅。"胡饼"在汉代已经传入中原，"灵帝好胡饼，京师皆食胡饼"（《太平御览·饮食部·饼》），刘熙《释名》亦言及胡饼："饼，并也，溲麦面使合并也。胡饼作之，大漫沍也，亦言以胡麻着上也。"（《释名·释饮食》）《晋书·王长文传》载王长文曾于"成都市中蹲踞啮胡饼"，可见胡饼在当时已成为流行的大众食品。"饼"由西域传入，进入中原民族普通民众生活，并在饮食文化方面产生重要影响。

三　商业类合璧词

【胡奴】【胡婢】

"胡奴""胡婢"指胡人奴婢，由"胡"加汉语固有语素构成。他们在当时作为特殊的商品被买卖。西州居民畜养买卖奴婢的情况非常普遍，其中多是胡奴婢，吐鲁番出土文书有大量关于胡奴婢买卖的记载。择录于下：

---

① 沙知、吴芳思：《斯坦因第三次中亚考古所获汉文文献》（非佛经部分）（第 2 册），上海辞书出版社，2005，第 324 页。

（1）阿斯塔那 509 号墓所出《唐开元十九年（公元 731 年）唐荣买婢市券》（4-264）：

　　6　开元十九年贰月日，得兴胡米禄山辞今将婢失满儿，年拾壹，于西州市出卖于

　　7　京兆府金城县人唐荣，得练肆拾正

（2）同墓所出《唐开元二十年（732 年）薛十五年娘买婢市券》（4-266）：

　　1　开元贰拾年捌月日，得田元瑜牒称：今将胡婢绿珠，年拾叁岁

　　2　于西州市出卖与女妇薛十五娘。得大练肆拾匹。今保见集

　　3　谨连元券如前，请改给买人市券者。

又阿斯塔那 5 号墓所出《唐李贺子上阿郎、阿婆书》（一）（3-201）记李贺子"廿年七月，用七千五百文买胡婢一人"。阿斯塔那 152 号墓所出《唐海隆家书》（2-151）也提到买奴买婢之事："若智海口中道买奴买婢不出绢，不须取卷，海隆到高昌始提检。"阿斯塔那 337 号墓所出《唐永徽元年（650 年）西州高昌县范欢进买奴契》（2-224）记录了永徽元年范欢进用练买奴婢的情况。阿斯塔那 4 号墓所出《唐支用钱练帐一》（3-225）同样记有用练买奴婢的情况："买婢，缺练一匹。"

阿斯塔那 35 号墓所出《武周先漏新附部曲客女奴婢名籍》（3，525-529）中奴有遮不略、婆个腔、诃利、莫列等，婢有歌浑、耶不腔、家洛吉等，他们明显为胡人奴婢。但是这不代表奴婢的真实数量，实际上胡奴婢的数量远远大于这些，一些贩卖胡奴婢的粟特胡商为了更好吸引汉民买主，而为很多胡奴婢取了具有美好象征意义的、对主人来说很吉祥的名字[1]，如上揭例（2）薛十五娘所买"胡婢"名叫"绿珠"。又《唐麟德

① 荣新江：《新获吐鲁番文书所见的粟特》，《吐鲁番学研究》2007 年第 1 期，第 28~35 页。

二年（665 年）婢春香辩辞为张玄逸失盗事》（3-239）中婢春香自称"身是突厥"，但是其姓名丝毫看不出突厥的痕迹。照此，《武周先漏新附部曲客女奴婢名籍》中冠名"绿叶""小叶""采香""沉香"的或许是胡人奴婢。所以，实际上唐西州胡人奴婢的数量远远大于姓名所显示的情况。

西州市场的胡奴婢主要是突厥人①，从事奴隶贸易的主要是粟特人②，而买主一般是汉人，买者、卖者和奴婢商品三方就可涉及三个民族，足见该地区民族交往之复杂。特别是吐鲁番阿斯塔那 135 号墓所出著名的粟特语文书《高昌延寿十六年（639 年）五月廿七日买婢契》，这件文书记载石国人从康国人手中买到一个突厥地区出生的曹国女奴③，涉及的民族关系更为复杂。

再进一步讲，胡奴婢进入汉人家庭，民族关系又进入家庭内部。一般而言胡奴婢会逐渐被汉化。其实，胡奴婢并非只在吐鲁番地区，还会被辗转贩运到更远的地方，大批粟特女婢会被运送到中原尤其是长安、洛阳等地的酒家，成为"酒家胡"，成为唐代诗歌中"胡姬"形象的原形。如"胡姬貌如花，当垆笑春风"（李白《前有一樽酒行二首》），"落花踏尽游何处？笑入胡姬酒肆中"（李白《少年行》），为唐代文学增加一抹色彩。"胡奴""胡婢"作为合璧词蕴含了当时丝路上不同民族间的奴婢贸易，及胡奴婢进入汉人社会后的生活。

【兴胡】【兴生胡】

高昌国唐西州时期吐鲁番地区的国际贸易集散市场地位决定了此地的商品贸易，交易量大，多批量中转。吐鲁番出土文书记录了许多"兴生胡""兴胡"以及"行客""行人"的专业商人，他们从事商贸活动，活

---

① 董永强：《四至八世纪吐鲁番的多民族问题探索》，博士学位论文，陕西师范大学，2007，第 143~146 页。

② 林梅村：《粟特文买婢契与丝绸之路上的女奴贸易》，《文物》1992 年第 9 期，第 49~54 页。

③ 1988 年，日本学者吉田丰和森安孝夫对这件文书进行了解读，并于《内陆亚洲语言研究》卷 4 刊布了文书的照片、拉丁转写、日文译文及详细注释。1995 年，林梅村又对吉田丰和森安孝夫其解读中的错误做了修正。见林梅村《粟特文买婢契与丝绸之路上的女奴贸易》，《文物》1992 年第 9 期，第 49~54 页。又荒川正晴《评介：〈粟特文买婢契与丝绸之路上的女奴贸易〉》，《吐鲁番出土文物研究会会报》100 号，1994，6~8 页；荣新江《高昌王国与中西交通》，收入《中古中国与外来文明》（修订版），三联书店，2014，第 173~192 页对该文书有所解说。

跃于丝路市场。

"兴胡""兴生胡"与"胡瓜""胡麻""胡婢"等不同,为"汉语固有语素+胡"的格式,这里的"胡"不再指胡地而是指来自胡地之人,语义范围上较前有所扩大。

"兴胡""兴生胡"最早见于吐鲁番出土文书,并且在文书中大量出现。择录于下:

(1)《唐咸亨四年(673年)西州前庭府杜队正买驼契》(3-485)

1　咸亨四年十二月十二日,西州前庭府队正 杜 （缺）

2　交用练拾肆匹,于康国兴生胡康乌破 延边

3　买取黄敦驼壹头,年十岁,其驼及练［即］交

(2)《唐开元十九年(731年)唐荣买婢市券》(4-264)

1　开元拾玖年贰月日,得兴胡米禄山辞:今将婢失满儿,年拾壹

2　于西州市出卖与京兆府金城县人唐荣。得练肆拾匹

(3)《唐开元十六年(728年)北庭金满县牒》①:

1　金满县　牒上孔目司

2　开十六税钱、支开十七年用

3　合当县管百姓、行客、兴胡总壹阡柒百陆拾人。应见税钱,总计当

4　贰百伍拾玖阡陆百伍拾文

又《唐开元二十一年(733年)石染典买马契》(4-279)记有"保

---

① 国家文物局古文献研究室编《出土文献研究续集》,文物出版社,1989,第278页。

人兴胡罗也那、安达汉",阿斯塔那 29 号墓所出《唐垂拱元年（685 年）康义罗施等请过所案卷》记有"兴生胡纥搓年五十五"等。

后来"兴胡""兴生胡"传入内地在传世文献中亦有记载,《旧唐书·崔融传》卷 94 载,则天朝,有人请税市,崔融上疏谏止,理由之一是:"边傲之地,寇贼为邻,兴胡之旅,岁月相继,倘因科赋,致有猜疑,一从散亡,何以制禁?"《慧超往五天诸国传》记九个知匼国时,曰"彼王常遣三二百人于大播密川,劫彼兴胡及于使命"。

"兴生"一词为六朝以后习惯用语,意为"兴易""兴贩","兴生胡"简称"兴胡"。周一良先生明确指出"兴"与"商"同义,"兴胡"即"商胡",后羽田亨等进一步论证①。"兴胡"主要指没有著籍而经常出入国境往来贩运的粟特胡商②,他们不担负高昌国和唐西州的调薪、租酒等徭役,只交纳"称价钱""藏钱"等商税,在唐朝他们基本被作为羁縻州府的百姓对待。

"兴胡""兴生胡"最早在吐鲁番地区出现,很可能是地方官员根据当时西域胡商往来贩运络绎不绝的情景所造之词语。词汇是社会的一面镜子,"兴胡""兴生胡"两词是对丝绸之路上特定商业群体的反映和记录。

综上所述,"合璧词"是借词的高级阶段,不是简单地借用另一语言的语音和词义,而是互相交流的语言双方各拿出一个语言成分共同构成新的词语。汉语与其他语言合璧词在吐鲁番出土文书中沉淀,很好地印证了当时的民族交往及相互影响。

第三节　借词特点及吐鲁番地区多元文化解读

借词,是一种语言现象,更是一种文化现象,它体现了民族间的认同与交流。借词伴随所指事物从外族传来而为当地百姓所认同和接受,并最

① 周一良:《魏晋南北朝史札记》,中华书局,1985,第 200 页;〔日〕羽田亨:《"兴胡"名义考》,收入《羽田博士史学论文集》(上卷),同朋舍出版部,1957。
② 〔日〕荒川正晴著,陈海涛译《唐帝国和粟特人的交易活动》,载《敦煌研究》2002 年第 3 期;荒川正晴:《唐代粟特商人与汉族商人》,转引自荣新江等编《粟特人在中国——历史、考古、语言的新探索》,《法国汉学》第 10 辑,中华书局,2005,第 101~109 页。

终在语言文字中沉淀，其间的民族交往和认同是不言而喻的。一个个词语被借入借出并广泛使用的过程就是民族交往不断加深的过程。通过对 4~8 世纪吐鲁番地区借词的分析，可以展现该地区丰富多元的文化现象，以及各民族间交流往来的历史图景。

通过前两节借词的分析，可以看出吐鲁番出土文书所体现的汉语借词，不仅有反映政治和军事交往的职官名称、地名以及军事用品"胡禄"等，更多的是展现了人们生产生活的方方面面：商品交往和商品种类方面的借词有萨宝、鍮石、兴胡、兴生胡等，生产生活类的借词有葡萄、胭脂、胡瓜，毛毯（氍毹）、棉布（氎）等，还有反映人们宗教信仰的借词，如"胡天"等。可见，4~8 世纪吐鲁番地区各族人民既有物质层面的交流又有精神层面的交流，既有军事政治层面的交流又有生产生活方面的交流。总体来看，是以经济往来为纽带的全面的和谐的交流。

以下我们分别从语言学角度和文化视角考察吐鲁番出土文书中的借词现象。进而站在民族交往大背景下综合考察借词所映射的该地区的民族交融及多元文化现象。

一　借词的语言学分析

以上两节我们讨论了吐鲁番出土文书所见的西域语言借词及汉语与西域语言的合璧词，在此基础上我们对这一时期汉语借词的特点略做分析。

吐鲁番文书中的借词，基本上在音译这一层面，即纯粹的借音词。一般从外族引入一种事物或物品时，连同其在外族语言的读音一起引入，并用汉字记录其在外族语言中的读音。文书中的突厥语借词全部为音译词，第三章我们用作对音分析的基础材料；本章第一节论及的粟特语借词基本也是音译词，其他西域语言借词如"葡萄、烟支、焉耆、于阗"等均为音译词；只有借自波斯语的"鍮石"是音译加注的形式。纯粹的借音，汉字只是作为记音符号，故书写形式往往有多种，如葡萄，有"蒲陶""葡萄""蒲桃"等多种异写形式；胭脂，有"焉支""燕支""燕脂""烟支""胭肢""烟肢"多种异写形式等。

但是，我们必须看到，随着借入时间的久远，汉语使用者会努力按照自己语言的特点和语言习惯，对借音词进行改造。主要改造方式是，字形上按"飞禽按鸟，水族着鱼"的办法在借音词上加表意符号，构成新的形声字，使原来只起记音作用的借音词逐渐表意化，并最终确定固定写法，自然被最终固定下来的借词一般为形声字。如最终确定了"艹"作意符的"葡萄"，"月（肉）"作意符的"胭脂"等。对只作为记音符号的借音词，在词语的借用层次上应该更进一层。

"合璧词"应该是词语借用的更高一级形式，由不同语言的成分融合成一个新的语言单位。吐鲁番出土文书中这类合璧词也较多涉及生产、生活、宗教信仰等方面。"胡"本源为匈奴音译词，指匈奴，后泛指匈奴所在地及周边地区的民族或相关事物。"胡"类语族具有明显的时代特征，张骞通西域后中原与西域交往频繁，大量胡类词语产生，由于高频率的使用，"胡"字逐渐融入汉语成为一个独立的语素，并与汉语固有语素组成新的词语，甚至形成了一个庞大的语族，如胡布、胡甾、胡蕚、胡斧、胡尼、胡女、胡城、胡婢、胡奴、胡练、胡索、胡书、胡桃、胡铁等①，吐鲁番出土文书中"胡"类合璧词二十个之多。合璧词的出现是民族交往发展到一定程度的结果，是民族交融的见证。

汉语对借入语词的改造，以及借词最终以汉语的形式特点融入汉语，这体现了语言的融合、文化的融合。

二　吐鲁番地区民族交融及多元文化解读

借词不仅仅是一种语言现象，更重要的是一种文化现象。借词多是实词，都有一定的语义内容，都包含着一定的文化内涵，或者本身就是一种文化符号。借词的借入必然伴随民族的交往与民族文化的认同，也必然带去该词所负载的文化内容，并不断扩散，对借入民族产生或深或浅的影响。通过对4~8世纪吐鲁番地区借词的分析，可以展现该地区风格多元的文化现象，以及各民族间交流往来的历史图景。我们通过对借词文化衍生的分析，探讨该地区的多元文化特征。

中原文化。4~8世纪的吐鲁番地区具有明显的中原文明特征。高昌居民以汉族为主体，高昌国历代国王皆汉姓，政治体制上也基本与中原政

---

① 王启涛：《吐鲁番出土文献词典》，四川出版集团巴蜀书社，2012，第440~445页。

权一致，并且从出土文书中汉文文书所占比重看，这里的官私文书都以汉文形式拟定，并且出土了大量儒家经典的抄本。尤其是唐西州时期，改高昌国为唐西州，在政治经济文化方面受中原影响更进一层。可见该地中原文明的特征明显，中原文化是这里的主体文化。

游牧文化。4~8世纪该地区具有明显的游牧文化特征，突厥语借词对此有很好的记录。高昌国统治者与北方游牧民族尤其是突厥有长期的交往，并且接受其封号，吐鲁番出土文书记下了一长串的突厥语官号，如前文所论"希董、时多浮跌、无亥、希利发、高昌王麴宝茂"，"多波旱、输屯发高昌令尹麴干固"，"□□□军，肤叠□、吐诺他、跛□、输屯发高昌令尹麴伯雅"，并且还表现出明显的继承性和延续性特点。政治层面的突厥化色彩还表现在婚姻制度上，前文已论高昌王麴伯雅曾拒绝"妻其大母"的突厥收继婚制度，最后迫于政治压力而接受。最主要的是这种婚姻制度在高昌统治阶层延续下来，并且在与非突厥族的婚姻中加以实行，630年麴文泰携妻宇文氏入朝之"宇文氏"，乃当年隋炀帝赐予其父麴伯雅之华容公主，是一明证。

北方游牧民族对高昌的影响主要表现在骑射之风与服饰文化方面。不仅从突厥语借来箭矢之器"胡禄"，借来良马"乌骆马"，最主要的是接受了北方民族的骑射之风，以及与之相应的胡服。"辫发垂之于背，著长身小袖袍、缦裆袴"[1]成为高昌男子的典型装束，虽高昌王下令"解辫削衽"[2]，却不能禁。一个汉族为主体，汉文化为代表文化的社会，社会民众皆着胡服，辫发垂之于背，并具骑射之风，足见汉族与北方民族的交往已经深入生活的方方面面，以及汉文明对北方草原文明的认可与接受。另外，"胡婢""胡奴婢"的引入和存在从另一个侧面说明了当时汉文化与突厥文化在汉族家庭内部的融合。总之，高昌地区具有明显的游牧民族文化特色，通过借词在语言上有明显的沉积。

西域文化。一方面表现为丝绸之路上的商业文化，波斯锦、龟兹锦、安息香、输石、毛毯（氍毹）、棉布（氎）各种商品在丝绸之路上往来贩

---

[1]　《梁书》卷54《诸夷传》高昌国条，中华书局，1973，第811页。
[2]　《隋书》卷83《西域传》高昌国条，中华书局，1973，第1847页。

运，高昌国及唐西州客舍馆驿的设立，以及藏钱、称价钱制度的执行，显示了该地区作为丝路商品集散地的商业性质。同时吐鲁番出土文书中大量的商品买卖、奴婢买卖的契约文书，也体现了该地区的商业文化性质。另一方面高昌（西州）与西域诸国交往频繁，粟特、龟兹、焉耆、鄯善等西域诸国皆有入籍高昌国（西州）者，他们交错杂居，田地向接，共同从事生产劳动，在日常生产生活方面当受西域民族的影响。波斯锦、龟兹锦、粟特锦，不仅仅体现在锦缎制作及商品买卖上，还带来了他们的审美和绘画艺术，如典型的萨珊波斯风格等，这些甚至在当地建筑风格上也有所体现。

多元交融的宗教文化。历来史书对高昌多有"俗事天神，兼信佛法"的记载，不过实际情况更为复杂。前文我们已经分析了"胡天""萨宝"两个与宗教信仰密切相关的借词，在此基础上我们利用其他文献进一步分析该地区多元的宗教信仰。首先，是祆教信仰。祆教由粟特人带入，敬奉天神，"胡天"既指祆教又指祆教信仰。前文已述吐鲁番出土文书记载了大量的胡天祭祀活动，如吐鲁番阿斯塔那 88 号墓所出文书《高昌高干秀等按亩入供帐》（1-200），阿斯塔那 524 号墓所出文书《高昌章和五年（535 年）取牛羊供祀帐》（1-132），同墓所出《高昌永平二年（550 年）十二月卅日祀部班示为知祀人上名及谪罚事》（1-136）等，这些活动有个人行为，也有以高昌国祀部颁示的方式而上升到国家层面的，可见高昌国对胡天的重视，以及民众对祆教的接纳程度。

较之祆教，佛教在高昌地区更为流行，上至高昌王下至普通百姓信众更加广泛。玄奘法师停留高昌期间，每将讲经，高昌王麴文泰则"躬执香炉自来迎引，将升法座，王又低跪为蹬，令法师蹑上，日日如此"①，及别高昌，择沙弥 4 人为侍从，制法服 30 具，黄金 100 两、银钱 3 万，绫、绢 500 匹，"又作二十四封书，通屈支等二十四国。每一封书附大绫一匹为信"②，不胜虔诚。普通民众的佛教信仰在出土随葬衣物疏中也有很好体现，一般随葬衣物疏都会在死者名前冠以"佛弟子"，或有"持佛

---

① 慧立、彦悰：《大慈恩寺三藏法师传》，中华书局，2000，第 21 页。
② 慧立、彦悰：《大慈恩寺三藏法师传》，中华书局，2000，第 21 页。

五戒"字样，这说明高昌民众对佛教是深信不疑的。同时我们也应该看到，在同样的随葬衣物疏中还融合了中原传统宗教道教的成分，在每个衣物疏后几乎都注有"急急如律令"等道教咒语，并且在一些墓葬中还发现道教符咒。这说明，在该地区道教佛教融合后而为民众所接受。可见，4~8 世纪吐鲁番地区民族信仰是丰富的多元的，粟特人信奉祆教而兼信佛教，汉人在本土宗教道教基础上不仅接纳了祆教，还接纳了佛教、摩尼教等其他民族宗教。这些都只能在民族成分复杂、民族交往频繁、民族交融深入的区域进行。

综上所述，4~8 世纪的吐鲁番地区多民族交流融合，民族文化多元，表现出了显著的多元文化特点。

第五章
民族交往与吐鲁番出土文书语法研究

前两章我们通过分析对音和借词，考察了高昌国和唐西州时期民族交往对语音、词汇的影响，以及它们所展现的民族间交流往来的历史图景。那么，民族交往对语言的影响是否波及语法层面？我们挖掘吐鲁番出土文书所见中古汉语新兴语法现象，并以此为观测点进行探究，寻求新兴语法现象产生的原因和理据，以及与民族交往之关系。我们发现吐鲁番出土文书所见中古汉语新兴语法现象，一般都能从汉语自身发展来解释，都能从汉语自身发展找到理据。不过，这种影响是客观存在的，如"了"字用作表完结动词的用法。

第一节　表完结的动词"了"　及阿尔泰语动因

关于"了"字，学界多有探讨，成果丰硕，不过基本都是探讨"了"作为副词和语气词的具体用法、语法化过程等，对用作表"完结"意义的动词"了"论及甚少。吐鲁番出土的晋唐时期的文书中表"完结"意义的动词"了"大面积使用，很值得关注，可以给汉语史上"了"的研究提供新的资料和研究视角。我们发现表"完结"意义的动词"了"在吐鲁番出土文书中普遍使用，有"动词+了""副词+了""光秆动词'了'"三种用法，而同时期的南方文献表完结意义时，一般用"竟""毕"等中古汉语词汇。我们认为这要从中原汉语的第一次南北大分化去考察，要放在中华民族多元一体格局形成的历史背景中去考察，这种现象的出现应该是北方阿尔泰语影响的结果，是北方民族交流融合在语言中的具体体现。

一　吐鲁番出土南北朝时期文书中表"完结"的动词"了"

吐鲁番出土文书中有大量的"了"用作表完结意义的动词。粗略统计，《吐鲁番出土文书》（图录本）中的"了"出现 117 例，全部用作动词，表完结意义。吐鲁番出土文书中用作"完结"义的"了"，有"动词+了""副词+了"光杆儿动词"了"3 种形式，以下各举几例：

（一）动词+"了"

（1）故绯结发一枚，故绀綪结发一枚，故钗一枚，故木梳一枚，故练覆面一枚，故綪尖一头，故栖一枚，故练衫一领，故绮两当一领，故碧襦一领，故絓小裤一立，故絓大裤一立，故绛絓袴一立……右条衣裳杂物悉张世容随身所有，若有人仞名，诣大平事讼了。建平六年闰月廿八日。《建平六年张世容随葬衣物疏》（1-90，75TKM99：7）①

（2）秋当与□□□□残少多，用了外责□□今年风虫，蒲陶三分枯花。□□□强家理贫穷，每调陪□与绩辞索，诉诣曹久，绩投了□□□与共各解。《翟强辞为共治葡萄园事一》，1-51，66TAM62：6/4）②

（3）僧奴□□南渠常田壹分，次薄田壹分。贰分田中粪堛土，仰权僧奴使足。□□田主以田中耕牛、人力、麦子、粟子仰僧奴承了。（《唐权僧奴佃田契》，2-36，64TAM15：27）

例（1）为建平六年（公元 442 年）吐鲁番地区张世容的随葬衣物疏，大意为这里条列的衣裳杂物全部为张世容随身所有，如果有他人认领

---

① 用例后"（　）"内标示例证出处。吐鲁番出土文书用例多引自唐长孺先生主编图录本《吐鲁番出土文书》，如"建平六年张世容随葬衣物疏"是文书标题，"（1-90，75TKM99：7）"指该文书收入唐长孺主编图录本《吐鲁番出土文书》第 1 册，在第 35 页，出土文书原始编号为 75TKM99：7，下同。

② 该文书于 1975 年出自阿斯塔那 62 号墓，据墓葬题解可知，该墓出有《缘禾五年随葬衣物疏》，缘禾可能为北魏太武帝延和年号。据此可推知此件文书大约也是这一时期。详见唐长孺主编《吐鲁番出土文书》（壹），文物出版社，1992 年，第 47 页。

使用，要起诉到"大平事"处理完结此事，"大平事"为"平息争端处理诉讼的官员"①。该例在动词"讼"之后加表完结的动词"了"。例（2）翟强为共治葡萄园过程中不能按时足额交租等事进行解释，大意讲今年风灾、虫灾等影响葡萄收成，此事已经上报地方管理者。例文中动词"投"之后又用动词"了"，"投了"意思是报告完毕。例（3）该文书是一份佃田契，僧奴向地主租种"南渠常田壹分，次薄田壹分"，两分田中的"粪堛土"可供僧奴充分使用，而种田所需要的耕牛、人力、麦子、粟子等则由僧奴承担。这里的"承了"，可以理解成承担完毕。

（二）副词+"了"

（4）升平十一年四月十五日，王念以兹驼卖与朱越，不相贩移。左来右去，二主各了。若还悔者，罚毯十张供献。时人樊显丰，书券李道伯共□。（《前凉升平十一年（367年）王念卖驼券》，1-2，65TAM39：20）

（5）□□员崇辞：□□陷道□眼下创□□夜中眼□，见日□□不了，加复眼痛，□□□被勒当□他屯□□辞达，烦□差□在□，比尔辽治后，不敢□。（《北凉义和某年员崇辞为眼痛请免屯守事》，1-64，75TKM91：28（b））

（6）□月一日，参军崇庆迎名。八月初一斛五斗，□□［用］役祖，次取麦七斗，自取，至月竟了。□斛五斗，付羊皮女了，次末麦一斛五斗，尽月，付□□初麦二斛九斗，尽月竟。付羊皮女。□□一九五斗，付猞子，尽十五日了。（《高昌延昌二十年（580年）计月付麦帐（三）》，1-313，73TAM520：6/1-4（b））

例（4）是王念与朱越卖驼的券契，约定买卖完毕，各不相干。"二主各了"是两人各自了结，动词"了"受副词"各"的修饰。例（5）员崇为自己有眼疾而辞请免除个人屯守之事。"不了"，为没有了结，没有结束之意。副词"不"，修饰动词"了"。例（6）是高昌延昌二十年

① 王启涛．吐鲁番出土文献词典［M］．成都：巴蜀书社，2012．

（580年）按照月份记录的交付麦账的内容，其中记录"次取麦七斗，自取，至月竟了"，这里的"竟"可以看作副词，表示竟然终结的意思。以上三例中的"了"分别出现在副词"各""不""竟"之后，表示"完毕、终结"之意。

（三）光杆动词"了"

（7）承平八年岁次己丑九月廿日，翟绍远从石阿奴买婢壹人，字绍女，年廿五，交与丘慈锦三张半。贾则毕，人即付。若后有呵盗仞名，仰本主了，不了，部还本贾。（《北凉承平八年（450年）翟绍远买婢券》，1-92，75TKM99：6（a)）

（8）次取麦七斗，自取，至月竟了。□斛五斗，付羊皮女了，次末麦一斛五斗，尽月，付□□□ 初 麦二斛九斗，尽月竟。付羊皮 女 。一斛五斗，付猇子，尽十五日了。（《高昌延昌二十年（580年）计月付麦帐（三）》，1-313，73TAM520：6/1-4（b)）

（9）延昌卅六年丙辰岁二月廿日，宋□□边夏孔进渠常田叁亩，要径陆年……五月内□□使毕，十月内上床使毕。若过期不上，□□壹斛上生麦床壹斗。床麦使净好，依官斛□□取床麦之日，依肠取，取麦之［日］，要木酒二斗。渠破水□，□□田人了；紫祖百役，仰田主了。（《高昌延昌三十六年宋某夏田券（596年）》，1-279，72TAM153：39（a ），40（a)）

例（7）大意是翟绍远从石阿奴处买婢的契约，钱、婢相互交付后，不得再认领奴婢，若出现这种情况，"仰本主了"，即由原主人了结。例（8）是高昌国时期计月付麦帐的具体约定，明确了什么时候还多少，其中"付羊皮女了"，意即交付给羊皮女了结。例（9）该文书是高昌国时期租赁田地的文书，规定了日期和条件，其中"渠破水□""紫祖百役"① 即水渠、灌溉、各种与土地相关的租税劳役，由宋某承担。这里的

① "渠破水□""紫祖百役"的解释，详见王启涛先生《吐鲁番出土文献词典》，巴蜀书社，2012年，第827~829页、第1370~1372页。

"了"和前两例一样，也用作动词，表示"完结、了结"之意。

总之，以上所列数例中表完结的动词"了"多出现在魏晋南北朝时期的吐鲁番出土文书中，表明魏晋南北朝时期"了"表完结意义的用法在吐鲁番地区比较普遍。相比之下，同时期的传世文献及南方文献中，"了"的这种用法却极为罕见。

二　南北朝时期南方汉语中表"完结"的动词

魏晋南北朝时期的南方文献中，"了"表完结的用法极为罕见，一般用"毕""竟"等动词，而不用"了"。如"看书竟，默然无言"（《世说新语·雅量》），"王饮酒毕，因得自解去"（世说新语·方正）。

《世说新语》是魏晋南北朝时期口语性较强的代表当时南方汉语使用情况的文学作品，据统计《世说新语》中"了"仅出现 20 例，其中和其他词语连用如"了了""了不""了无" 13 例，用作"了解"义动词 4 例，用作"完结"义动词 3 例[2]。这三例分别是：

> （10）郑玄欲注《春秋传》，尚未成时，行与服子慎（虔）遇宿客舍。先未相识，服在外车上与人说己注传意。玄听之良久，多与己同。玄就车与语曰："吾久欲注，尚未了。听君向言，多与我同。今当尽以所注与君。（《世说新语·文学》）
>
> （11）毕茂世云："一手持蟹螯，一手持酒杯，拍浮酒池中，便足了一生。"（《世说新语·任诞》）
>
> （12）符坚游魂近境，谢太傅谓子敬曰："可将当轴，了其此处。"（《世说新语·雅量》）

例（10）是说郑玄正在进行注释《春秋传》的工作，但是无意间听到服虔也正注释《春秋传》，并且很多观点和自己的一致，于是就对服虔说，自己准备注释已经很久了，尚未完成，就把所有的材料交给服虔。这里"尚未了"，是副词"尚未"加动词"了"的形式出现的。例（11）毕茂世讲一手持蟹螯，一手持酒杯，整日饮酒，便足以了此一生。句中"了"意为"终了""终结"，其前有副词"足"修饰。例（12）符坚的兵逼近东晋边境，太傅谢安对王子敬说可以派遣当权人文，把他们消灭在此地，"了"是"了结、消灭"之意，用作光杆儿动词，单独做谓语。以上三例没有超出该时期吐鲁番出土文书中"了"的用法。

三　南北汉语中"完结"义动词使用的对比分析

《世说新语》为南朝宋刘义庆所做，是当时南方汉语的代表性作品。在完结意义的表示方面，主要沿用古代中原汉语的"毕""竟"等词来表示，而不用"了"。先秦汉语未见"了"字，《说文解字》："了，从子无臂，象形。"①"了"字第一次被记载，和时间无关，更未用作完毕意义的用例。汉代"了"仅有的两个看似表完结的用例，被学者反复论证后予以否定②。"了"字承袭中原汉语的《世说新语》表完结意义时，主要使用"毕""迄"等动词，"了"字的使用应该是北方汉语影响的结果。吐鲁番出土文书中，偶尔也沿用古代汉语的"毕""迄"等，据粗略统计只有4例，这体现了吐鲁番地区汉语作为主体语言对古代汉语的继承。

为什么同为魏晋南北朝时期，表示同一意义，在用词上竟有如此巨大的反差。我们认为这主要与魏晋南北朝社会大分裂时期汉语的第一次南北大分化有关。

南北朝时期社会分裂动荡，晋室南渡，五胡乱华，南北对峙。随之，中原汉语第一次出现了南北大分裂，而"北杂夷虏，南染吴越"，这是汉语史上的一大巨变。东晋中原汉族政权南迁，中原雅音也随之到长江以南。在南方相对安定的社会里因为统治者使用中原雅音故中原雅音在长江以南广为接受，很好的保留了古汉语的声韵特征；不过统治阶层为笼络江南大族，也学习当地方言，并且长期交往过程中南迁的中原雅音必然受当地方音的影响，而"南杂吴越"，形成汉语的南音，即南方语音系统。而北方，北方游牧民族纷纷南下建立独立政权，统治中原，出现了历史上的民族大迁徙大融合，此时期及以后的北方汉语受阿尔泰语影响非常明显，浊音声母清化，声调简化，入声韵尾消失等都是北方汉语发生的显著变化。

---

① 〔东汉〕许慎《说文解字》，中华书局，1956年版，第301页。
② 具体参见梅祖麟《现代汉语完成貌句式和词尾的来源》，《语言研究》1981年第4期，第65~77页。

"了"字的使用，在吐鲁番出土文书所代表的北方汉语①与以《世说新语》为典型代表的南方汉语，表现出极大差别，这是南北汉语分化的结果，也是南北汉语受各自所在区域民族影响的表现。

总之，在完结意义的表示方面，南方汉语主要沿用古代汉语但是也沾染了北方汉语的特点；吐鲁番地区属北方汉语，主要受北方民族的影响，出现了新的表示方法，同时也表现出对传统中原汉语的继承。这些，一方面体现了南、北汉语对中原汉语的继承，另一方面也体现了社会大分裂、民族大融合时期，南、北汉语受所接触民族的影响而表现出的地域差异。

四 "了"动词用法的阿尔泰语动因

"了"用作完结意义的动词，不仅能单独使用，也可用在"动词+了""副词+了"结构中。"了"完结义动词的用法在北方汉语继续发展。唐朝"动+了"结构中逐渐增加了宾语，出现"动+宾+了"现象；到晚唐时期"了"字前移，出现"动+了+宾语"句式②，"了"逐渐由动词虚化为表完结义的助词。

这种转化在与吐鲁番出土文书地域相近、时代相序的敦煌文献中较早完成，尤其是口语性较强的敦煌变文。兹举数例如下：

（13）子胥解梦了，见吴王嗔之，遂从殿上褰衣而下。（《敦煌变文集·伍子胥变文》）

（14）连剃除须发了，将身便即入深山。（《敦煌变文集·大目犍连变文》）

（15）说了夫人及大王，两情相顾又迴惶。（《敦煌变文集欢喜国王缘》）

（16）唱喏走入，拜了起居，再拜走出。（《敦煌变文集·唐太宗入冥记》）

---

① 一般认为吐鲁番地区的汉语方言属于河西方言，而这种河西方言和当时的长安方音相差不大。
② 梅祖麟《现代汉语完成貌句式和词尾的来源》，《语言研究》1981年第4期，第65~77页。

　　例（13）（14）"解梦了""除须发了"，都是"动+宾语+了"格式，分别是解梦完毕，剃发完毕。例（15）（16）"说了夫人及大王""拜了起居"都是"动+了+宾语"格式，这时候的"了"已经具有了助词性质。

　　那么"了"是如何受阿尔泰语的影响，在汉语中逐渐具有"完结"义，并逐渐虚化为助词的。宋金兰先生撰文考察了汉语中表完结义的"了"与阿尔泰语词尾"-l"、"-r"，认为它们之间有明显的对应关系。同时指出阿尔泰语的词尾对北方汉语有明显影响，这个词尾可能最初变换为一个汉语单音词，其语法意义转为汉语的词汇意义，并借用"了"的书写形式。于是，"了"便具有了［+完结］的语义特征，可以用作表完结意义的动词①。以下摘录两例：

　　（17）将军破了单于阵，更把兵书仔细看。（《敦煌变文集·唐太宗入冥记》）

　　阿尔泰语类似的格式，如：

| 蒙古语 | nadǎd og-loo. | 给了我。 |
| 达斡尔语 | nogw ʃam-ii dag-laa dəə. | 狗跟你来了。 |

　　（18）任伊铁作心肝，见了也须粉碎。（《敦煌变文集·维摩诘经菩萨品变文》）

　　阿尔泰语类似的格式，如：

| 蒙古语 | obs xold-loo oŋgǒn xybrǎn. | 草一冻色就变。 |
| 蒙古语 | tər xū ir-ləə. | 那人来了。 |

　　以上各例属于阿尔泰语的蒙古语、达斡尔语中出现的"loo、laa、ləə"，具有明显的完结意义，汉语中"了"具有［+完结］的语义特征可能是在特定的历史大背景下受到北方阿尔泰语的影响。并且南北朝时期南方汉语和北方汉语中"了"的使用情况和语义差别能从侧面为这一观点提供有力支撑。

---

　　①　详见宋金兰《汉语助词"了""着"与阿尔泰诸语言的关系》，《民族语文》1991 年第 6 期，第 59~67 页。

综上所述，阿尔泰语中表示完成的词尾"-l""-r"在魏晋南北朝时期民族大迁徙大融合的过程中影响了北方汉语，在北方汉语中借助"了"的语音形式，表示完结意义。所以，"了"逐渐用作完结意义的动词，并在北方汉语中推行，并且不断发展。当用在"动+宾+了"和"动+了+宾"的结构中"了"就虚化为助词。

第二节　中古汉语新兴虚词与周边语言关系考察

我们考察了吐鲁番出土文书虚词的使用情况，参酌《汉语大字典》《汉语大词典》（简称"二典"）和相关辞书典籍，发现"遂用、素自、恒尔、比尔"4个中古新虚词，"共、交"2个虚词有新的意义和用法。以下我们分别探求它们的构词及发展理据，考察它们受民族交往的影响情况。

一　新兴虚词与周边语言关系考察

吐鲁番出土文书保留了大量中古新兴虚词，这里讨论"遂用、素自、恒尔、比尔"4个不被"二典"等传统大型辞书收录而又见于吐鲁番文献和传世文献的中古新兴虚词，分析其语义及语法化轨迹，考察其发展理据及受民族与地域因素的影响的程度。

（一）遂用

"遂用"为连词，可连接两个相关事件，且后件事往往由前件事引起，有一定的承接和因果关系，可译为"于是、因此"。吐鲁番出土文书1见：

（1）仓吏候暹启：□□所致。生年始卅六七，久患□，积有年岁。前会值□备仓穀，敕罚□□，遂用忧结，致使□□莫々近□□□得。（《仓吏候暹启》，1—35，75TKM96：37）

而"遂用"在传世文献使用广泛，正史、佛经多见，兹举数例：

（2）至于始皇，遂并天下，内兴功作，外攘夷狄……竭天下之资财以奉其政，犹未足以澹其欲也。海内愁怨，遂用溃畔。（《汉书·食货志上》）

（3）四人既至，从太子见，高祖客而敬焉，太子得以为重，遂用自安。（《汉书·王贡两龚鲍传》）

（4）操见绍谓曰："分野殊异，遂用圮绝，不图今日乃相得也。"（《后汉书·袁绍传》）

（5）因屏人曰："汉室倾颓，奸臣窃命，主上蒙尘。孤不度德量力，欲信大义于天下，而智术短浅，遂用猖獗，至于今日"。（《三国志·蜀书·诸葛亮传》）

（6）守光遣延徽聘于契丹，延徽见阿保机不拜，阿保机怒，留之不遣，使牧羊马久之。知其材，召与语，奇之，遂用以为谋主。（《新五代史·四夷附录第一》）

（7）梵志问阎罗王，何为悲泣泪下如雨。阎罗答曰："……仁今说经，便辞利口，义理甚妙，犹如莲华，若明月珠。而命欲尽，余有七日……及当取卿，拷掠五毒。熟思惟此，遂用增怀，不可为喻。"（《佛说黑氏梵志经》）

以上诸例"遂用"连接作用明显，"遂用"之前事件为其后事件的原因或条件。例（2）"内兴劳作……犹未足以澹其欲也"致使"海内愁怨"进而"溃畔"；例（3）太子请来商山四皓，高祖敬之，太子因此受到重视，于是其地位得以稳固，此中因果关系明显；例（4）曹操言：不在一地，所以隔绝，没想到今日才得相见。"遂用"连接了两个谓词性成分，也可视为小分句；例（5）刘备"欲信大义于天下，而智术短浅"，"遂用"颠覆失败，至于今日，"遂用"之"因此、于是"意显明；例（6）阿保机"知其材，召与语，奇之"，"于是"，以之为谋主；例（7）阎罗王听梵志迦罗讲经，突然泪如雨下，问之，答曰：迦罗讲经甚妙，可惜七日后将死，并且"及当取卿，拷掠五毒"，"因此"悲痛伤感。例（1）较传世文献多有残损，尚可连缀大意：仓吏候遑患病已久，备仓穀不力被罚，于是"忧结"于心。以上诸例中的"遂用"表意明确，连接紧密，中间没有也不能插入其他成分，是为词。

从构词理据看，"遂用"是"遂""用"同义连用而凝固成词的。

"遂"，可连接两个相关事件，表示前后事在时间和事理上有一定的顺承关系，意为"于是、就"，如"王乃使玉人理其璞而得宝焉，遂命曰和氏之璧"（韩非子·和氏）。对于"遂"的这种用法各重要辞书均归之为副词，但是都不忘强调其连接作用："两事之辞"①"表示承接关系"②，"相当于'于是，就'"等③。副词又有连接作用，如何界定，学界多有讨论。杨荣祥先生指出"副词的基本功能是充当谓词性结构中的修饰成分，而连词仅仅只是起关联作用"④，据此，主要作用在修饰，则为副词；主要作用在关联，则为连词。副词和连词的这种内在联系，以及"遂"的关联作用，为"遂"被认定为连词、进一步虚化为连词或与连词连用，奠定了语义、功能和认知基础。

以下诸例中的"遂"，均宜视为连词：

（8）齐侯以诸侯之师侵蔡，蔡溃，遂伐楚。（《左传·僖公四年》）

（9）王乃使玉人理其璞而得宝焉，遂命曰和氏之璧。（《韩非子·和氏》）

（10）姜原以为神，遂收养长之。（《史记·周本纪》）

（11）范雎曰："臣，东鄙之贱人也，开罪于楚、魏，遁逃来奔……臣愿请药赐死，而恩以相葬臣，王必不失臣之罪，而无过举之名。"王曰："有之。"遂弗杀而善遇之。（《战国策·秦策三》）

例（8）其实是三个小分句：齐侯侵蔡，蔡溃，于是齐侯伐楚，前后分句有时间、事理上的顺承关系，"遂"意为"于是"，其功能不在修饰，

---

① 汉语大字典编辑委员会《汉语大字典》（第二版），湖北长江出版集团、崇文书局、四川出版集团、四川辞书出版社，2010，第4122页。
② 王力：《王力古汉语字典》，中华书局，2000，第1444页。
③ 汉语大词典编辑委员会《汉语大词典》（第十卷），汉语大词典出版社，1997，第1088页。值得一提的是，《汉语大词典》将"遂"归为副词，释为"于是"，而又将"于是"归为连词，如此，则以连词释副词了。这也恰恰说明"遂"副词、连词用法之纠缠。
④ 杨荣祥：《近代汉语副词研究》，商务印书馆，2007，第16页。

而是连接；例（9）"遂"可译为"于是"，并非修饰"命曰和氏之璧"，而是从逻辑关系上将其与前一小分句及前文相连；例（10）姜原以之为神，于是收留并抚养其长大，"遂"无修饰对象，而是连接两个小分句作用在关联；例（11）范睢一席话，秦王满意，于是王"弗杀而善遇之"，很明显"遂"从逻辑上连接了三个句子。可见，"遂"语义上相当于连词"于是"，功能上也只是起关联作用表示前后分句或句子间的逻辑事理联系，形式上位于后一分句句首，连词用法鲜明。周法高、武振玉等先生也曾论及"遂"的连词用法①。

"用"用作连词，"表示结果。相当于'因而''于是'"②，既可用于小分句句首，又可用于句中主语之后。例如，"至于幽王，天不吊周，王昏不若，用愆厥位"（《春秋左氏传·昭公二十六年》）；"民用莫不震动，恪恭于农"（国语·周语上）。

"遂""用"连用成词，多用于双音节词或短语前，形成两个音步，以使辞气畅达，如例（2—5，7）；也可用于其他类型语言单位之前，如例（6）。另外，据初步检索，"遂""用"连用成词，比较凝固，且使用频率较高，故只能和其他并列式合成词一样被视为词而不是短语。不过，"遂""用"尚可各自单独用作连词，"遂用"的词汇化程度相对较低，它主要使用于中古汉语时期，在语言的发展竞争中，逐渐被"遂""于是"等替代。

可见，"遂""用"凝固成词可以在汉语自身发展中找到理据，并未受外族语言的影响。

（二）素自

"素自"是时间副词，修饰谓词性成分，表示动作或状态从过去到现在一直如此，也可能会持续下去，可译为"一向、向来"。

从结构看，其为时间副词"素"加副词词尾"自"构成的附加式合成词。"素"，《说文》："白致缯也。"③ 即本色生帛。可引申为"原本、

---

① 周法高：《中国古代语法·造句编》（上），台北："中央研究院"历史语言研究所，1961，第294页。武振玉：《两周金文词类研究》，博士学位论文，吉林大学，2006，第218～219页。

② 汉语大字典编辑委员会《汉语大字典》第2版，湖北长江出版集团、崇文书局、四川出版集团、四川辞书出版社，2010，第113页。

③ 许慎：《说文解字》，中华书局，1963，第278页。

本然"之意，用作名词，如"见本抱朴，少私寡欲"；进而用在谓词性成分前起修饰作用，虚化为时间副词，如"吴广素爱人，士卒多为用者"（史记·陈涉世家）。

"自"，"鼻也"，后用作代词，经常紧贴在动词前使用而虚化为方式副词或语气副词，进而用于其他单音节副词后进一步虚化为意义模糊的副词词尾①，如"自暴者不可与有言也"（《孟子·离娄上》），"我无为而民自化"（《老子·第五十七章》），"人之死生自有长短，不在操行善恶也"（《论衡·问孔》），"太傅善其对，因举酒劝之曰：'故自佳，故自佳'"（《世说新语·言语》），"自"分别用作代词、方式副词、语气副词和副词词尾。

吐鲁番出土文书所见"素自"用例为：

（1）□□应甘心。然受素自贫薄，岂可自活。为维那所逼，无□□可当使圣上获无穷之福。恩□之诚，事□□今为维那所□□。道人德受。正月十五日上。［《北凉真兴某年道人德受辞》，1-34，75TKM96：29（a），33（a）］

（2）陈李并言：臣素自贫俭，自□□也。□仰乘时市籴，以供岁终。□□西往□□城籴少谷□□谷听及伴，蒙令付曹，臣并言。《高昌国李并上言为付曹市籴以供岁终事》［新疆维吾尔自治区博物馆《吐鲁番出土文书》（2013），217，09ZJ0038（a）］

例（1）"道人"特指僧人②，"维那"乃佛寺僧职，主管、纠察僧众事物，位次上座、寺主③。该文书多有残损，但文意主旨相对明晰，即僧人德受辩称自己"一向"贫穷，不能自我存活，被"维那"逼迫而怎样。例（2）文书残缺，未详其意，不过从句式看，"素自"在"贫俭"前起修饰作用，和例（1）"素自贫薄"当同义。

---

① 表述参考杨荣祥先生《近代汉语副词研究》，商务印书馆，2007，第130~131页。
② 王启涛：《吐鲁番出土文献词典》，四川出版集团巴蜀书社，2012，第228页。
③ 王启涛：《吐鲁番出土文献词典》，四川出版集团巴蜀书社，2012，第228页。

"素自"，还见于时代稍早的两晋译经和稍后的《贤愚经》，唐代官修正史也不乏其例，如：

（3）其人曰诺，因取家财，供作美馔，又赍宝物，往诣彼国。跪拜陈谢，素自闇塞，被蒙天润，为王所使，遣此饮食金银珍宝，以贡大王。（《生经·佛说诲子经第三十八》）

（4）愚人自作是念：檀越施主素自贫匮，悭嫉之人反更富贵，是以愚者见此讥变，执意遂坚心不开悟。是故说曰作恶不起如兵所截也。（《出曜经·行品第九》）

（5）金城中龙者，今阿难是；时海神者，今离越是；阿难为龙王时，奉事于我，善知时宜，乃至今日，素自知时，阿难欲得此三愿者，随从其意。（《贤愚经·大施抒海品第三十五》）

（6）羲之遂报书曰："吾素自无廊庙志，直王丞相时果欲内吾，誓不许之，手迹犹存，由来尚矣，不于足下参政而方进退。自儿娶女嫁，便怀尚子平之志，数与亲知言之，非一日也。"（《晋书·王羲之传》）

例（3）被母亲教诲之人自述，自己向来"闇塞"，而今"为王所使"，时间对比明显；例（4）"檀越施主素自贫匮"和"悭嫉之人反更富贵"，一组对比句中，"素自"与"反更"相对，前者"向来"意明显；例（5）"素自知时"是对"阿难"先前"为龙王时"便"善知时宜"的注解，很明显"素自"有"向来、一向"之意；例（6）王羲之先言"素自无廊庙志"，接着用一连串往事证明，"无廊庙志"由来久矣，"非一日也"，"向来"意自明。

综上可初步推断"素自"为中古汉语新兴副词，最早见于西晋，先在汉译佛经中使用，后逐步推广开来。

（三）恒尔

"恒尔"，时间副词，修饰谓词性成分，表示动作或状态持续不断，可译为"一直"。

构词方式上与"素自"相同，为副词加词尾的附加式合成词。"恒"，本义"常也"，上古汉语已用作时间副词，如"敢有恒舞于宫，酣歌于室，时谓巫风"（《尚书·伊训》）；"尔"用作副词词尾始见于中古，且只作时间副词的词尾。"恒尔"最早见于北魏,近代汉语已很少使用。

吐鲁番出土文书用例为:

(1) 何射门陀辩:被问□□知委先不与□□亲,若为肯好□□仍显是者。谨审,但门□□得粮然□□为营饭食,恒尔看□,[来]丰虽非嫡亲,见是寄□□忽收取看养在此边处,并不闲官□□见师为疗,又更不陈文记。其人先患甚风,□□是实不虚。[《唐贞观十七年(643年)何射门陀案卷为来丰患病致死事》(3-2)]

传世文献也有用例,解析从略:

(2) 时王有女……见此比丘日行入城,经营所须,心生敬重。遣人往问,尊人恒尔劳苦,何所营理。比丘报言,我今三月,与佛及僧,作灯檀越,所以入城诣诸贤者,求索苏油灯炷之具。(《贤愚经·锯陀身施品第十五》)

(3) 高祖又敕曰:"闻汝所进过少,转就羸瘵。我比更无余病,正为汝如此,胸中亦纪塞成疾。故应强加馆粥,不使我恒尔悬心"。(《梁书·昭明太子传》)

(4) 园中有优婆夷,名为休舍,此云满愿,为能满足一切众生所行善愿。成其善法,为于生死中,化恒尔不休,亦号意乐,以满一切众生意乐。(《略释新华严经修行次第决疑论 卷二之下》)

(四) 比尔

《吐鲁番出土文书》中"比尔"一词出现3例,《辞源》《汉语大词典》未收录,近年来刊布的专门性辞书如《近代汉语大词典》《敦煌文献语言词典》《唐五代语言词典》《吐鲁番出土文献词典》等亦未收。黑维强《吐鲁番出土文书词语例释》(二)论及该词,只一句话带过:"比尔,到时"①,语焉不详,似视其为短语。"比尔"只见于吐鲁番文献吗?渊源如何?是民族接触、语言接触的结果吗?

---

① 黑维强:《吐鲁番出土文书词语例释》(二),《敦煌学辑刊》2005年第2期,第184~193页。

吐鲁番出土文献所见"比尔"用例如下：

（1）□春从人□□奴，奴佛流□二斛，夏□□偿麦三斛，□夏麦□□恶，已偿麦一斛五斗，残负麦一斛五斗。比尔当方宜索偿。强是贫□，外□□牛一头载致。流捵牛□去，经四日□愿赐教付曹，□流以牛见还，比尔当举便偿流。谨辞以闻。（《翟强辞为负麦被捵牛事》，1-50，66TAM62：6/2）

（2）义和□□五月廿二日，□□负（员）崇辞：□□陷道□眼下创□□夜中眼□，见日□□不了，加复眼痛，□□被敕当□他屯□□辞达，烦□差□在□，比尔疗治后，不敢□。谨辞。[《北凉义和某年员崇辞为眼痛请免屯守事》，1-64，75TKM91：28（b）]

其实，"比尔"在中土传世文献也曾出现，且用例较早。如：

（3）宜权停留，须来年秋冬，比尔吴亦足平。（《三国志·邓艾传》）

（4）想官舍无恙，吾必果二十日后乃往，迟喜散恙，比尔自相闻也。（《全晋文·王羲之帖》）

以下我们从汉语史的角度先讨论"比"的核心义素、语义演变、虚化路径，虚化后的语义及语法功能划分；再讨论"-尔"词尾的流变及其对词根的选择性；进而论证"比尔"的性质、语义和衍生机制。

1. "比"的语义演变及语法功能划分

《说文·比部》："比，密也。二人为从，反从为比。"① 《玉篇·比部》："比，近也，亲也。"② "比"的核心义素为［+近］［+相近］，指人与人、人与物之间的相临、亲近；可引申指时间的"相近、临近"，进而虚化③

---

① 许慎：《说文解字》，中华书局，1963，第169页。
② 顾野王：《宋本玉篇》，中华书局，1983，第512页。
③ "虚化""语法化"的表述和区别曾多人论及，一般认为前者侧重源义的弱化和消失，后者侧重构词能力和语法功能的改变。

为表时间的介词"及、到"和副词"近来、不久"等。

可表示如下：

$$比→相近、接近→具体事物的相近→时间上的相近 \begin{cases} 近来（副词）\\ 及、到（介词） \end{cases}$$

上古汉语时期，"比"主要用作动词，为"并列、亲近、亲和、勾结"等义，动作性明显。如："称尔戈，比尔干"（《尚书·牧誓》），"使小国事大国，大国比小国"（《周礼·夏官》），"故夫知效一官，行比一乡，德合一君，而征一国者，其自视也若此矣"（《庄子·逍遥游》），"君子周而不比，小人比而不周"（《论语·为政》）等。"比"又可引申指时间上的相近，如"诸侯之于天子也，比年一小聘，三年一大聘"（《礼记·王制》），"废適而更立诸弟子，弟子或争相代立，比九世乱，于是诸侯莫朝"（《史记·殷本纪》），"夏亡，传此器殷。殷亡，又传此器周。比三代，莫敢发之"（《史记·周本纪》）。例中"比年"，意连年，"比九世"，接连九世，"比三代"，接连三代，"比"均表时间上的相近、无间断，动作性明显减弱。

当"比"不再是句子或分句中的主要动词或次要动词，主要作用不是陈述，而是引进与时间相关的对象或者从时间角度直接修饰谓词性成分时，"比"就虚化为时间介词或时间副词。"比"作时间介词，表"及、到"的用法上古汉语已经出现，例如："有托其妻子于其友，而之楚游者，比其反也，则冻馁其妻子，则如之何？"（《孟子·梁惠王下》）。"比"的时间副词用法至迟在汉代产生。董志翘、蔡镜浩《中古虚词语法例释》认为该用法"汉代既已存在"①，并举例"〔李肃〕与判官程让能同言于思绾曰：'太尉比与国家无嫌，但负罪惧诛，遂为急计'"（《汉书·赵思绾传》）②。总之，时间副词和时间介词"比"均由实词虚化而来。

反过来讲，虚化又是相对而言的，"一个由实词虚化来的副词，不管其意义多么'虚'，总能找到它与其所来自的实词在意义上的联系"③。

---

① 董志翘、蔡镜浩：《中古虚词语法例释》，吉林教育出版社，1994，第24页。
② "比"的时间副词和介词用法后文详述，在此例证、阐释从略。
③ 杨荣祥：《近代汉语副词研究》，商务印书馆，2005，第13页。

就"比"而言，其核心义素是［+近］，那么，"比"所关涉的时间范围，应该是某个时间参照点往前（过去）或往后（未来）较近一段时间；进一步讲，"比"用在句子中表示与时间相关的意义时，既可表过去，又可表将来。那么，"比"的这种语义功能是如何区分和实现的呢。考察发现其副词用法表过去，介词用法表将来，且有较清晰的划分。

下面我们举例分析"比"作为时间副词和时间介词的功能及语义特征。

"比"作时间副词，直接修饰限制谓词性词语，表示谓词性词语（动作或状态）发生在过去较近一段时间①。例如：

（5）臣比在晋也，不敢直言，示晋公以天妖，日月星辰之行多以不当。（《吕氏春秋·先识览第四》）

（6）比穀虽贱，而户有饥色。（《后汉书·吕强传》）

（7）戊午，敕制比用白纸，多为虫蠹，今后尚书省下诸司、州、县，宜并用黄纸。（《旧唐书·高宗本纪》）

（8）将母送婆神柩到此，先蒙给过所还贯。比为患疹，未能得发。今患损。欲将前件母及妻、驴等归贯。[《唐开元二十一年（731年）唐益谦、薛光泚、康大之请给过所案卷》，4-272，73TAM509：8/4-1（a）8/4-1（b）]

（9）仁宗问其故，对曰："契丹比为黑水所破，势甚蹙。平时汉使至契丹，辄为所侮，若不较，恐益慢中国。帝然之。"（《宋史·孔道辅传》）

例（5-7）中的"比"，修饰其后的谓词性短语，陈述过去之事，可译为"以前"。例（7）"比"与"今"相对，"过去"之义甚明。例（8-9）中的"比"分别与"今""平时"相对，可译为"近来"，表示过去不久到"现在"这段时间已发生了"患疹""契丹为黑水所破"等。不管译作"以前"还是"近来"，"比"语义指向的动作行为都在不久前

---

① 董志翘、蔡镜浩：《中古虚词语法例释》，吉林教育出版社，1994，第23~25页，对"比"的时间副词用法论述甚详，认为："'比'有'近来'义，指离目前不远的过去所发生的事情。"

发生了。相对"现在"这个时间基点来说,"比"修饰限制的谓词性成分(动作或状态)发生在过去一段时间。

"比"作时间介词,依附在名词或谓词性词语前与其共同构成介词短语,整体修饰谓词性成分,表示距介词宾语不远的未来一段时间。即相对于主干句中的状态或事件,"比"的宾语(所述事件或状态)发生在未来不远的一段时间。例如:

(10)比奠,举席扫室,聚诸窔。(《仪礼·既夕礼》)

(11)子路率尔而对曰:"千乘之国,摄乎大国之间,加之以师旅,因之以饥馑,由也为之,比及三年,可使有勇,且知方也。"(《论语·先进》)

(12)王之臣,有托其妻子于其友,而之楚游者,比其反也,则冻馁其妻子,则如之何?(《孟子·梁惠王下》)

(13)比贼觉知,慈行已过,又射杀数人,皆应弦而倒,故无敢追者。(《三国志·吴书·太史慈传》)

(14)布有别屯在濮阳西四五十里,太祖夜袭,比明破之。(《三国志·魏书·典韦传》)

例(10)中的"比",郑玄《仪礼注》:"比,犹先也"[1],胡培翚正义:"云比犹先也者,为将奠而扫室以致其洁清,故须在奠先也"[2],据此可知,事件次序上"举席扫室"在先,"祭奠"在后,即相对于主干句中的"举席扫室","比"的宾语"奠"发生在未来(或之后)不远的一段时间。例(11-14)中"比"可译为"及、等到"。在事件次序上,例(11)"使有勇"在先,介词宾语"及三年"在后;例(12)"冻馁其妻子"在先,介词宾语"其反也"在后;例(13)"慈行过"在先,介词宾语"贼觉知"在后;例(14)"破"在先,介词宾语"明"在后(或同时)。可见,介词"比"的宾语所表示的动作行为,是在主干句的动作

---

① 阮元:《十三经注疏》(附校勘记),中华书局,1980,第1162页。
② 胡培翚:《仪礼正义》(十三),收入王云五主编《万有文库》,商务印书馆,1939,第74页。

行为发生或完成之后，才发生或完成的。即相对于主干句中的状态或事件，"比"的宾语（所述事件或状态）发生在未来（或之后）不远的一段时间。①

综上可知，"比"表示与时间相关的意义时，指某个时间参照点往前（过去）或往后（将来）不远的一段时间。功能划分上，其副词用法表过去，介词用法表将来，两者有较清晰的界限。

2. "尔"词尾对词根的选择性

"尔"是目前学界公认的上古汉语中仅有的几个词尾之一。在上古汉语中一般为形容词词尾，近代汉语仍沿用。"尔"作形容词词尾对形容词无明显选择性。例如：

（15）南宫绦之妻之姑之丧，夫子诲之髽曰："尔毋从从尔，尔毋扈扈尔。盖榛以为笄，长尺而总八寸。"（《礼记·檀弓》）

（16）鼓瑟希，铿尔，舍瑟而作，对曰："异乎三子者之撰。"（《论语·先进》）

（17）渔父莞尔而笑。（《楚辞·渔父》）

（18）卫君长为温公长史，温公甚善之，每率尔提酒脯就卫，箕踞相对弥日。（《世说新语·任诞》）

（19）文宣孙子，或贤或鄙。扶风遗爱，琅邪克己。澹诣凶魁，肜参衅始。干虽静退，性乖恒理。彼美齐献，卓尔不群。（《晋书·乐平王延祚传》）

例（15）"-尔"附于双音节状态形容词之后构成三音节形容词，直接作谓语。例（16-19）附于单音节性质形容词之后构成双音节形容词，作状语修饰谓词性成分，且形容词的语义较宽泛。可见，"尔"用作形容词词尾对词根无明显选择性。

---

① 马贝加：《近代汉语介词》，中华书局，2002，第129页："'比'一般带动词性宾语，在'比+V'短语中的V在主干句的V所表示的动作发生之前已经结束或开始"，并举例论证，本节例（13-14）是其中两例，我们认为这不太符合事实。应该是主干句中的V发生在先，"比+V"短语中的V发生在后。

"尔"用作副词词尾始见于中古①。我们发现，"尔"作副词词尾对所黏附的副词表现出强烈的选择性："尔"只作时间副词的词尾。尚未发现不同用例。我们试列举"尔"依附于时间副词构成"正尔、顿尔、瞥尔、忽尔、俄尔、会尔、恒尔、偶尔"等双音节副词的用例如下：

（20）〔张季英〕问贺："卿欲何之？"贺曰："入洛赴命，正尔进路。"（《世说新语·任诞》）

（21）张骥酒后挽歌甚凄苦。桓车骑曰："卿非田横门人，何乃顿尔至致？"（《世说新语·任诞》）

（22）文惠皇太子薨，昭业每临哭，辄号咷不自胜，俄尔还内，欢笑极乐。（《南齐书·郁林王昭业本纪》）

（23）故应强加馐粥，不使我恒尔悬心。（《梁书·昭明太子传》）

（24）十一月十四日中夜，忽尔山谷震动，鸟兽悲鸣，寺钟击而不响三日。十五日未曙，遽命侍者撞无常钟，胁席而殁，享年八十二，僧腊六十耳。（《祖堂集·东国慧目山和尚》）

（25）不管古今道理，一念不通有塞，瞥尔②心开无滞。（《汾阳无德禅师语录·法身歌》）

（26）性懒杯盘常偶尔，地偏鸡犬亦脩然。（《陆游·题斋壁》）

杨荣祥指出"副词词尾'尔'的构词能力很有限"③。我们认为这应该和"尔"只作时间副词的词尾有关。"尔"对其所依附成分的选择性在很大程度上影响了其构词能力。并且，我们根据其所列近代汉语的 10 个副词词尾④检索相关文献，考察发现只有"尔"对其所依附的副词具有明显的选择性，这是值得注意的。

---

① 杨荣祥：《副词词尾源流考察》，《语言研究》2002 年第 3 期，第 66~72 页。

② "瞥"在这里是副词，意为"忽然"，参见《汉语大字典》第 2510 页"瞥"条。

③ 杨荣祥：《近代汉语副词研究》，商务印书馆，2005，第 127 页。

④ 杨荣祥：《副词词尾源流考察》："汉语历史上较为常见且比较可以肯定的副词词尾，共 10 个"，分别是"乎、然、自、复、其、地、尔、生、个、可"。见《语言研究》2002 年第 3 期，第 66~72 页。

3. "比""尔"的组合及词汇化轨迹

"比"有时间副词用法，"尔"又只与时间副词相结合，并且，"俄尔、恒尔、忽尔、正尔、会尔"等"-尔"形式的副词，均由时间副词加词缀"尔"构成。那么，"比"和"尔"通过附加方式结合为"比尔"似乎是自然而然的了。

但是，从语义角度讲，却是矛盾的。前文已经论述"比"作副词时在语义上表"过去"，"尔"作词尾无实义，"比+尔"当是表"过去"的时间副词。相反，我们检索到的"比尔"用例（例28-32），在语义上均表将来，即"比尔"语义所指的事件和状态都发生在将来。所以，时间副词"比尔"不能解释为由"比"和"尔"通过附加方式构成的。

考察认为"比尔"应该是介词短语通过词汇化的方式，演变为时间副词的。介词"比"和指示代词作宾语的"尔"构成介词短语后，在一定的语义条件和句法环境下，经常性的处于状语的位置修饰谓词性成分，逐渐演变为副词。

"比"作介词的用法前文已论述。"尔"作代词的用法，上古汉语已经出现，并长期沿用，此不赘述。

下面我们分析"比尔"的用例，揭示"比尔"的词汇化轨迹：

（28）时汉中守兵不满三万，诸将大惊。或曰："今力不足以拒敌，听当固守汉、乐二城，遇贼令入，比尔间①涪军足得救关。"平曰："……若贼分向黄金，平率千人下自临之，比尔间涪军行至，此计之上也。"（《三国志·蜀书·王平传》）

（29）宜权停留，须来年秋冬，比尔吴亦足平。（《三国志·魏书·邓艾传》）

（30）想官舍无恙，吾必果二十日后乃往，迟喜散恙，比尔自相闻也。（《全晋文·王羲之帖》）

（31）君顷覆以何散怀，铁云秋当解褐，行复分张，想君比尔快

---

① 杨小平硕士学位论文《〈三国志〉中的复音虚词》，认为"比尔间"是三音节时间副词；我们认为是介词短语"比尔"和方位词"间"构成的复杂短语。

为乐。彦仁书云,仁祖家欲至芜湖,单弱伶聘何所成?君书得载停郡迎丧,甚事宜,但异域之乖素已不可言,何时可得发?(《全晋文·王羲之帖》)

（32）设计已定,复共前行。前行未远,白二兄言:"兄等且去,我有私缘,比尔随后"。作是语已,疾从本径,至于虎所。(《贤愚经·摩诃萨埵以身施虎品》)

（33）昔于迦尸国,时有龙王兄弟二人,一名大达,二名……更到一小龙住处,名屯度脾。屯度脾龙昼夜嗔恚、恶口骂詈。大达语言:"汝莫嗔恚,比尔还去。"(《杂宝藏经·龙王偈缘》)

例（28）"比""尔"虽连用,但不能视其为词,而是一个介词短语。这里,"比"是介词,释为"及、到";"尔"是代词作介词的宾语,分别指代"贼入汉、乐二城""贼分向黄金,平率千人下自临之"两个时间段。刘淇《助字辨略》:"比尔犹云及此时也"[1],甚是。例（29）中的"比尔"也应看作介词短语,根据文意"尔"指代"来年秋冬",整个短语意为"到来年秋冬"。例（30）"尔"指代"二十日后的某个时候"。例（31）中的"尔"也应理解为代词,代指"解褐"以后。例（29-31）的"比尔"都在句中作时间状语,修饰谓词性成分,且"比尔"与谓语动词之间还有其他成分。例（28）中的"比尔"和方位词"间"构成复杂短语后,修饰谓语部分。

"一个词,或一个词组,或某种语言成分,如果经常处于句法位置中的谓语的前面,它就极有可能发展成为副词"[2],"比尔"作为介词短语,经常出现在谓语前头,意义和功能便逐渐向副词发展。

从结构和语义上讲,"比尔"作介词短语时,"比"和"尔"作为两个词联系较松散,并且在具体的上下文语境中"尔"所指代的时间是清晰明确的,可译为"到某某时"。"比尔"词汇化为副词之后,紧紧凝固为一个词,"比""尔"降格为两个语素,虽然从内部结构讲还

---

[1] 刘淇:《助字辨略》,收入王云五主编《万有文库》,商务印书馆,1937,第108页。
[2] 董志翘、蔡镜浩:《中古虚词语法例释》,吉林教育出版社,1994,第193页。

是介宾关系，但是"尔"所指代的时间已经空灵、虚化，不再有明确的所指。整个词只能译为"马上、不久、很快"等意义较空灵的时间副词。

当然，"比尔"作为介词短语和时间副词，在汉语史上应该有共时同现现象。也就是说新的语法现象出现了，旧现象不一定马上消失。

例（32）中"比尔"已经副词化了，紧邻谓词性成分"随后"，从时间的角度加以修饰，可译为"马上、很快"。"兄等且去，比尔随后"可意译为"兄长先走，我很快跟上"。例（33）中，"比尔"以副词身份直接修饰"还去"，整个意译为"很快离开"。

我们再来分析吐鲁番出土文书中的"比尔"用例〔详见例（1）、例（2）〕：

其中"比尔"也为表将来的时间副词，可译为"不久、很快"。为更好地理解和解释"比尔"的用法，我们将两例中"字面普通而义别"的词语稍作解释，并梳理文意。

例（1）中的"方宜"，即努力，想方设法；"举便"，指"举取"和"便贷"两种吐鲁番契约文书中常见的借贷形式，王启涛《吐鲁番出土文献词典》解释甚详①。"当"，这里作副词，可释为现代汉语的"就"，表示动作即将发生，状况即将出现，意同"将要、就要"等。董志翘《中古虚词语法例释》详细分析了"当"的这一用法，举例如："卿与子敬、程公便在前发，孤当续发人众，多载资粮，为卿后援"（《三国志·周瑜传》）；"明当渡京水，昨晚尤金谷"（王维《宿郑州》）②。例（1）整段大意为：翟强欠佛流麦，佛流很快就设法索偿，并趁机扯牛而去，后经处理，翟强保证很快就通过举取、便贷等方式偿还佛流。例（2）员崇称自己眼痛，请求暂时免去屯守之事，保证治好后便不再推脱。这里的"比尔"也表示未来时间，不过受"后"字的影响，表意不明显。

总之，"比尔"是由介词短语，演变为时间副词的。其发展演变是在汉语体系中完成的，丝毫没有受到周边语言因素的影响。

---

① 王启涛：《吐鲁番出土文献词典》，四川出版集团巴蜀书社，2012，第216、299页。
② 董志翘、蔡镜浩：《中古虚词语法例释》，吉林教育出版社，1994，第97页。

二　虚词新用法与周边语言关系考察

（一）共

"共"，可用作所为介词，引进关涉对象的接受者、受益者，直译为"给、为"。吐鲁番出土文书一封家书中两见：

　　（1）知大兄得熏官云骑尉，居子等喜悦不可言。后复重蒙□□月廿日书，々上道玉连改嫁，属张隆训为妻，居子、义深具悉知也。□□公道，共义深遣讯来，无□信人时，义深不用信。……居子、义深二人千万再拜阿婆、两个阿舅、两个阿姨尽得康和以否？从□□六月三日已来，胜妃何因不共居子、义深遣一纸书来？［《唐贞观二十年（646年）赵义深自洛州致西州阿婆家书》，2-172，64TAM24：27（b）］

该家书赵义深两次嘱托家人"共义深遣一纸书来"，"共"不能译为"跟""同"，只能译为"给"。这里"共"引进动作接受方受益方，表示一方对另一方的施予。

《说文》："共，同也，从廿廾"①，本义为"共同、共有"，核心义素为［+共同］，自然的作为介词一般用作交互介词，即引进动作的共同参与者，表示动作行为由主语和介词的引进对象共同完成。那么，"共"何以有"给"义？何以引进动作的所为者受益者？

"共"本为动词，直接作谓语或谓语中心语，如"愿车马、衣轻裘，与朋友共"（《论语·公冶长》），"赵氏之先，与秦共祖"（《史记·赵世家》）。当"共"用在动词前从方式上修饰其后动词时就虚化为副词，如"赵简子以晋阳之乱也，而与韩、魏共攻范、中行氏"（《史记·魏世家》）。再进一步发展，当其出现在"共+N+V"格式中，引进动作的共同参与者，"共"便为介词，如"荣即共穆结异姓兄弟"（《洛阳伽蓝记》卷一），"别后依依寒食里，共君携手在东田"（《韩翃·送冷朝阳还上

---

① 许慎：《说文解字》，中华书局，1963，第59页。

元》)，以上两例"共"引进了动作实施的共同参与者，即动作行为"结""携手"由双方共同完成。

随着语义的发展，语用范围的扩大，"共"逐渐引进动作的相对方，用作所对介词，译为"跟""对"等。如：

（2）［服虔］既知不能逾己，稍共诸生叙其短长。（《世说新语·文学》）

（3）出屏帏，正云起，莺啼湿尽相思被。共别人，好说我不是！你莫辜天负地。（敦煌曲《鱼歌子》）

（4）他眼且不见，共他说话，耳又不闻，口复痖。（《景德传灯录·卷十八》）

以上诸例，介词"共"引进主语的言说对象，并不参与言说活动，"共"为所对介词。

从认知角度讲，由动作及动作参与方易联想到动作相对方，而动作相对方一般易成为动作的接受方，进而为受益方。故汉语史上"共"引进动作参与方→相对方→接受方→受益方，是有认知理据的。

同时，"共"用作所为介词，引进动作受益方，在近、现代方言中亦有佐证，如：

（5）粤语木鱼书《关伦卖妹》："定系苦苦痴缠共佢赎身。"（定要苦苦痴缠给你赎身）

（6）现代闽语："我共侬洗衫饲爸母。"（我给人洗衣服奉养父母）

《汉语方言大辞典》："共，介词，相当于'给'"，并举（5-6）两例①；曹逢甫先生也曾论述闽语中介词"在"兼具交互、所为和处置三种功能②。

---

① 许宝华、〔日〕宫田一郎：《汉语方言大词典》，中华书局，1999，第1636页。
② 曹逢甫：《台湾闽南语的 ka~7 与宾语的前置》，《汉语学报》2005年第1期，第21~30页。

从类型学角度看，汉语史上还有类似用例，如"和"在介词用法上也发生过从"引进动作参与方→引进动作受益方"的演变；也有"引进动作受益方→引进动作参与方"的反方向演变，如"替"等①。

（二）交

"交"可用作程度副词，意为"又、更、甚"。用例如：

（1）慈仁家贫，先来乏短，一身独立，更无弟兄，唯租上件田，得子已供喉命。今春三月，粮食交无，遂将此田租与安横延。立券六年，作练八匹。[《唐永徽元年（650年）严慈仁牒为转租田亩请给公文事》，3-117]

（2）忠敏身是残疾，复年老，今被乡司不委，差充子弟，渠水□□，经今一年已上，寸步不得东西，贫下交不支济，伏望商量处分，谨牒。[《唐大历三年（768年）曹忠敏牒为请免差充子弟事》，4-347]

（3）建中三年七月十二日，健儿马令庄为急要钱日（用），交无得处，遂于护国寺僧虔英边举钱壹仟文。[《唐建中三年（782年）健儿马令庄举钱契》，沙2-314]

董志翘先生《敦煌社会经济文书词汇语法札记》"交、交甚"条，论述了"交"的程度副词用法，指出该义项最早在中古出现，或源于"较"的比较义②；王启涛先生也有精当分析③，此从略。

以上我们分析了吐鲁番出土文书所见"遂用、素自、恒尔、比尔"4个中古新虚词及"共、交"2个虚词的新用法。我们发现吐鲁番出土文书中的新虚词和虚词新用法都能从汉语自身发展的角度来解释，都能从汉语自身发展找到理据，而未受周边语言的影响。

---

① 马贝加：《论汉语介词从"所为"到"处置"的转变》，《中国语文》2013年第1期，第13~24页。
② 董志翘：《敦煌社会经济文书词汇语法札记》，《古汉语研究》2009年第1期，第62~69页。
③ 王启涛：《吐鲁番出土文献词典》，四川出版集团巴蜀书社，2012，第533页。

第三节　汉语语法受外族语言影响的情况及原因分析

将吐鲁番出土文书的语法现象置于民族交往的大背景下去考察，我们发现汉语语法也受到外族语言的影响，不过从影响的范围和程度上看，影响都比较小。

这里我们探索分析吐鲁番出土文书汉语语法受外族语言影响及影响偏小的原因。

一　吐鲁番出土文书语法受外族语言影响的原因

虽然吐鲁番出土汉文文书中的语法现象是比较稳定的，很少显示受其他民族影响的痕迹。但是这种影响是客观存在的，如"了"字用作表完结动词的用法。《吐鲁番出土文书》中"了"共见117例，全部用作表完结意义的动词。而同时期，南方汉语甚至所能检索到的传世文献中，很少出现这一用法。表完结意义的用法，还沿用中原汉语使用"毕""讫"等动词。同一语义上不同词语的选用，是当时南北分裂的社会现实在语法层面上的映射，是汉语第一次南北大分化的结果。

阿尔泰语中表示完成的词尾"-l""-r"在魏晋南北朝时期民族大迁徙大融合的过程中影响了北方汉语，在北方汉语中借助"了"的语音形式，表示完结意义。所以，"了"逐渐用作完结意义的动词在北方汉语中推行，并且不断发展，当用在"动+宾+了"和"动+了+宾"的结构中就虚化为助词。

从总体上看，民族间的交流融合对语法的影响较小，但是随着民族交往程度的加深，语言的影响也延伸到语法层面。反过来讲，民族中最具代表性的特征语言的变化是民族交往最重要的见证，而语言三要素中语法是最稳固的要素，该要素在民族交往的洪流中也受到了影响，足见民族交往之频繁与深刻。

二　吐鲁番出土文书语法受外族语言影响较小的原因

从本章第二节的分析可知，吐鲁番出土文书中的新虚词和虚词新用法大部分都能从汉语自身发展的角度来解释，都能从汉语自身发展找到理据，只发现表完结的动词"了"受北方阿尔泰语的影响。那么，为什么吐鲁番出土文书以虚词为代表的语法现象都可以在汉语史中找到发展理据？我们认为主要有以下原因。

（一）语法系统自身的稳固性

语法是语言诸要素中是最稳固最不易受影响的，已是学界共识。那么，语法系统较语音系统、词汇系统稳固性最强的结论，也完全适用于吐鲁番出土文书的语法系统，包括词法系统和句法系统。

（二）吐鲁番汉语语言系统与内地标准语基本一致

高昌国唐西州时期吐鲁番地区所操汉语为西北方言（河西方言）已成定论①，西北方言与内地标准语基本一致②，如此则吐鲁番出土文书代表的汉语语言系统与内地标准语基本一致。所以，吐鲁番出土文书语法现象发展理据方面，自然可以从汉语自身发展角度寻求解释，而不必借助其他语言。

（三）民族语言对该地区影响的强度不够

高昌国唐西州时期的吐鲁番地区虽为丝路交往之门户和国际商贸集散中心，各地商人往来其间，络绎不绝；并且定居高昌或西州的民族人口不在少数，他们和当地汉人邻里相望，共同从事手工业、农业等生产劳作，各民族交流融合，这在语言上必然有所体现。不过，这种民族间的交流融合及语言使用是自发自愿的行为，没有强制推行的力量，在语言接触与演变的执行强度上不够。

这与元代蒙古统治中原以后情形不太一样。元朝统治者强制推行蒙古语，所有汉人都要学习蒙古语，以政治的力量强制推行，故元代汉语语音、词汇、语法各系统受蒙古语影响都很大，江蓝生、祖胜利在这方面多有研究成果。

（四）文书性质决定语言相对程式化

吐鲁番出土文书主要为籍账、契约、书信等，虽然口语性极强，不过

---

① 〔日〕高田时雄：《敦煌·民族·语言》（锺翀译），中华书局，2005，第12页。
② 王启涛：《吐鲁番出土汉文献的借词》，收入新疆吐鲁番学研究院《语言背后的历史——西域古典语言学高峰论坛论文集》，上海古籍出版社，2012，第165~174页。

总体来讲，句式、表达相对简单，甚至程序化，不易受新的语法现象影响。所以，吐鲁番出土文书中的新虚词和虚词新用法等语法现象都能从汉语自身发展的角度来解释，都能从汉语自身发展找到理据，而未受到外来因素的影响。遇笑容先生在语言接触对语法的影响方面做过较多研究，最后的结论是"就目前的研究，汉语语法史中由语言接触而引发的语法变化并不很多……过去的研究都强调语法的稳定性，我们对历史的观察也再一次证明了这一点，语法系统在历史的发展中似乎很难改变，除非用另外的系统去替代"①。

---

① 遇笑容：《汉语语法史中的语言接触与语法变化》，《汉语史学报》第四辑，上海教育出版社，2004，第 27~34 页。

结　论

语言是民族的重要特征，是人类最重要的思维和交流工具。民族交往必然伴随语言的接触及相互影响；反之，语言又是民族交往的见证与化石，能折射历史事件和民族交往事实。本书借助出土文献并辅以历史文献，一方面分析民族交往对语言的影响，另一方面通过对音、借词、语法等语言现象，透析4~8世纪吐鲁番地区的民族交往与民族关系。通过研究，我们对4~8世纪吐鲁番地区的语言接触与民族交往情况有了较为全面的认识，从以下两方面得出结论。

一　民族交往对当地主体语言汉语产生的深刻影响

南北朝时期社会分裂动荡，晋室南渡，"五胡乱华"，南北对峙。随之，中原汉语第一次出现了南北大分裂，而"北杂夷虏，南染吴越"，这是汉语史上的一大巨变。中原雅音随着东晋王室及大量贵族的迁徙来到江南，并且成为这一地区的主导语言并按自身规律向前发展；虽然"南染吴越"，但总体上受外族影响较小，更不像北方那样强烈。而北方广大地区由于民族的大迁徙大融合，促使包括长安方音在内的北方汉语系统受到其他民族的影响，尤其是北方阿尔泰语的影响。民族交往融合的程度越深，离古代汉语的语音系统越远，语音发展越快。

4~8世纪吐鲁番地区汉语的语音、词汇、语法都或多或少受到民族交往交融的影响。语音方面，重唇轻唇音的彻底分化、舌头舌上音的彻底分化、"晓""匣"二母由舌根音向喉音的转变三种情况，较一般观点所认定的时间为早，该地区语音发展明显快于南方汉语发展。从汉语发展史的角度看这是受北方民族语言影响的结果。词汇方面，出现了大量的突厥语、粟特语、波斯语、印度语等民族语言借词，以及与民族语言的合璧词，它们涉及生产生活、民俗信仰的方方面面，是民族交融的印证。借来的词语多为音译词，汉语会努力按照自己的特点进行改造，用"飞禽按鸟，水族着鱼"的办法在借音词上加表意符号，构成新的形声字，使原来只起记音作用的借音词逐渐表意化，并最终确定固定写法，如最终确定了"艹"作意符的"葡萄"，"月（肉）"作意符的"胭脂"等。汉语对借词的改造也是语言融合、文化融合的一个侧面，体现了民族文化双向融合的特点。语法是语言中最稳固的因素，但是我们也发现了吐鲁番出土文书中表终结的动词"了"是北方阿尔泰语影响的结果。阿尔泰语中表示完成的词尾"-l""-r"在魏晋南北朝时期民族大迁徙大融合的过程中影响了北方汉语，在北方汉语中借助"了"的语音形式，表示"完结"意义。所以"了"逐渐用作完结意义的动词在北方汉语中推行，并且不断发展，当用在"动+宾+了"和"动+了+宾"的结构中就虚化为助词。当然，不同语言在接触过程中的影响是相互的，汉语对其他语言也有影响。

一般而言，借词在民族交往中是最易产生的，语音、语法则由于其稳固性、系统性特点很难发生变化；而该地区主体语言的语音、语法却受其他民族语言的影响均发生改变，足见民族交往程度之深。

这里特别强调，民族交往是双向的，语言的借用和相互影响也是双向的，汉语对周边民族语言以及周边民族语言之间也有影响。《阙特勤碑》《伽勒可汗碑》等碑铭中已出现突厥语的汉语借词，如 šantug<山东；tinsi<天子；kunçuy<公主；sengün<将军；totok<都督等。突厥语中也有大量的粟特语借词，基本上以 z-、š-、f-、v-、č-起首的，或含有-ž-、-z-、-š-音的词语，就是粟特语借词，如 din<δyn 宗教，信仰；dintar<δynδ'r 信徒，选民，僧众；nom<nwm 经文，教义；xaγan/qaγan<x'γ'n/γ'γ'n 可汗等。受所选语料和民族语言功底的局限，我们只分析了汉语的周边语言借词。

二　语言接触所折射的民族交往特点及其动因

（一）该地区的民族交往有多个面向，在某种程度上甚至达到了民族交融甚至融合的程度

通过对借词的分析，可以看出吐鲁番出土文书所见的民族语言借词，不仅有反映政治和军事交往的职官名称"希堇、时多浮跌、无亥、希利发""多波旱、锸屯发""将军""都督""公主"及军事用品"胡禄""乌骆马"等,更多的是人民生产生活的方方面面。商品交往和商品种类方面的有"萨宝、兴胡、兴生胡、波斯锦、疏勒锦、锸石"等,生产生活类的借词有"葡萄、胭脂、胡瓜、胡饼、毛毯(氍毹)、棉布(氎)"等,还有反映人们宗教信仰的借词,如"胡天"等。可见,4~8世纪吐鲁番地区各族人民既有物质层面的交流又有精神层面的交流,既有军事政治层面的交流又有生产生活方面的交流。已深入政治、经济、生产生活、饮食服饰、宗教信仰、民族通婚、语言等方方面面。

①政治方面。主要体现在高昌国与西域诸国的客使往来以及与北方民族的交往。突厥、高车、柔然等草原民族对高昌国一度实行羁縻统治,高昌采用所依附政权的年号,接受对方授予的官号,并与之联姻,客使往来络绎不绝,突厥对高昌的影响尤甚。②经济方面。高昌国特别是唐西州时期的吐鲁番已取代敦煌成为重要的国际物资集散中心,胡汉商贾荟萃之地,民族间商贸往来频繁,商路畅通,馆舍店肆林立,商品种类繁多,且交易量大,交易场所固定。名贵香料一次交易达800斤,三分之一左右的交易在100斤以上。该地区还出现大量的专职经商人员,掌握至少两种语言的译语人、双语人。高昌国对外来胡商也有一套规范且行之有效的管理制度,并利用自己的商业地位获取利润,如对胡商收取称价钱、藏钱等。另外,该地区还采用当时丝路上统一的货币标准,以波斯银币、罗马金币作为重要的货币流通手段。③生产生活方面。大量域外民族入籍高昌,编户为民,与汉族百姓杂居相处,房舍相望,田地相接,共同从事农业生产和手工业劳作,共同承担赋税徭役,日常交往中他们的语言、思想、风俗习惯等必然相互渗透,相互影响,相互涵化。④饮食服饰方面。高昌地区有胡瓜、胡饼、葡萄等西域食物。高昌男子"辫发垂之于背,著长身小袖袍、缦裆裤",胡服辫发,尚骑射之风,深受草原民族影响。⑤宗教信仰方面。高昌国统治者和民众普遍接受了西域祆教"胡天"信仰、印度佛教信仰和本土道教信仰,而并行不悖,这些在高昌地区形成了多元的宗教文化信仰。⑥民族通婚方面。统治阶级层面尤其是麹姓高昌王已将"父兄死,子弟妻其群母及嫂"的收继婚习俗继承下来,在与非突厥族的婚姻

中也同样实行。不可否认，高昌王实行收继婚制度在前期是迫于政治压力，而后期与非突厥族的婚姻中同样执行，应该有风俗影响的因素。普通百姓层面，不同民族间通婚现象也比较普遍，据前文统计，唐西州时期该地区纯粹的汉人家庭占57%，含有胡人的家庭占43%。而胡人家庭中不同民族通婚构成家庭的占28.5%。族际通婚是衡量民族交往的重要指数，这组数字能很好反映当时该地区的民族交融状况。⑦语言方面。该时期吐鲁番地区汉语的语音、词汇、语法都或多或少地受到民族交往交融的影响。语音、语法较南方汉语发展为快，均受到北方游牧民族语言影响。词汇方面更是出现了大量民族语言借词。可见，4~8世纪该地区的民族交往涉及物质、精神、文化的多个层面，民族通婚现象也比较常见，所以可以说该地区的民族交往已经达到了民族融合的程度。

（二）4~8世纪吐鲁番地区具有明显的多元文化交融特征

通过吐鲁番出土文书中借词的分析，我们发现4~8世纪的吐鲁番地区文化多元，多民族交流融合，形成了中原文化、游牧文化、西域文化交流融合、兼收并蓄的景象。

首先，表现出明显的中原文化特征。该地区居民以汉族为主体，政治体制上也基本与中原政权一致，这里的官私文书基本全部以汉文拟定，并且出土了大量儒家经典抄写本，尤其是唐西州时期，改高昌国为唐西州，在政治经济文化方面受中原影响更进一层。可见该地中原文明的特征明显，中原文化是这里的主体文化。

其次，具有明显的游牧文化特征。高昌国与北方游牧民族尤其是突厥有长期交往，并且接受其封号，出土文书保留了"希堇、时多浮跌、无亥、希利发""多波旱、鍮屯发"等系列音译借词。在婚姻制度上，高昌王麴伯雅曾拒绝"妻其大母"的突厥收继婚制度，最后迫于政治压力而接受。而这种婚姻制度在高昌统治阶层延续下来，并且在与非突厥族的婚姻中加以实行，630年麴文泰携妻宇文氏入朝之宇文氏，乃当年隋炀帝赐予其父麴伯雅之华容公主，是一明证。

北方游牧民族对高昌的影响最主要的表现在骑射之风与服饰文化方面。不仅从突厥语借来箭矢之器"胡禄"，借来良马"乌骆马"，最主要的是接受了北方民族的骑射之风，以及与之相应的"胡服"。"辫发垂之于背。著长身小袖袍、缦裆袴"① 成为高昌男子的典型装束，虽高昌王下令"解辫削衽"② 而不能禁。一个汉族为主体，汉文化为代表文化的社会，社会民众皆着胡服，辫发垂之于背，并具骑射之风，足见汉族与北方民族的交往已经深入生活的方方面面，以及汉文明对北方草原文明的认可与接受。

再次，西域文化特征。一方面表现为丝绸之路上的商业文化。波斯锦、龟兹锦、安息香、鍮石、毛毯（氍毹）、棉布（氎）各种商品在丝绸之路上往来贩运，高昌国及唐西州客舍馆驿的设立，以及藏钱、称价钱制度的执行，显示了该地区作为丝路商品集散地的商业性质。同时吐鲁番出土文书中大量的商品买卖、奴婢买卖等契约文书，也体现了该地区的商业文化性质。另一方面高昌与西域诸国交往频繁，粟特、龟兹、焉耆、鄯善等西域国人皆有入籍高昌（西州）者，各民族交错杂居，共同劳作，在日常生产生活方面对当地必有影响。波斯锦、龟兹锦、粟特锦不仅仅作为商品输入，还带来他们的审美和绘画艺术，如典型的萨珊波斯风格，在当地建筑、绘画等方面皆有鲜明体现。

最后，多元交融的宗教文化。首先，是祆教信仰。祆教由粟特人带入，敬奉"胡天"，既有个人行为，也有以高昌国祀部颁示的方式而上升到国家层面的，可见高昌国对胡天的重视，以及民众对祆教的接纳程度。佛教在高昌地区更为流行，上至高昌王下至普通百姓信众更为广泛。玄奘法师停留高昌期间，每将讲经，高昌王麹文泰则躬自迎引，低跪为隥，日日如此，不胜虔诚。及别高昌，又厚礼相赠，作书二十四封，通西域二十四国。普通民众的佛教信仰在出土随葬衣物疏中有很好体现，一般都会在死者姓名前冠以"佛弟子"，或有"持佛五戒"字样。同时在随葬衣物疏中还融合了中原传统宗教道教的成分，如道教咒语、符咒等。可见，4~8世纪吐鲁番地区宗教信仰是丰富的多元的，粟特人信奉祆教而兼信佛教，汉人在本土宗教道教基础上不仅接纳了祆教，还接纳了佛教、摩尼教等其他民族宗教。这些都只能在民族成分复杂、民族交往频繁、民族交融深入

① 《梁书》卷 54《诸夷传》高昌国条，中华书局，1973，第 811 页
② 《隋书》卷 83《西域传》高昌国条，中华书局，1973，第 1847 页。

的区域进行。

（三） 该地区民族交往具有明显的双向互动特点

4~8 世纪吐鲁番地区的民族交融具有明显的双向互动特点，即一民族在同化其他民族的同时也受到影响，民族的交流融合是双向的。这种双向互动既对交往双方产生影响，又对双方关系的进一步发展产生影响。

高昌国时期汉族是主体民族，统治者为汉族，汉语为通用语言，政治体制采用中原模式，可以说高昌国是一个以汉族为主体的独立小王国。入居高昌的各民族受汉文化影响是自然的，他们改用汉姓、取汉名，如具有鲜明汉文化特色的康阿狗、康僧祐、康善意、康善财等，该地区民族融合的主流应该是少数民族的汉化。不过也应该看到，不管是麴氏高昌还是阚氏高昌等基本都依附突厥、柔然等北方民族，受其封号，汉族衣着服饰等一从突厥，男子皆着胡服，善骑射。汉族在同化其他民族的同时自身受到影响。另外，汉语中有大量的粟特语、突厥语、印度语借词，相应的其他语言也有大量的汉语借词。这些都是文化相互影响，相互涵化的结果。

又如粟特人的宗教信仰，粟特这个典型的商业民族为满足丝绸之路上长途跋涉和大宗物资运输的需要，为抵御丝路上的自然灾害和人为劫持，形成了典型的宗教首领与商队首领合一的"萨宝"管理体制。粟特人本信祆教，敬奉天神，"萨宝"既是他们祆教信仰的领袖，祆教仪式的主持者，又是商队的主宰者，在某种程度上可以说这是维系粟特人商业特色及其生存的根本所在。但是随着粟特人大规模地长期定居高昌国和后来的唐西州，编户为民，在与汉民族和其他民族的交往中进一步接受了佛教。粟特人信奉佛教在姓氏名籍中也有很好体现，比较明显的，如曹佛儿、康僧祐、安僧迦等，另外，敦煌文书中粟特语文献的 50 余种，主要是佛教经卷。粟特人给西域带来敬奉天神的祆教之后，自己却在民族交融的大洪流中改信了佛教，至少部分人改信或兼信了佛教。粟特人作为文化的传播者，同时也是文化的接受者；同化其他民族的同时也受到影响，民族间的交往是双向的，互动是双向的。

（四） 该地区的民族交融是中华民族多元一体格局的重要组成部分

该地区的民族交融是中华民族多元一体格局的重要组成部分，应该放在中华民族多元一体格局的大背景下去考察。虽然吐鲁番地区是中国大地上非常小的区域，但是我们可以把它看作相对独立的一部分来单独研究，该地区的历史发展与中华民族多元一体格局的形成有必然关联。

冒顿统治期间匈奴统一北方草原，控制大漠南北及西域，实现了该范围内的区域性的统一。随着汉通西域，汉人源源不断迁入，开始了与匈奴的争夺，逐渐控制西域。尤其东晋十六国时期由河西移入大批汉人，其中不乏世家大族，汉族的主体地位不断明晰，至高昌国建立，汉族的统治地位进一步明确，国内各民族融洽相处。唐西州时期吐鲁番地区的民族交往可以认为已经达到了民族融合的程度，已经出现了区域性的民族融合。

（五）吐鲁番的交通区位、政治地位决定了其为多民族交融之地，民族杂居是基础，交往需要是重要动因

该地位居丝路要冲，处于东西交流的十字路口，同时与北方高车、突厥、铁勒等游牧民族仅有一山之隔，又自然地成为南北交流的必经之地，高昌为东西南北交流汇合之处，为该地区的民族交流文化融合提供了先天的不可替代的区位优势。加上该地区具有得天独厚的水土资源，光热充足，水资源丰厚，可以作为重要的粮食生产基地，提供充足的物资资源。所以历史上不管是中原王朝还是北方游牧民族对该地区的争夺都比较激烈，或实行羁縻统治或实行归化，对高昌都有重要影响，在语言、文化等各个层面留下了历史剪影。

从政治地位看，高昌乃绿洲小国，处在中原政权、北方游牧民族势力之间，为保全实力，维护国内安定，不得不依附于更为强势的政权来寻求保护。一方面与中原政权长期保持联系，一方面又臣服于高车、柔然、突厥等北方游牧民族，甚至在北方民族间周旋。高昌在承袭传统汉文化的同时，不可避免地受到西域文化尤其是草原文化的影响。经济上高昌国充分利用区位优势，大力发展商业贸易，从中获取商业利润。而大漠南北方游牧民族也不能单靠牧业生存，必须在绿洲里建立自己的农业基地，于是他们不断通过战争及政治等手段对绿洲国家进行控制，以获取源源不断的生产生活必需的物质资源。西域、中亚诸国尤其是粟特，为获取利润，以该地为重要的中转市场，形成大的聚落，定居高昌。主客观的交往需要是民族交往的重要动因。

吐鲁番地区的民族融合是以民族迁徙而形成的民族杂居为前提的。民族迁移至此的原因和途径是复杂多样的，汉人的迁入，在两汉时期出于屯田，魏晋之际多由于战乱避难；粟特人的迁入和粟特聚落形成是经商需要，其他西域民族的迁入由于战争、经商需要等。只有不断的迁徙入居，才逐渐在高昌国时期形成了各民族杂居相处的局面。这为民族间深入交往融合创造了最佳地理环境和条件。不同族属民众长期交错杂居，房舍相望，田地相接，共享道路水渠，共同从事农业生产和手工业劳作，共同承担赋税徭役。甚至不同民族间长期互相通婚，组建家庭。日常交往中他们的语言、思想、风俗习惯等必然相互渗透，相互影响，相互涵化。

主要参考文献

一 出土文献

［1］陈国灿、刘永增：《日本宁乐美术馆藏吐鲁番文书》，文物出版社，1997。

［2］侯灿、吴美琳：《吐鲁番出土砖志集注》，巴蜀书社，2003。

［3］刘绍刚、侯世新：《新疆博物馆新获文书研究》，中华书局，2013。

［4］柳洪亮：《新出吐鲁番文书及其研究》，新疆人民出版社，1997。

［5］穆舜英、王炳华：《隋唐五代墓志汇编·新疆卷》，天津古籍出版社，2009。

［6］荣新江、李肖、孟宪实：《新获吐鲁番出土文献》，中华书局，2008。

［7］沙知、吴芳思：《斯坦因第三次中亚考古所获汉文文献》（非佛经部分）（第2册），上海辞书出版社，2005。

［8］唐长孺：《吐鲁番出土文书》〔壹〕，文物出版社，1992。

［9］唐长孺：《吐鲁番出土文书》〔贰〕，文物出版社，1994。

［10］唐长孺：《吐鲁番出土文书》〔叁〕，文物出版社，1996。

［11］唐长孺：《吐鲁番出土文书》〔肆〕，文物出版社，1996。

［12］〔日〕小田义久：《大谷文书集成》（第一卷），东京：法藏馆，1984。

［13］〔日〕小田义久：《大谷文书集成》（第二卷），东京：法藏馆，1990。

［14］〔日〕小田义久：《大谷文书集成》（第三卷），东京：法藏馆，2003。

［15］〔日〕小田义久：《大谷文书集成》（第四卷），东京：法藏馆，2009。

二 著作

［1］（北齐）魏收：《魏书》，中华书局，1974。

［2］（北魏）杨衒之：《洛阳伽蓝记》，范祥雍校注，上海古籍出版社，1978。

［3］（东汉）班固：《汉书》，中华书局，1962。

［4］（汉）司马迁：《史记》，中华书局，1959。

［5］（后晋）刘昫：《旧唐书》，中华书局，1975。

［6］（晋）姚思廉：《梁书》，中华书局，1973。

［7］（梁）萧子显：《南齐书》，中华书局，1972。

［8］（南朝宋）范晔：《后汉书》，中华书局，1965。

［9］（宋）欧阳修：《新唐书》，中华书局，1975。

［10］（宋）王溥：《唐会要》，中华书局，1955。

［11］（宋）王钦若：《宋本册府元龟》，中华书局影印本，1989。

［12］（唐）杜佑：《通典》，中华书局，1984。

［13］（唐）段成式：《酉阳杂俎》，曹中孚点校，上海古籍出版社，2012。

［14］（唐）房玄龄：《晋书》，中华书局，1974。

［15］（唐）慧超：《往五天竺国传》，张毅笺释，中华书局，2000。

［16］（唐）慧立、彦悰：《大慈恩寺三藏法师传》，孙毓棠、谢方点校，中华书局，2000。

［17］（唐）李百药：《北齐书》，中华书局，1972。

［18］（唐）李吉甫：《元和郡县图志》，中华书局，1983。

［19］（唐）魏徵：《隋书》，中华书局，1973。

［20］（唐）玄奘、辩机：《大唐西域记校注》，季羡林校注，中华书局，2000。

[21]（唐）义净：《大唐西域求法高僧传》，王邦维校注，中华书局，2000。

[22]（宋）司马光：《资治通鉴》，（元）胡三省音注，中华书局，1956。

[23] 北京图书馆金石组编《北京图书馆藏中国历代石刻拓本汇编》，中州古籍出版社，1989。

[24] 蔡鸿生：《唐代九姓胡与突厥文化》，中华书局，1998。

[25] 岑仲勉：《隋唐史》，中华书局，1982。

[26] 岑仲勉：《突厥集史》（下册），中华书局，1958。

[27] 岑仲勉：《西突厥史料补阙及考证》，中华书局，1958。

[28] 陈保亚：《论语言接触与语言联盟——汉越（侗台语）语源关系的解释》，语文出版社，1996。

[29] 陈国灿：《斯坦因所获吐鲁番文书研究》，武汉出版社，1994。

[30] 陈国灿：《吐鲁番敦煌出土文献史事论集》，上海古籍出版社，2012。

[31] 陈国灿：《吐鲁番文书总目》（日本收藏卷），武汉出版社，2005。

[32] 陈寅恪：《陈寅恪集·讲义及杂稿》，三联书店，2002。

[33] 陈寅恪：《隋唐制度渊源略论稿》，中华书局，1963。

[34] 陈垣：《陈垣学术论文集》，中华书局，1980。

[35] 陈垣：《火祆教入中国考》，《陈垣学术论文集》，中华书局，1980。

[36] 陈垣：《摩尼教入中国考》，《陈垣史学论著选》，上海人民出版社，1981。

[37] 陈垣：《元西域人华化考》，上海古籍出版社，2000。

[38] 陈宗振：《关于维吾尔语中的早期汉语借词的探讨》，民族语文编辑组《民族语文研究文集》，青海民族出版社，1982。

[39] 陈宗振：《突厥文》，中国民族古文字研究会编《中国民族古文字研究》，中国社会科学出版社，1984。

[40] 程喜霖：《唐代过所研究》，中华书局，2000。

［41］程喜霖：《唐烽堠制度研究》，三秦出版社，1990。

［42］戴庆厦：《汉语与少数民族语言关系概论》，中央民族学院出版社，1992。

［43］董永强：《四到八世纪吐鲁番的多民族问题探索》，博士学位论文，陕西师范大学，2007。

［44］董志翘、蔡镜浩：《中古虚词语法例释》，吉林教育出版社，1994。

［45］董志翘：《汉语史研究丛稿》，上海古籍出版社，2013。

［46］杜朝晖：《敦煌文献名物研究》，中华书局，2011。

［47］费孝通：《中华民族多元一体格局》（修订本），中央民族大学出版社，1999。

［48］冯承钧：《西域南海史地考证论著汇辑》，中华书局，1963。

［49］冯承钧：《景教碑考》，商务印书馆，1935。

［50］冯承钧：《西域地名》，陆峻岭增订，中华书局，1982。

［51］冯承钧：《西域南海史地考证译丛》（二编），商务印书馆，1962。

［52］高莉琴：《不同时期维吾尔语中的汉语借词》，新疆大学出版社，2005。

［53］高永久：《西域古代民族宗教综论》，高等教育出版社，1997。

［54］葛兆光：《中国思想史——七世纪前中国的知识、思想与信仰世界》，复旦大学出版社，1998。

［55］耿世民：《古代突厥文碑铭研究》，中央民族大学出版社，2005。

［56］耿世民：《古代突厥文主要碑铭及其解读研究情况》，耿世民：《耿世民新疆文史论集》，中央民族大学出版社，2001。

［57］耿世民：《回鹘文哈密本〈弥勒会见记〉研究》，中央民族大学出版社，2008。

［58］郭平梁：《魏晋南北朝时期车师—高昌一带的民族及其相互关系》，《新疆通史》编辑委员会编《新疆历史研究论文选编》，新疆人民出版社，2008。

［59］郭锡良：《汉字古音手册》，北京大学出版社，1986。

［60］韩国磐：《敦煌吐鲁番出土经济文书研究》，厦门大学出版社，1986。

［61］韩儒林：《穹庐集——元史及西北民族史研究》，上海人民出版社，1982。

［62］〔美〕韩森：《丝绸之路贸易对吐鲁番地方社会的影响：公元500~800年》，荣新江：《粟特人在中国——历史、考古、语言的新探索》，中华书局，2005。

［63］何俊芳：《语言人类学教程》，中央民族大学出版社，2005。

［64］黑维强：《敦煌、吐鲁番社会经济文献词汇研究》，民族出版社，2010。

［65］洪艺芳：《敦煌吐鲁番文书中之量词研究》，文津出版社，2000。

［66］侯灿：《高昌楼兰研究论集》，新疆人民出版社，1990。

［67］黄烈：《中国古代民族史研究》，人民出版社，1987。

［68］黄文弼：《塔里木盆地考古记》，科学出版社，1958。

［69］黄文弼：《吐鲁番考古记》，中国科学院，1954。

［70］黄文弼：《西北史地论丛》，上海人民出版社，1981。

［71］黄文弼：《西域史地考古论集》，商务印书馆，2015。

［72］季羡林、饶宗颐：《敦煌吐鲁番研究》，中华书局，2005。

［73］季羡林：《大唐西域记校注》，中华书局，1985。

［74］季羡林：《敦煌学大辞典》，上海辞书出版社，1998。

［75］季羡林：《原始佛教的语言问题》，中国社会科学出版社，1985。

［76］季羡林：《中印文化关系史论丛》，人民出版社，1957。

［77］姜伯勤：《敦煌社会文书导论》，新文丰出版公司，1992。

［78］姜伯勤：《敦煌吐鲁番文书与丝绸之路》，文物出版社，1994。

［79］姜伯勤：《高昌麴朝与东西突厥——吐鲁番所出客馆文书研究》，北京大学中国古史研究中心编《敦煌吐鲁番文献研究论集》（第5辑），北京大出版社，1990。

［80］姜伯勤：《萨宝府制度源流论略——汉文粟特人墓志考释之一》，饶宗颐：《华学》第3辑，紫禁城出版社，1998。

［81］姜伯勤：《唐五代敦煌寺户制度》，中国人民大学出版社，2011。

［82］李葆嘉：《中国语言文化史》，江苏教育出版社，2003。

［83］李春华：《新疆风物志》，新疆人民出版社，2011。

［84］李芳、王素：《吐鲁番出土文书人名地名索引》，文物出版社，1996。

［85］李锦绣：《唐代财政史稿》（第三分册），北京大学出版社，1995。

［86］李荣：《切韵音系》，科学出版社，1956。

［87］林幹：《突厥史》，内蒙古人民出版社，1988。

［88］林幹：《匈奴史》（修订本），内蒙古人民出版社，1979。

［89］林幹：《中国古代北方民族通史》，鹭江出版社，2003。

［90］林惠祥：《中国民族史》，商务印书馆，1993。

［91］林梅村：《古道西风：考古新发现所见中西文化交流》，上海三联书店，2000。

［92］林梅村：《丝绸之路考古十五讲》，北京大学出版社，2006。

［93］林梅村：《西域文明——考古、民族、语言和宗教新论》，东方出版社，1995。

［94］林耀华：《民族学通论》，中央民族学院出版社，1990。

［95］刘坚、蒋绍愚：《近代汉语语法资料汇编》（唐五代卷），商务印书馆，1995。

［96］刘俊文：《敦煌吐鲁番唐代法制文书考释》，中华书局，1989。

［97］刘淇：《助字辨略》，王云五主编《万有文库》，商务印书馆，1937。

［98］柳洪亮：《新出吐鲁番文书及其研究》，新疆人民出版社，1997。

［99］卢开万：《试论麹氏高昌时期的赋役制度》，唐长孺：《敦煌吐鲁番文书初探》，武汉大学出版社，1983。

［100］陆娟娟：《吐鲁番出土文书俗字研究》，硕士学位论文，新疆

师范大学，2005。

[101] 陆娟娟：《吐鲁番出土文书语言研究》，浙江工商大学出版社，2015。

[102] 罗常培：《唐五代西北方音》，商务印书馆，2012。

[103] 罗常培：《语言与文化》，北京出版社，2011。

[104] 罗常培：《罗常培语言学论文集》，商务印书馆，2004。

[105] 罗丰：《固原南郊隋唐墓地》，文物出版社，1996。

[106] 罗丰：《胡汉之间——"丝绸之路"与西北历史考古》，文物出版社，2004。

[107] 罗贤佑：《中国民族史纲要》，中国社会科学出版社，2009。

[108] 吕思勉：《两晋南北朝史》，上海古籍出版社，1983。

[109] 吕思勉：《隋唐五代史》，上海古籍出版社，1984。

[110] 吕思勉：《中国民族史》，中国大百科全书出版社，1987。

[111] 马贝加：《近代汉语介词》，中华书局，2002。

[112] 马戎：《西方民族社会学的理论与方法》，天津人民出版社，1997。

[113] 马雍：《西北史地文物丛考》，文物出版社，1990。

[114] 马长寿：《碑铭所见前秦至隋初的关中部族》，中华书局，1985。

[115] 马长寿：《北狄与匈奴》，上海三联书店，1962。

[116] 马长寿：《论突厥人和突厥汗国的社会变革》，林幹编《突厥回纥历史论文选集》上册，中华书局，1987。

[117] 牛汝极：《阿尔泰文明与人文西域》，新疆大学出版社，2003。

[118] 牛汝极：《文化的绿洲：丝路语言与西域文明》，新疆人民出版社，2006。

[119] 钱穆：《国史大纲》，商务印书馆，2010。

[120] 饶宗颐：《饶宗颐史学论著选》，上海古籍出版社，1993。

[121] 热扎克·买提尼牙孜：《西域翻译史》，新疆大学出版社，1994。

[122] 荣新江、罗丰：《粟特人在中国：考古发现与出土文献的新印

证》，科学出版社，2016。

［123］荣新江：《敦煌学十八讲》，北京大学出版社，2001。

［124］荣新江：《敦煌学新论》，甘肃教育出版社，2002。

［125］荣新江：《中古中国与外来文明》（修订版），上海三联书店，2014。

［126］荣新江：《萨保与萨薄：北朝隋唐胡人聚落首领问题的争论与辨析》，叶奕编《伊朗学在中国论文集》第3集，北京大学出版社，2003。

［127］荣新江：《新获吐鲁番出土文献研究论集》，中国人民大学出版社，2010。

［128］荣新江、华澜、张志清：《粟特人在中国：历史、考古、语言的新探索》，中华书局，2005。

［129］荣新江：《海外敦煌吐鲁番文献知见录》，江西人民出版社，1996。

［130］荣新江：《吐鲁番文书总目》（欧美收藏卷），武汉出版社，2007。

［131］芮传明：《古突厥碑铭研究》，上海古籍出版社，1998。

［132］沙知、孔祥星：《敦煌吐鲁番文书研究》，甘肃人民出版社，1984。

［133］宋家钰：《唐代户籍法与均田制研究》，中州古籍出版社，1988。

［134］孙继民：《唐代行军制度研究》，文津出版社，1995。

［135］孙晓林：《唐西州高昌县的水渠及其使用、管理》，唐长孺：《敦煌吐鲁番文书初探》，武汉大学出版社，1983。

［136］谭其骧：《中国历史地图集》（第2册），中国地图出版社，1981。

［137］唐耕耦、陆宏基：《敦煌社会经济文献真迹释录》第1辑，书目文献出版社，1986。

［138］唐耕耦、陆宏基：《敦煌社会经济文献真迹释录》第2辑，书目文献出版社，1990。

［139］唐长孺：《敦煌吐鲁番文书初探》，武汉出版社，1990。

［140］唐长孺：《敦煌吐鲁番文书初探二编》，武汉出版社，1990。

［141］唐长孺：《山居存稿》，中华书局，1989。

［142］唐长孺：《吐鲁番文书初探》，武汉出版社，1983。

［143］唐长孺：《山居存稿》，中华书局，2011。

［144］唐长孺：《魏晋南北朝史论拾遗》，中华书居，1983。

［145］唐长孺：《魏晋南北朝史论丛》，上海三联书店，1955。

［146］童恩正：《文化人类学》，上海人民出版社，1989。

［147］万国鼎：《氾胜之书辑释》，农业出版社，1963。

［148］王国维：《西胡考、西胡考续》，王国维：《观堂集林》第 2 册，中华书局，1959。

［149］王力：《汉语音韵学》，中华书局，1982。

［150］王力：《汉语语音史》，中华书局，1982。

［151］王力：《王力古汉语字典》，中华书局，2000。

［152］王启涛：《吐鲁番出土文献词典》，四川出版集团巴蜀书社，2012。

［153］王启涛：《吐鲁番出土文献语言导论》，巴蜀书社，2013。

［154］王素：《敦煌吐鲁番文献》，文物出版社，2002。

［155］王素：《高昌史稿·交通编》，文物出版社，2000。

［156］王素：《高昌史稿·统治编》，文物出版社，1998。

［157］王素：《吐鲁番出土高昌文献编年》，新文丰出版公司，1997。

［158］王新青：《中亚历史语言文化研究》，人民出版社，2015。

［159］王永兴：《唐勾检制研究》，上海古籍出版社，1991。

［160］王云路：《中古汉语词汇史》（下），商务印书馆，2010。

［161］王锺翰：《中国民族史》，中国社会科学出版社，1994。

［162］翁独健：《中国民族关系史纲要》，中国社会科学出版社，2001。

［163］吴震：《吴震敦煌吐鲁番文书研究论集》，上海古籍出版社，2009。

［164］武建国：《均田制研究》，云南人民出版社，1992。

［165］武振玉：《两周金文词类研究》，博士学位论文，吉林大学，

2006。

［166］向达：《唐代长安与西域文明》，北京三联书店，1957。

［167］新疆维吾尔自治区博物馆：《新疆出土文物》，文物出版社，1975。

［168］新疆社会科学院考古研究所：《新疆考古三十年》，新疆人民出版社，1983。

［169］新疆吐鲁番地区文物局：《吐鲁番新出摩尼教文献研究》，文物出版社，2000。

［170］新疆吐鲁番学研究院编《语言背后的历史——西域古典语言学高峰论坛论文集》，上海古籍出版社，2012。

［171］《新疆通史》编撰委员会编《新疆历史研究论文选编：民族卷》，新疆人民出版社，2008。

［172］《新疆通史》编撰委员会编《新疆历史研究论文选编：屯垦卷》，新疆人民出版社，2008。

［173］《新疆通史》编撰委员会编《新疆历史研究论文选编：魏晋南北朝卷》，新疆人民出版社，2008。

［174］《新疆通史》编撰委员会编《新疆历史研究论文选编：宗教卷》，新疆人民出版社，2008。

［175］《新疆通史》编撰委员会编《新疆历史研究论文选编：通论卷》，新疆人民出版社，2008。

［176］新疆维吾尔自治区博物馆：《新疆出土文物》，文物出版社，1975。

［177］徐时仪：《慧琳音义研究》，上海社会科学院出版社，1997。

［178］徐时仪：《一切经音义三种校本合刊》，上海古籍出版社，2012。

［179］徐思益：《语言的接触与影响》，新疆人民出版社，1997。

［180］许宝华、〔日〕宫田一郎编《汉语方言大词典》，中华书局，1999。

［181］薛宗正：《突厥史》，中国社会科学出版社，1992。

［182］杨泓：《中国古兵器论丛》，文物出版社，1980。

［183］杨际平、郭锋、张和平：《五—十世纪教煌的家庭与家族关

系》，岳麓书社，1997。

[184] 杨际平：《均田制新探》，岳麓书社，1991。

[185] 杨建新：《古西行记选注》，宁夏人民出版社，1987。

[186] 杨建新：《中国西北少数民族史》，宁夏人民出版社，1988。

[187] 杨同军：《语言接触和文化互动：汉译佛经词汇的生成与演变研究——以支谦译经复音词为中心》，中华书局，2011。

[188] 杨希枚：《先秦文化史论集》，中国社会科学出版社，1996。

[189] 姚士宏：《中国石窟——敦克尔石窟》，文物出版社，1997。

[190] 姚薇元：《北朝胡姓考》，中华书局，1962。

[191] 殷晴：《吐鲁番学新论》，新疆人民出版社，2006。

[192] 余太山：《两汉魏晋南北朝与西域关系史研究》，中国社会科学出版社，1995。

[193] 余太山：《两汉魏晋南北朝正史西域传研究》，中华书局，2003。

[194] 余太山：《西域文化史》，中国友谊出版公司，1995。

[195] 张广达：《西域史地丛稿初编》，上海古籍出版社，1995。

[196] 张兴权：《接触语言学》，商务印书馆，2013。

[197] 张永言：《语文学论集》，语文出版社，1992。

[198] 赵江民：《新疆民汉语言接触及其对世居汉族语言的影响》，北京语言大学出版社，2013。

[199] 赵相如：《突厥语与古汉语关系词对比研究》，社会科学文献出版社，2012。

[200] 中国科学院新疆综合考察队：《新疆地貌》，科学出版社，1978。

[201] 中国民族古文字研究会：《中国民族古文字研究》，中国社会科学出版社，1984。

[202] 中国社会科学院民族研究所：《马克思恩格斯论民族问题》（上册），民族出版社，1987。

[203] 周法高：《中国古代语法·造句编》（上），台北："中央研究院"历史语言研究所，1961。

［204］周一良：《魏晋南北朝史论集》，北京大学出版社，1997。

［204］周一良：《魏晋南北朝史札记》，中华书局，1985。

［206］周祖谟：《广韵校本》，中华书局，1960。

［207］朱雷：《敦煌吐鲁番文书论丛》，甘肃人民出版社，2000。

［208］邹嘉彦、游汝杰：《语言接触论集》，上海教育出版社，2004。

三　论文

［1］曹利华：《时间副词"比尔"考论——从吐鲁番出土文书说起》，《新疆大学学报》2015年第4期。

［2］曹利华：《百年来吐鲁番出土汉文文献语言研究述论》，《西北民族大学学报》2016年第3期。

［3］曹利华：《"都""并""全"的历时演进及相互影响》，《新疆大学学报》2016年第4期。

［4］曹利华：《吐鲁番出土文书所见中古新兴虚词》，《新疆大学学报》2017年第4期。

［5］曹利华：《从吐鲁番出土文书中突厥语的汉字译音看6~8世纪西北方音声母之特点》，《西南民族大学学报》2019年第4期。

［6］陈保亚：《从语言接触看历史比较语言学》，《北京大学学报》2006年第2期。

［7］陈国灿：《从吐鲁番出土文献看高昌王国》，《兰州大学学报》2003年第4期。

［8］陈国灿：《敦煌所出粟特文古书信的断代问题》，《魏晋南北朝隋唐史资料》（第7辑），上海古籍出版社，1985。

［9］陈国灿：《吐鲁番学研究和发展刍议》，《西域研究》2003年第3期。

［10］陈国灿：《魏晋至隋唐河西胡人的聚居与火祆》，《西北民族研究》1988年第1期。

［11］陈海涛：《从胡商到编民——吐鲁番文书所见麹氏高昌时期的粟特人》，《魏晋南北朝隋唐史资料》（第19辑），上海古籍出版社，2002。

［12］陈宗振：《〈突厥语大词典〉中的中古汉语借词》，《民族语文》

2014 年第 1 期。

［13］程喜霖：《从吐鲁番出土文书中所见的唐代烽燧制度》，《武汉大学学报》1985 年第 6 期。

［14］程喜霖：《唐代过所与胡汉商人贸易》，《西城研究》1995 年第 1 期。

［15］储泰松：《梵汉对音概说》，《古汉语研究》1995 年第 4 期。

［16］崔明德：《隋唐时期西域诸国的民族关系思想》，《烟台大学学报》2007 年第 4 期。

［17］董志翘：《敦煌社会经济文书词汇语法札记》，《古汉语研究》2009 年第 1 期。

［18］冻国栋：《麹氏高昌役制研究》，《敦煌学辑刊》1990 年第 1 期。

［19］冻国栋：《唐代民族贸易与管理杂考》，《魏晋南北朝隋唐史资料》（第 9 辑），上海古籍出版社，1988。

［20］杜朝晖：《从"胡禄"说起——兼论古代藏矢之器的源流演变》，《中国典籍与文化》2007 年第 4 期。

［21］杜朝晖：《从敦煌吐鲁番文书看汉语音译外来词的汉化历程——以"叠""氎""㲲""毺""缲"为例》，《敦煌研究》2007 年第 3 期。

［22］杜斗城、郑炳林：《高昌王国的民族和人口结构》，《西北民族研究》1988 年第 1 期。

［23］郭峰：《敦煌西域出土文献的一个综合统计》，《敦煌学辑刊》1991 年第 1 期。

［24］洪勇明：《论语言影响的若干规律——以新疆语言接触为例》，《中央民族大学学报》2007 年第 3 期。

［25］侯灿：《吐鲁番学与吐鲁番考古研究概述》，《敦煌学辑刊》1989 年第 1 期。

［26］黄幼莲：《敦煌吐鲁番文献词语校释》，《杭州师范学院学报》1991 年第 5 期。

［27］季羡林：《浮屠与佛》，"中央研究院"《历史语言研究所集刊》

（第二十本），1948。

[28] 季羡林：《再谈浮屠与佛》，《历史研究》1990 年第 2 期。

[29] 季羡林：《谈新疆博物馆藏吐火罗语 A〈弥勒会见记剧本〉》，《文物》1983 年第 1 期。

[30] 蒋礼鸿：《〈吐鲁番出土文书〉第一册释词》，杭州大学古籍研究所《敦煌语言文学论文集》，浙江古籍出版社，1988。

[31] 江蓝生：《从语言渗透看汉语比拟式的发展》，《中国社会科学》1999 年第 4 期。

[32] 江蓝生：《后置词"行"考辨》，《语文研究》1998 年第 1 期。

[33] 姜伯勤：《高昌文书所见的铁勒人》，《文物》1986 年第 12 期。

[34] 姜伯勤：《吐鲁番文书所见的"波斯军"》，《中国史研究》1986 年第 1 期。

[35] 金铭：《敦煌变文中所见的"了"和"着"》，《中国语文》1979 年第 1 期。

[36] 金基石：《朝鲜对音文献中的微母字》，《语言研究》2000 年第 2 期。

[37] 库尔班·外力：《吐鲁番出土公元 5 世纪的古突厥语木牌》，《文物》1981 年第 1 期。

[38] 聂鸿音：《西夏语音商榷》，《民族语文》1985 年第 3 期。

[39] 聂鸿音：《粟特语对音资料和唐代汉语西北方言》，《语言研究》2006 年第 3 期。

[40] 李芳：《唐西州的译语人》，《文物》1994 年第 2 期。

[41] 李芳：《唐西州的突厥游奕部落》，《西北民族论丛》（第二辑），中国社会科学出版社，2003。

[42] 李芳：《唐西州九姓胡人生活状况一瞥——以史玄政为中心》，《敦煌吐鲁番研究》（第 4 卷），北京大学出版社，1999。

[43] 李水城、水涛：《四坝文化铜器研究》，《文物》2003 年第 2 期。

[44] 李天石：《敦煌吐鲁番文书中的奴婢资料及价值》，《敦煌学辑刊》1990 年第 1 期。

［45］李伟:《从元汉儿言语"有"的用法透视语言接触下的语言演变》,《语文研究》2009年第1期。

［46］李遇春、韩翔:《新疆焉耆县发现吐火罗文A(焉耆语)本〈弥勒会见记剧本〉残卷》,《文物》1983年第1期。

［47］梁涛:《高昌城的兴衰》,《新疆地方志》2009年第2期。

［48］廖名春:《从吐鲁番出土文书的别字异文看五到八世纪初西北方音》,《古汉语研究》1992年第1期。

［49］廖名春:《从吐鲁番出土文书中的别字异文看"浊上变去"》,《古汉语研究》1989年第1期。

［50］廖名春:《吐鲁番出土文书新兴量词考》,《敦煌研究》1990年第2期。

［51］廖名春:《吐鲁番出土文书语词管窥》,《古汉语研究》1990年第1期。

［52］林梅村:《粟特文买婢契与丝绸之路上的女奴贸易》,《文物》1992年第9期。

［53］林梅村:《吐火罗人的起源与迁徙》,《西域研究》2003年第3期。

［54］林友华:《从四世纪到七世纪中高昌货币形态初探》,姜亮夫、郭在贻《敦煌吐鲁番学研究论文集》,汉语大辞典出版社,1991。

［55］刘光蓉:《吐鲁番出土砖志异体字研究》,硕士学位论文,西南大学,2011。

［56］刘安志:《唐代西州的突厥人》,《魏晋南北朝隋唐史资料》(第17辑),上海古籍出版社,2000。

［57］刘汉东:《关于吐鲁番出土文书中五凉时期的徭役问题》,《敦煌学集刊》1990年第1期。

［58］刘敏:《科学解读马克思主义的民族关系理论体系——兼谈民族"交融"与民族"融合"的同质性》,《西北民族研究》2015年第2期。

［59］刘瑞明:《吐鲁番出土文书释词》,《西域研究》1999年第4期。

［60］刘志安：《从吐鲁番出土文书看唐高宗咸亨年间的西域政局》，《魏晋南北朝隋唐史资料》（第 18 辑），上海古籍出版社，2001。

［61］柳洪亮：《吐鲁番出土文书中所见十六国时期高昌郡的水利灌溉》，《中国农史》1985 年第 4 期。

［62］龙国富：《从语言接触看"复"和"自"的语法地位》，《语文研究》2010 年第 2 期。

［63］卢向前：《麹氏高昌和唐代西州的葡萄、葡萄酒及葡萄酒税》，《中国经济史研究》2002 年第 4 期。

［64］汪荣宝：《歌戈鱼虞模古读考》，《国学季刊》第 1 卷第 2 号，1923 年 4 月。

［65］罗美珍：《论群族互动中的语言接触》，《语言研究》2000 年第 3 期。

［66］马贝加：《论汉语介词从"所为"到"处置"的转变》，《中国语文》2013 年第 1 期。

［67］马学良、戴庆厦：《论"语言民族学"》，《民族学研究》1981 年第 1 期。

［68］马学良、戴庆厦：《语言和民族》，《民族研究》1983 年第 1 期。

［69］马雍：《略谈有关高昌史的几件新出土文书》，《考古》1972 年第 4 期。

［70］马雍：《古代鄯善、于阗地区佉卢文字资料综考》，中国民族古文字研究会编《中国民族古文字研究》，中国社会科学出版社，1984。

［71］马雍：《新疆佉卢文书中的 kośava 即"氍毹"考——兼论"渠搜"古地名》，中国民族古文字研究会编《中国民族古文字研究》，中国社会科学出版社，1984。

［72］梅祖麟：《现代汉语完成貌句式和词尾的来源》，《语言研究》1981 年第 4 期。

［73］孟达来：《古代北方民族的变迁与阿尔泰诸语族的早期接触》，《青海民族研究》1999 年第 4 期。

［74］孟宪实：《北凉高昌初期内争索隐——以法进自杀事件为中

心》，朱玉麟：《西域文史》第 1 辑，科学出版社，2006。

[75] 敏春芳、马有：《敦煌吐鲁番文书中衣物量词例释》，《兰州大学学报》2005 年第 4 期。

[76] 穆舜英：《吐鲁番哈喇和卓古墓群发掘简报》，《文物》1978 年第 6 期。

[77] 牛汝极：《从借词看粟特语对回鹘语的影响》，《新疆师范大学学报》2015 年第 1 期。

[78] 牛汝极：《西域语言接触概说》，《中央民族大学学报》2000 年第 4 期。

[79] 裴成国：《论高昌国的骑射之风》，《西域研究》2016 年第 1 期。

[80] 彭晓：《论语言接触引发的语法化现象——以外源性词缀的析出为例》，《求索》2013 年第 5 期。

[81] 钱伯泉：《车师语言与车师种族初探》，《新疆大学学报》1997 年第 3 期。

[82] 钱伯泉：《从〈高昌内藏奏得称价钱帐〉看麴氏王朝时期丝绸之路的商人和商品》，《西北史地》1992 年第 3 期。

[83] 钱伯泉：《从〈高昌主簿张绾等传供状〉看柔然汗国在高昌地区的统治》，《吐鲁番学研究专辑》，乌鲁木齐县印刷，1990。

[84] 钱伯泉：《从传供状和客馆文书看高昌王国与突厥的关系》，《西域研究》1995 年第 1 期。

[85] 钱伯泉：《从吐鲁番文书看薛延陀前期历史》，《西域研究》1992 年第 1 期。

[86] 钱伯泉：《铁勒国史钩沉》，《西北民族研究》1992 年第 1 期。

[87] 钱伯泉：《吐谷浑人在西城的历史——兼谈坎曼尔诗签的族属与价值》，《新疆大学学报》1990 年第 2 期。

[88] 钱伯泉：《吐鲁番出土魏晋南北朝的随葬衣物疏研究》，《吐鲁番学研究》2001 年第 1 期。

[89] 荣新江：《波斯与中国：两种文明在唐朝的交融》，《中国学术》第 12 辑，商务印书馆，2002。

［90］荣新江：《吐鲁番文书唐某人自书历官状》，《西北史地》1987年第4期。

［91］荣新江：《新获吐鲁番文书所见的粟特》，《吐鲁番学研究》2007年第1期。

［92］沙梅真：《吐鲁番出土文书中的姓氏资料及其文化意蕴》，《敦煌研究》2007年第1期。

［93］石墨林：《大谷文书集成（贰）人名地名索引》，《魏晋南北朝隋唐史资料》（第20辑），上海古籍出版社，2003。

［94］石墨林：《大谷文书集成（叁）人名地名索引》，《魏晋南北朝隋唐史资料》（第22辑），上海古籍出版社，2005。

［95］石墨林：《大谷文书集成（壹）人名地名索引》，《魏晋南北朝隋唐史资料》（第19辑），上海古籍出版社，2002。

［96］施新荣：《百年来吐鲁番出土文献回顾》，《百年敦煌文献整理研究国际学术讨论会论文集》（上册），中国杭州，2010。

［97］宋金兰：《汉语助词"了""着"与阿尔泰诸语言的关系》，《民族语文》1991年第6期。

［98］孙伯君：《胡汉对音和古代北方汉语》，《语言研究》2005年第1期。

［99］孙宏开：《丝绸之路上的语言接触和文化扩散》，《西北民族研究》2009年第3期。

［100］唐长孺：《从吐鲁番出土文书中所见的高昌郡县行政制度》，《文物》1978年第6期。

［101］唐长孺：《吐鲁番出土文书中所见的高昌郡军事制度》，《社会科学战线》1982年第3期。

［102］吐鲁番地区文管所：《新疆鄯善县苏巴什古墓群的新发现》，《考古》1988年第6期。

［103］吐鲁番文书整理小组：《吐鲁番晋—唐墓葬出土文书概述》，《文物》1977年第3期。

［104］王炳华：《新疆阿拉沟发现春秋至汉代少数民族墓葬群》，《文物特刊》1977年第4期。

[105] 王炳华:《新疆农业考古概述》,《农业考古》1983 年第 2 期。

[106] 王明哲:《论克尔木齐文化和克尔木齐墓地的时代》,《西域研究》2013 年第 2 期。

[107] 王启涛:《吐鲁番出土文书疑难词语考辨》,《中国语文》2007 年第 3 期。

[108] 王启涛:《吐鲁番出土汉文献的借词》,《语言背后的历史——西域古典语言学高峰论坛论文集》,上海古籍出版社,2012。

[109] 王素:《北凉沮渠蒙逊夫人彭氏族属初探》,《文物》1994 年第 5 期。

[110] 王素:《高昌火祆教论稿》,《历史研究》1986 年第 3 期。

[111] 王素:《梁元帝〈职供图〉新探——兼说滑及高昌国史的几个问题》,《文物》1992 年第 2 期。

[112] 王素:《吐鲁番所出武周时期吐谷浑归朝文书史实考证》,《文史》(第 29 辑),中华书局,1988。

[113] 王欣:《麹氏高昌王国与北方游牧民族的关系》,《西北民族研究》1991 年第 2 期。

[114] 王欣:《吐鲁番出土文书所涉及的晋唐法制》,《西域研究》1992 年第 3 期。

[115] 王艳明:《从出土文书看中古时期吐鲁番的葡萄种植业》,《敦煌学辑刊》2000 年第 1 期。

[116] 王艳明:《从出土文书看中古时期吐鲁番地区的蔬菜种植》,《敦煌研究》2001 年第 2 期。

[117] 王银田、饶晨:《论"鍮石"》,《敦煌研究》2009 年第 4 期。

[118] 王子今、乔松林:《"译人"与汉代西域民族关系》,《西域研究》2013 年第 1 期。

[119] 吴景山:《吐屯考》,《民族研究》1997 年第 6 期。

[120] 吴玉贵:《高昌供食文书中的突厥》,《西北民族研究》1991 年第 1 期。

[121] 吴震:《关于棉花种植的一些问题》,《吐鲁番学研究》2005 年第 1 期。

［122］吴震：《麹氏高昌国史索隐》，《文物》1981 年第 1 期。

［123］吴震：《麹氏高昌史索隐——从张雄夫妇墓志谈起》，《文物》1981 年第 1 期。

［124］吴震：《吐鲁番文书中的若干年号及相关问题》，《文物》1983 年第 1 期。

［125］夏鼐：《中国最近发现的波斯萨珊朝银币》，《考古学报》1957 年第 2 期。

［126］新疆维吾尔自治区博物馆：《1973 年吐鲁番阿斯塔那古墓群发掘简报》，《文物》1975 年第 7 期。

［127］新疆维吾尔自治区博物馆：《1973 年吐鲁番哈拉和卓古墓群发掘简报》，《文物》1978 年第 6 期。

［128］新疆维吾尔自治区博物馆：《吐鲁番县阿斯塔那——哈拉和卓古墓群发掘简报》，《文物》1973 年第 10 期。

［129］新疆维吾尔自治区博物馆：《吐鲁番县阿斯塔那——哈拉和卓古墓群发掘简报》，《文物》1972 年第 1 期。

［130］新疆维吾尔自治区博物馆：《新疆吐鲁番阿斯塔那北区墓葬发掘简报》，《文物》1960 年第 6 期。

［131］新疆社会科学院考古研究所：《新疆克尔木齐古墓群发掘简报》，《文物》1981 年第 1 期。

［132］新疆文物考古所：《1994 年吐鲁番交河故城沟西墓地发掘简报》，《新疆考古发现与研究》1994 年第 1 期。

［133］新疆文物考古所：《1995 年吐鲁番交河故城沟西墓地发掘简报》，《新疆考古发现与研究》1995 年第 2 期。

［134］新疆文物考古研究所、吐鲁番地区文物局：《吐鲁番考古新收获——鄯善县洋海墓地发掘简报》，《吐鲁番学研究》2004 年第 1 期。

［135］新疆文物考古研究所：《鄯善县苏贝希墓群三号墓地》，《新疆文物》1994 年第 2 期。

［136］徐彦：《语言接触的诸因素分析——以新疆民汉语言接触为例》，《学术探索》2012 年第 8 期。

［137］薛宗正：《后西突厥两厢可汗始末》，《新疆师范大学学报》

2001 年第 4 期。

［138］薛宗正:《以儒学为主体的高昌汉文化》,《新疆文物》1989 年第 1 期。

［139］颜秀萍:《吐鲁番出土随葬衣物疏的物量词例释》,《中国语文》2001 年第 2 期。

［140］杨富学:《吐鲁番出土回鹘文借贷文书概述》,《敦煌研究》1990 年第 1 期。

［141］杨际平:《敦煌吐鲁番出土文书与魏晋隋唐经济史研究》,《中国经济史研究》1996 年第 2 期。

［142］杨荣祥:《副词词尾源流考察》,《语言研究》2002 年第 3 期。

［143］杨须爱:《"民族交融"的科学内涵及实践意义》,《贵州民族研究》2014 年第 2 期。

［144］杨须爱:《马克思主义民族融合理论在新中国的发展及"民族交往交流交融"提出的思想轨迹》,《民族研究》2016 年第 1 期。

［145］殷晴:《唐代西域的丝路贸易与西州商品经济的繁盛》,《新疆社会科学》2007 年第 5 期。

［146］殷晴:《物种源流辨析:汉唐时期新疆园艺业的发展及有关问题》,《西域研究》2008 年第 1 期。

［147］游汝杰:《合璧词与汉语词汇的双音化》,《语言研究集刊》(第九辑),上海辞书出版社,2012。

［148］余欣:《吐鲁番出土上烽契词语辑释》,《文史》2000 年第 4 期。

［149］遇笑容:《汉语语法史中的语言接触与语法变化》,《汉语史学报》第 4 辑,上海教育出版社,2004。

［150］喻世长:《应该重视语言互相影响的研究》,《民族语文》1984 年第 12 期。

［151］袁生武:《50-80 年代现代维语中汉语借词的发展及借用形式》,《语言与翻译》1998 年第 1 期。

［152］张安富:《唐代西州屯区民众的生产与生活》,《中国社会经史研究》2014 年第 2 期。

[153] 张安富：《西域屯田预期嬗变的历史动因分析》，《中国地方志》2012 年第 2 期。

[154] 张广达：《唐代六州胡等地的昭武九姓》，《北京大学学报》1986 年第 2 期。

[155] 张磊：《新出敦煌吐鲁番写本韵书、音义书考》，《浙江社会科学》2014 年第 3 期。

[156] 张小艳：《吐鲁番出土文书词语考释三则》，《中国语文》2013 年第 6 期。

[157] 张延成：《新出吐鲁番文书中的若干语言问题探讨》，《新疆大学学报》2000 年第 2 期。

[158] 张涌泉：《吐鲁番出土文书辨误》，《西域研究》1992 年第 3 期。

[259] 张永言：《汉语外来词杂谈》，《语文学论集》，语文出版社，1992。

[160] 赵红：《吐鲁番文献与汉语语料库建设的若干思考》，《南京师范大学学报》2014 年第 3 期。

[161] 赵江民、符冬梅：《语言视域下的丝路文化变迁》，《中央民族大学学报》2014 年第 1 期。

[162] 赵江民：《民族交往视域下的新疆民汉语言接触》，《新疆社会科学》2012 年第 6 期。

[163] 赵相如：《维吾尔语中的古代汉语借词——从语言看历史上维汉人民的密切联系》，《语言与翻译》1986 年第 4 期。

[164] 赵彦昌、李兆龙：《吐鲁番文书编纂沿革考》（上），《档案学通讯》2013 年第 6 期。

[165] 赵彦昌、李兆龙：《吐鲁番文书编纂沿革考》（下），《档案学通讯》2014 年第 1 期。

[166] 赵志超：《吐鲁番出土文书所见唐代士兵借贷问题研究》，《西域研究》2009 年第 2 期。

[167] 周伟洲、李泰仁：《公元三至九世纪新疆地区的民族及其变迁》，《西北民族论丛》（第 5 辑），中国社会科学出版社，2007。

［168］周伟洲：《论魏晋南北朝时期北方的民族融合》，《社会科学战线》1990 年第 3 期。

［169］周伟洲：《试论隋唐时期西北民族融合的趋势和特点》，《西北大学学报》1990 年第 3 期。

［170］朱雷：《吐鲁番出土唐"勘田薄"残卷中所见西州推行"均田制"之初始》，《魏晋南北朝隋唐史资料》（第 18 辑），上海古籍出版社，2001。

［171］朱雷：《论麹氏高昌时期的"作人"》，唐长孺：《敦煌吐鲁番文书初探》，武汉出版社，1990。

［172］朱雷：《麹氏高昌王国的"称价钱"——麹朝税制零拾》，《敦煌吐鲁番文书论丛》，甘肃人民出版社，2000。

［173］朱丽娜：《唐代丝绸之路上的译语人》，《民族史研究》（第十二辑），中央民族大学出版社，2013。

［174］朱庆之：《汉译佛典语文中的原典影响初探》，《中国语文》1993 年第 5 期。

［175］朱玉麒：《中古时期吐鲁番地区汉文文学的传播与接受——以吐鲁番出土文书为中心》，《中国社会科学》2010 年第 6 期。

［176］祖胜利：《元代的蒙式汉语及其时体范畴的表达》，《当代语言学》2007 年第 1 期。

四　译作及外文文献

［1］〔德〕勒柯克：《吐鲁番地区的古代民族及其文化与宗教》，齐明译，《敦煌研究》1986 年第 3 期。

［2］〔俄〕钢和泰：《音译梵书与中国古音》，胡适译，北大《国学季刊》第 1 卷第 1 号，1923 年 1 月。

［3］〔俄〕李特文斯基：《中亚文明史——文明的交会》（第 3 卷），马小鹤译，中国对外翻译出版公司，2003。

［4］〔俄〕龙果夫：《八思巴字与古汉语》，科学出版社，1959。

［5］〔俄〕琼卓玛：《汉代西域译长》，《西域研究》2006 年第 2 期。

［6］〔俄〕斯大林：《马克思主义和语言学问题》，人民出版社，1964。

［7］〔俄〕特鲁别茨科依:《有关印欧语问题的一些看法》,雷明译,《国外语言学》1982 年第 4 期。

［8］〔法〕阿里·玛扎海里:《丝绸之路——中国波斯文化交流史》,耿昇译,中华书局,1993。

［9］〔法〕诺埃尔·罗伯特:《从罗马到中国:恺撒时代的丝绸之路》,马军、宋敏生译,广西师范大学出版社,2005。

［10］〔法〕伯希和、列维:《吐火罗语考》,冯承钧译,中华书局,1957。

［11］〔法〕伯希和:《汉译突厥名称之起源》,冯承钧译,冯承钧:《西域南海史地考证译丛》(一编),商务印书馆,1962。

［12］〔法〕戴仁:《欧洲敦煌学研究简述及其论著目录》,陈海涛、刘惠琴译,《敦煌学辑刊》2001 年第 2 期。

［13］〔法〕勒内·吉罗:《东突厥汗国碑铭考释》,耿昇译,新疆社会科学院历史研究所,1984。

［14］〔法〕鲁保罗:《西域的历史和文明》,耿昇译,人民出版社,2012。

［15］〔法〕马伯乐:《唐代长安方言考》,聂鸿音译,中华书局,2005。

［16］〔法〕莫尼克·玛雅尔:《古代高昌王国物质文明史》,耿昇译,中华书局,1995。

［17］〔法〕沙畹、伯希和:《摩尼教流行中国考》,冯承钧译,商务印书馆,1931。

［18］〔法〕沙畹:《西突厥史料》,冯承钧译,中华书局,1958。

［19］〔法〕向柏霖:《中国少数民族民族语言汉语借词的历史层次》,商务印书馆,2013。

［20］〔美〕劳费尔:《中国伊朗篇》,冯承钧译,商务印书馆,1964。

［21］〔美〕萨丕尔:《语言论:言语研究导论》,陆卓元译,商务印书馆,1985。

［22］〔美〕薛爱华:《撒马尔罕的金桃》,吴玉贵译,社会科学文献出版社,2015。

［23］〔日〕池田温：《八世纪中叶敦煌的粟特人聚落》，《日本学者研究中国史论著选译》（第 9 册），中华书局，1993。

［24］〔日〕池田温：《敦煌文书的世界》，张铭心、郝轶君译，中华书局，2007。

［25］〔日〕池田温：《唐研究论文选集》，中国社会科学出版社，1999。

［26］〔日〕池田温：《吐鲁番汉文文书所见的外族》，《丝绸之路月刊》1978 年 2、3 期合刊。

［27］〔日〕池田温：《中国古代籍帐研究》，龚泽铣译，中华书局，1984。

［28］〔日〕高田时雄：《敦煌·民族·语言》，锺翀等译，中华书局，2005。

［29］〔日〕高田时雄：《十世纪河西汉语方言考》，梁海星译，《中国敦煌吐鲁番学会研究通讯》1990 年第 1 期。

［30］〔日〕荒川正晴：《北朝隋·唐代における"萨宝"の性格をめぐつて》，《东洋史苑》第 50·51 合并号，1998。

［31］〔日〕荒川正晴：《评介：〈粟特文买婢契与丝绸之路上的女奴贸易〉》，《吐鲁番出土文物研究会会报》100 号，1994。

［32］〔日〕荒川正晴：《唐代粟特商人与汉族商人》，荣新江：《粟特人在中国——历史、考古、语言的新探索》，中华书局，2005。

［33］〔日〕荒川正晴：《唐代吐鲁番高昌城周边的水利开发与非汉人居民》，沈玉凌、平劲松译，《吐鲁番学研究》2013 年第 2 期。

［34］〔日〕荒川正晴：《唐代于阗的乌骆——以 tagh 麻扎出土有关文书的分析为中心》，《西域研究》1995 年第 1 期。

［35］〔日〕荒川正晴：《唐帝国和粟特人的交易活动》，陈海涛译，《敦煌研究》2002 年第 3 期。

［36］〔日〕吉田丰：《ソグド語文献》，《敦煌胡语文献》，《讲座敦煌》卷 6，大东出版社，1985。

［37］〔日〕堀敏一：《均田制研究》，韩国磐译，福建人民出版社，1984。

［38］〔日〕桥本万太郎：《语言地理类型学》，世界图书出版公司，2008。

［39］〔日〕藤田丰八：《榻及毾𣰆氍毹考》，载《中国南海古代交通丛考》，何健民译，商务印书馆，1936。

［40］〔日〕羽田明：《ソグド人の东方活动》，《岩波讲座世界历史》第6卷《内陆アジア世界の形成》，东京岩波书店，1971。

［41］〔日〕羽田亨：《西域文化史》，耿世民译，新疆人民出版社，1981。

［42］〔日〕羽田亨：《西域文明史概论》，耿世民译，中华书局，2005。

［43］〔日〕羽田亨：《西域文明史概论》，郑元芳译，《史地小丛书》，商务印书馆，1941。

［44］〔瑞〕高本汉：《中国音韵学研究》，赵元任、罗常培、李方桂译，商务印书馆，1994。

［45］〔英〕斯坦因：《重返和田绿洲》，刘文锁译，广西师范大学出版社，2000。

［46］Xinjiang ICRA Institute of Cultural Relics and Archaeology and Turpan Prefectural Bureau of Cultural Reli. *New Achievements in the Archaeological Exploration of the Yang hai Cemeteries in Shanshan County, Xinjiang* ［J］. Archaeology, 2004.

［47］Zhang Y. *A Study of a Few Language Problems in the Documents Unearthed at Turpan Recently* ［J］. Journal of Xinjiang University, 2000.

［48］TPBCR. *Excavation in the Badamu Cemetery in Turpan Prefecture, Xinjiang* ［J］. Archaeology, 2006.

［49］Da xun W U. *On the Implementation of Equally Shared Land System during the Early Tang Dynasty in the Western Region* ［J］. Journal of Xinjiang University, 2002.

［50］Liu Z. *Administrative System below County in Xizhou Prefecture in the Tang Dynasty Revealed in Turpan Documents* ［J］. Western Regions Studies, 2006.

［51］Chen T, Wu Y, Zhang Y, et al. *Archaeobotanical Study of Ancient Food and Cereal Remains at the Astana Cemeteries, Xinjiang, China* ［J］. Plos One, 2012, 7 (9): e45137.

［52］Einar Haugen: *The Analysis of Linguistic Borrowing*, 《Language》(Journal of The Linguistic Society of America), Vol. 26, No. 2, pp. 210-231.

［53］Lung, Raehel. *Interpreters in Early Imperial China* ［M］. Amsterdam/ Philadelphia: John Benjamins publishing Company, 2011.

［54］F. Boas. *Race, Language and Culture* ［M］. China Social Sciences Press, 1999.

［55］Einar Haugen: *The Analysis of Linguistic Borrowing*, 《Language》(Journal of The Linguistic Society of America), Vol. 26, No. 2, pp. 210-231.

［56］Lung, Raehel. *Interpreters in Early Imperial China* ［M］. Amsterdam/ Philadelphia: John Benjamins publishing Company, 2011.

［57］F. Boas. Race, Language and Culture ［M］. China Social Sciences Press, 1999.

［58］N. Sims-Williams, "Sogdian AncientLetterII", A. L. Juliano and J. A. Lerner (ed.), Monksand Merchants, Silk Road Treasures from Northwest China, 4th-7th Centuries CE, New York 2001, pp. 47-49.

［59］N. Sims-Williams, "*Sogdian AncientLetterII*", *A. L. Juliano and J. A. Lerner* (ed.), *Monksand Merchants, Silk Road Treasures from Northwest China, 4th-7th Centuries CE*, New York 2001, pp. 47-49.

［60］Chen T, Wu Y, Zhang Y, et al. *Archaeobotanical Study of Ancient Food and Cereal Remains at the Astana Cemeteries, Xinjiang, China* ［J］. Plos One, 2012, (9): 45-37.

后　记

　　本书是笔者在博士学位论文基础上修改完善而成的，部分章节已作为单篇论文发表。出版之际，溢满心胸的是无限感激之情。感谢恩师王启涛先生，是您把学生一步步领向吐鲁番文献研究的殿堂。从选题，到构思、完善、定稿，至此小心翼翼捧出，其间不知包含了恩师多少心血、多少教诲、多少希冀，学生数不清先生给学生改稿多少遍，耳提面命多少次。正式入学前王老师已给学生指定了阅读书目，一句"学术研究山高海深"已使学生对学术研究顿生敬畏，也铭记终生。王先生担任管理职务，公务繁忙，但是对学生的学业指导从不放松，每次上课先生都谈笑风生，在轻松愉悦的氛围中传授深奥知识，评述最新学术动态。最新学术信息和资料，先生总是第一时间提醒学生，印象很深的一次是一天中午12点多先生打电话说到他办公室，因为得到了最新的吐鲁番出土资料要拿给学生。那次学生才知道先生中午基本上在办公室，午休时间先生是拿来做学问的！不管是做学问还是对我们的学习指导，先生总是分秒必争、一丝不苟、严谨无华，在这里学生深深体味到学术研究的高尚与神圣。

　　感谢杨铭先生、赵心愚先生、秦和平先生、王启龙先生，诸位先生学识渊博，宽厚平和，丰富深邃的授课，无私的资料馈赠，极大地开拓了学生的学术视野和学术思维，严谨治学和对晚辈的宽厚包容在诸位先生那里浑然融合。

　　感谢杨正文先生、杨铭先生、赵心愚先生、蒋彬先生、周作明先生百忙之中对论文思路、框架、落脚点及细节方面提出的宝贵意见。感谢开题时蒋宗福先生、杨铭先生、锺如雄先生中肯宝贵的修改建议。感谢论文答辩时雷汉卿先生、杨铭先生、杨正文先生、蒋斌先生、周作明先生宝贵的修改建议。感谢袁敏、肖灵、陈蜀西、周毛卡老师对我们学习生活的指导。

感谢我的硕士生导师张文轩先生，2007 年兰州大学毕业后学生一直没能回去拜望先生，但是先生对我学习、生活各方面的关心却与日俱增，张先生和蔼亲切的面容、宽宏爽朗的笑声学生时时记起，每次通话张先生总是鼓励学生努力进步，总能提出很多学习上、论文写作上的建议。学生发给先生很粗糙的论文初稿，只是请教论文框架和章节安排，年逾古稀的张老师却自己去打印店打印出来，花了整整一个月时间批注修改，又给学生寄来。学生看到一页页稿纸上密密麻麻的批语，一处处反复修改的印记，一个个标点符号的订正，还有粘在稿件上的饭粒……学生热泪盈眶，敬爱的张先生！感谢我本科老师信阳师范学院贾齐华先生，先生学术严谨，待人谦和，在本科毕业后的日子里一直关心我的学习、生活情况，先生提了很多宝贵的论文修改建议，并在电脑上给学生逐句修改。两位先生对学生无私的、慈父般的关爱是我巨大的财富。

感谢同学王丽君、王英和同事李翔在日文、英文文献检索和使用方面提供的帮助，感谢韦华昌同学对图书馆资料查阅提供的帮助，还有师姐黄英，师妹曹钰、刘婕翎的关心帮助。感谢硕士研究生同学白俊骞、张丽萍、张颖在论文写作过程中给我的温暖、鼓励和帮助。感谢我的室友许江红，江红开朗活跃又沉着稳健，热爱学术又充满生活智慧，让我们繁重的学习生活变得色彩斑斓；还有宝莉、菲菲、丽君、平慧、李娜，不管是在女生宿舍，还是在图书馆归途，我们在一起的时刻总是叽叽喳喳、欢声笑语，这是我读博生活最色彩明丽的一笔，你们将成为我读博生活最美好的记忆。和民族史专业彭措扎西、索南东主、焦丽娜、木艳娟一起听课讨论问题的日子，也将是我永远的记忆，全班 28 位同学都是我永远的记忆。

感谢攀枝花学院党委副书记胥刚教授，攀枝花学院副校长何永斌教授，督促我读博深造，百忙中多次询问论文进展情况，在框架调整、题目敲定、细节修改方面提出了很多宝贵的修改意见。感谢人文社科学院各位领导，教学科、办公室、中文教研室各位同事对我的关心、照顾。感谢本科教学评估材料组战友肖亮、莫家莉、王发奎、陶睿对我的理解和特别关照，感谢蒋秀碧、袁学敏两位教授对我论文的指导和无私帮助，两位老师的敬业精神，对学术的执着追求也深深影响着我。感谢攀枝花学院汉本专业一群可爱的学生，看我疲惫不堪主动提出帮我做校对和引用文献核查工作，她们是郑雪娇、杨晨晨、詹云柔、唐媛媛、王舒语、徐宗勤、王兰、欧效琴、李金茹、张丽萍，感谢你们。感谢张磊老师、何建朝老师以诵读方式帮助我做最后校对。

感谢我的父亲母亲含辛茹苦养育了我，在家庭困难的情况下支持我一路读书，而我却极少在父母身边略尽孝道，唯以这本小书向父亲母亲表达深深的歉疚。感谢公公婆婆千里迢迢从宁夏老家来到攀枝花，克服水土不服、言语不通种种障碍照顾我们，照顾孩子，没有二老的辛苦付出，我学习的时间和精力将会大打折扣。最后，感谢我的丈夫王登贵和我们可爱的儿子栋栋，登贵为我的学业开心付出，无怨无悔，用挚爱与宽容给我最大的鼓励和支持；儿子活泼可爱、聪敏懂事，为我克服求学路上重重困难提供无限动力，是上天最美好的赐予。

感谢社会科学文献出版社宋月华先生对我稿件的认可，感谢杨春花老师和出版社编辑老师的详细审校和宝贵意见。

明天又是新的一天，让我们迎着朝阳微笑前行。

2020 年 3 月 15 日
曹利华

图书在版编目（CIP）数据

吐鲁番地区民族交往与语言接触：以吐鲁番出土文书为中心／曹利华著. -- 北京：社会科学文献出版社，2020.12

ISBN 978-7-5201-7023-9

Ⅰ.①吐…　Ⅱ.①曹…　Ⅲ.①吐鲁番地区-语言融合-研究　Ⅳ.①H1

中国版本图书馆 CIP 数据核字（2020）第 145623 号

吐鲁番地区民族交往与语言接触
——以吐鲁番出土文书为中心

著　　者／曹利华

出 版 人／王利民
组稿编辑／宋月华
责任编辑／范明礼　李建廷

出　　版／社会科学文献出版社·人文分社（010）59367215
　　　　　地址：北京市北三环中路甲 29 号院华龙大厦　邮编：100029
　　　　　网址：www. ssap. com. cn
发　　行／市场营销中心（010）59367081　59367083
印　　装／三河市龙林印务有限公司

规　　格／开本：787mm×1092mm　1/16
　　　　　印张：18　字数：283 千字
版　　次／2020 年 12 月第 1 版　2020 年 12 月第 1 次印刷
书　　号／ISBN 978-7-5201-7023-9
定　　价／118.00 元

本书如有印装质量问题，请与读者服务中心（010-59367028）联系